INOVAÇÃO NAS INDÚSTRIAS CRIATIVAS

ANA CECÍLIA B. NUNES
Pesquisadora de inovação em mídia

ANA MARTA M. FLORES
Pesquisadora de tendências

INOVAÇÃO NAS INDÚSTRIAS CRIATIVAS

Tendências e labs para reinventar a mídia e os negócios

ALTA BOOKS
GRUPO EDITORIAL
Rio de Janeiro, 2024

Inovação nas Indústrias Criativas

Copyright © 2024 STARLIN ALTA EDITORA E CONSULTORIA LTDA.

ALTA BOOKS é uma empresa do Grupo Editorial Alta Books (Starlin Alta Editora e Consultoria LTDA).

Copyright © 2024 Ana Cecília B. Nunes e Ana Marta M. Flores.

ISBN: 978-85-508-2152-8

Impresso no Brasil — 1ª Edição, 2024 — Edição revisada conforme o Acordo Ortográfico da Língua Portuguesa de 2009.

Dados Internacionais de Catalogação na Publicação (CIP) de acordo com ISBD

N972i   Nunes, Ana Cecília B.
           Inovação nas indústrias criativas: tendências e labs para reinventar a mídia e os negócios / Ana Cecília B. Nunes, Ana Marta M. Flores. - Rio de Janeiro : Alta Books, 2024.
           320 p. ; 23cm x 15,7cm.

           Inclui índice.
           ISBN: 978-85-508-2152-8

           1. Comunicação. 2. Indústrias criativas. 3. Inovação I. Flores, Ana Marta M. II. Título.

2023-3673   CDD 302.2
                            CDU 316.77

Elaborado por Odilio Hilario Moreira Junior - CRB-8/9949

Índice para catálogo sistemático:
1. Comunicação 302.2
2. Comunicação 316.77

Todos os direitos estão reservados e protegidos por Lei. Nenhuma parte deste livro, sem autorização prévia por escrito da editora, poderá ser reproduzida ou transmitida. A violação dos Direitos Autorais é crime estabelecido na Lei nº 9.610/98 e com punição de acordo com o artigo 184 do Código Penal.

O conteúdo desta obra fora formulado exclusivamente pelo(s) autor(es).

Marcas Registradas: Todos os termos mencionados e reconhecidos como Marca Registrada e/ou Comercial são de responsabilidade de seus proprietários. A editora informa não estar associada a nenhum produto e/ou fornecedor apresentado no livro.

Material de apoio e erratas: Se parte integrante da obra e/ou por real necessidade, no site da editora o leitor encontrará os materiais de apoio (download), errata e/ou quaisquer outros conteúdos aplicáveis à obra. Acesse o site www.altabooks.com.br e procure pelo título do livro desejado para ter acesso ao conteúdo..

Suporte Técnico: A obra é comercializada na forma em que está, sem direito a suporte técnico ou orientação pessoal/exclusiva ao leitor.

A editora não se responsabiliza pela manutenção, atualização e idioma dos sites, programas, materiais complementares ou similares referidos pelos autores nesta obra.

Grupo Editorial Alta Books

Produção Editorial: Grupo Editorial Alta Books
Diretor Editorial: Anderson Vieira
Editor da Obra: Rosana Arruda
Vendas Governamentais: Cristiane Mutűs
Gerência Comercial: Claudio Lima
Gerência Marketing: Andréa Guatiello

Assistente Editorial: Ana Clara Tambasco
Revisão: Alessandro Thomé e Denise Himpel
Diagramação: Rita Motta
Capa: Karma Brandão

Rua Viúva Cláudio, 291 — Bairro Industrial do Jacaré
CEP: 20.970-031 — Rio de Janeiro (RJ)
Tels.: (21) 3278-8069 / 3278-8419
www.altabooks.com.br — altabooks@altabooks.com.br
Ouvidoria: ouvidoria@altabooks.com.br

Editora afiliada à:

Sobre as Autoras

Ana Cecília B. Nunes é movida por inovação e motivada por encontrar novas oportunidades para transformar o mundo, a mídia e o jornalismo. Doutora em Comunicação no Brasil e em Portugal, é professora na PUCRS, coordenadora acadêmica do laboratório de inovação e empreendedorismo IDEAR e professora convidada da Universidad EAFIT, na Colômbia. Faz parte do grupo de pesquisa UBITEC. Foi pesquisadora Visitante na University of Central Lancashire (UCLan) no Reino Unido e recebeu menção honrosa no Prêmio Capes de Teses por sua pesquisa sobre *media labs*.

Ana Marta M. Flores é apaixonada por tendências e por identificar sinais de mudança. Essa curiosidade por entender como tudo funciona e se transforma a levou a fazer dos estudos sua profissão. É doutora e mestre em jornalismo, pesquisadora do ICNOVA/iNOVA media lab, do Obi.Media, Nephi-Jor e do Trends and Culture Management Lab. Professora convidada na Universidade NOVA de Lisboa e investigadora pós-doutoral na Universidade de Coimbra, em Portugal.

Dedicatória

Ao Marcelo, minha força, inspiração e porto seguro em todas as mais improváveis inovações. À minha família, que me tornou quem sou e me ensinou que tudo é possível.

À Lili, à Popow, ao Daddy e ao André, com quem mais aprendo a inovar ♥.

Agradecimentos das Autoras

Todo e qualquer livro jamais é um projeto de uma pessoa só. Esta publicação somente foi possível devido a uma incrível rede de apoio e conhecimento. Agradecemos especialmente à Pontifícia Universidade Católica do Rio Grande do Sul (PUCRS); Universidade Federal de Santa Catarina (UFSC); à Coordenação de Aperfeiçoamento de Pessoal de Nível Superior (CAPES); à WAN-IFRA e a rede de colaboração Global Alliance for Media Innovation (GAMI); à University of Central Lancashire (UCLan) e ao seu programa de pesquisador visitante; à European Media Management Association (emma); à Universidade da Beira Interior (UBI); Universidade de Lisboa; Universidade NOVA de Lisboa e Universidade de Coimbra. Aos mestres, pesquisadores e amigos Eduardo Pellanda, João Canavilhas, Raquel Ritter Longhi, Nelson Pinheiro Gomes, John Mills e Marcos Palacios. A todos os líderes de *media labs* e especialistas dos painéis de tendências. A generosidade de todos em compartilhar aprendizados e experiências enriqueceram o conteúdo da obra. À Larissa Gaspar pelo apoio na organização das entrevistas e auxílio nas transcrições, mas, mais do que isso, pela alegria e disponibilidade em todas nossas interações. Aos pesquisadores e professores João Canavilhas (mais uma vez), John Mills (mais uma vez), Paul Gallagher, Ben Watkinson e Kirsty Styles, que complementam e encerram este livro. Agradecemos, antecipadamente, aos leitores e leitoras desta obra, sem os quais estas páginas não cumpririam seu propósito final.

Sumário

PARTE I

Inovação guiada por tendências: contextos da cultura, da sociedade e do mercado para uma visão estratégica

1. O invisível no visível: o que é tendência e o que podemos fazer com ela 9
2. Dois mundos colidem: o encontro das tendências socioculturais e da inovação 14
3. Os *Trend Studies* como área disciplinar: as metodologias de pesquisa 18
4. Pesquisa de tendências não é futurologia 26
5. Tendências na prática: o caso do jornalismo de inovação 30
6. Mãos à obra: um protótipo para aplicar a pesquisa de tendências 56

PARTE II

Inovação guiada por pessoas: criatividade e experimentação em *media labs* para inventar o futuro além da mídia

7. De onde vem a inovação? Cultura organizacional, criatividade e o papel das pessoas na criação de (novos) futuros 71
8. O que é inovação na indústria criativa? (Re)definindo "inovar" nas indústrias criativas, com uma atenção especial à mídia e ao jornalismo 85

9. Experimentando o futuro: O que são *media labs*? Pessoas, tecnologias e conhecimentos em um espaço seguro para experimentar e arriscar 99

10. Como um *media lab* inova? Novas perspectivas de experimentação e aprendizado dentro e além da organização..115

11. As inovações criadas por *media labs* ao redor do mundo 125

12. Por que e como criar um *media lab*? 139

13. Mãos à obra: um quadro para tirar do papel seu laboratório de inovação 141

PARTE III

Entrevistas com líderes de *media labs*: O que você pode aprender com eles?

14. BBC News Labs: história e aprendizados..151

15. iNOVA Media Lab: Catalisando inovações de fronteira entre o social, a tecnologia e a cultura 165

16. Media Lab Bayern: Construindo o futuro da mídia por meio da aceleração de startups e da cultura de inovação...177

17. IdeiaGlobo | PUC-Rio: cocriação entre universitários e Grupo Globo para a inovação digital...188

18. DW media lab: entendendo as necessidades das audiências e explorando novas formas narrativas...197

19. Ubilab: Metodologias próprias em pesquisa aplicada para resultados inovadores.............................203

20. Media lab EAFIT: epicentro de criação midiática multidisciplinar, aberta e colaborativa no contexto da transformação digital 214

21. Media lab UFF: jogos digitais, realidade virtual e inteligência artificial na convergência de conhecimentos 220

22. OjoLab: um programa de treinamento para inovação e promoção do jornalismo de dados independente 227

23. Media City Bergen: um grupo de mídia que ajuda as empresas a darem um salto para o futuro digital 236

PARTE IV
Extras

24. Inteligência artificial na redação: jornalismo sem jornalistas? 246

25. Sensores e internet das coisas: inovação aberta, colaboração e experimentação no projeto SenseMaker 260

Notas 285

Índice 305

Introdução

Muito se fala sobre a necessidade de inovar, ser criativo e da transformação das indústrias, mas a inovação requer práticas que integrem as pessoas em um processo contínuo e colaborativo de observação do mundo, das tecnologias e das oportunidades.

Cada indústria é única, mas algumas são ainda mais específicas do que as outras. Nas indústrias criativas, na mídia e no jornalismo, tudo é um pouco particular e inspirador. Guiadas pela novidade, criatividade, autoria e diferenciação (competição pela atenção das audiências), é difícil delimitar o que é inovação. Seria todo e qualquer produto desta área (seja um livro, uma música, uma reportagem ou um jogo de videogame) uma forma de inovação? Por outro lado, todo este aspecto autoral, criativo e interdisciplinar torna a inovação nas indústrias criativas uma caixa de aprendizados (para este setor e também para outros tipos de negócios).

Inovação é movimento, e, por um lado, podemos pensar na pesquisa de tendências como a representação desse balanço desritmado e imprevisível da realidade que nos cerca. As tendências são abstratas e estão em constante transformação, mas, por meio da observação das pessoas e de seus comportamentos, é possível gerar uma narrativa, uma história imaterial que permite delinear caminhos presentes que vislumbram uma janela para o futuro. As tendências, apesar de passarem a ideia de futuro, dependem da observação do tempo presente. A inovação é guiada por tendências.

Essas tendências, no entanto, apontam um universo de possibilidades a ser explorado, experimentado. Elas dependem de uma cultura de inovação para, de uma narrativa abstrata, se tornarem uma ação, um produto, um serviço, um processo, um novo modelo de negócios. Para isso, é preciso coragem (e oportunidade) para tentar, falhar e experimentar. É preciso colaboração, que vai além dos integrantes da equipe, mas inclui parceiros, clientes, fornecedores, outras organizações e todo o ecossistema em que se está inserido. São necessários também tempo, espaço e recursos para que a inovação aconteça. É aí que entram os laboratórios de inovação. Nos *media labs*, pessoas de várias áreas do conhecimento dedicam-se a entender as necessidades das pessoas, experimentar tecnologias, estabelecer processos e impulsionar o pensamento inovador para gerar impacto em e além das organizações, culminando em um resultado de inovação que pode ter formas

Inovação nas Indústrias Criativas

e características variadas. É a inovação guiada por pessoas, pelo contato com as audiências, as comunidades e os públicos interessados, a partir de metodologias que estimulam o novo.

De forma inédita, este livro combina o estudo de tendências, ferramenta crucial para o direcionamento estratégico das organizações, e os laboratórios experimentais de inovação (*media labs*), espaços que buscam transformar essas tendências em novos produtos, serviços, processos e negócios. Para isso, além das discussões sobre tendências, cultura de inovação e laboratórios, você encontrará exemplos, entrevistas com líderes de *media labs* e métodos para serem implementados nas organizações que querem se diferenciar na economia digital.

O conteúdo é resultado de investigações e cooperações internacionais. O estudo de tendências parte de uma área que reúne metodologias e técnicas de pesquisa desenvolvidas em Portugal (Universidade de Lisboa, Universidade NOVA de Lisboa), na Holanda (Fontys University of Applied Sciences) e no Brasil (Universidade Federal de Santa Catarina) na área da comunicação e com imenso potencial de replicação para outros setores. A partir de uma investigação que iniciou em sua tese de doutorado, a Dra. Ana Marta M. Flores é especialista em como as tendências são um ponto de ligação essencial entre os contextos socioculturais e o mercado, apontando para uma visão estratégica de futuro.

A discussão sobre cultura de inovação e laboratórios do tipo *media labs* também é fruto de uma pesquisa que iniciou durante um doutorado. A Dra. Ana Cecília B. Nunes é pioneira na investigação de como a interdisciplinaridade e a experimentação dos *media labs* impacta a indústria criativa, tendo ganhado menção honrosa no Prêmio Capes de Teses em 2020, além de ter sido autora de relatórios internacionais sobre o tema. Há mais de sete anos se dedicando a esta temática, ela não tem dúvidas de que os *media labs* trazem lições da mídia para os negócios. Os dados do mapeamento e investigação de mais de 120 unidades experimentais localizadas na América Latina, América do Norte e Europa, frutos da tese de doutorado da pesquisadora, são resultado de uma colaboração entre a Escola de Comunicação, Artes e Design — Famecos da Pontifícia Universidade Católica do Rio Grande do Sul (PUCRS/Brasil), a World Association of News Publishers (WAN-IFRA), a University of Central Lancashire (UCLan/Reino Unido) e a Universidade da Beira Interior (UBI/Portugal). Os dados discutidos abrangem questionários com líderes de laboratório de dezessete países, visitas *in loco*, assim como resultados de inovação que permeiam a arte, a tecnologia, os espaços urbanos e a comunicação.

Desta forma, este livro discute, de maneira aplicada e integrada (com quadros e atividades), como a inovação pode ser guiada por tendências e pessoas, em processos cocriativos que catalisam novos produtos, serviços, negócios, entre outras iniciativas inovadoras. Tudo isso está presente tanto ao falar sobre a pesquisa de tendências como ao compreender mais sobre a cultura de inovação e os *media labs*, ao conhecer as experiências de líderes de laboratórios de inovação em entrevistas inéditas, e nas discussões de autores convidados sobre inteligência artificial e sensores para captar dados de cidades.

Mas, afinal, como as tendências e a inovação experimental auxiliam as organizações a ser mais relevantes, fomentar uma cultura de inovação e se destacar no contexto digital? Como a inovação guiada por tendências e pessoas traz aprendizados da mídia para os negócios?

Sobre Este Livro

Este livro é dedicado a quem busca:
- ▶ Entender o que são tendências e como identificá-las.
- ▶ Conhecer métodos para conduzir pesquisa de tendências socioculturais.
- ▶ Compreender como a interdisciplinaridade pode fomentar soluções competitivas no futuro.
- ▶ Aprender sobre a inovação na indústria criativa, como impulsionar a colaboração e a inovação aberta.
- ▶ Identificar estratégias para impulsionar uma cultura de inovação e experimentação a fim de solucionar problemas contemporâneos.

Para tratar disso, partiremos da mídia, do jornalismo e das indústrias criativas, mas com lições e ferramentas que podem beneficiar, de fato, qualquer setor. Ao final da leitura, você poderá aplicar o Trend Research Kit, um quadro que organiza o fluxo de trabalho para identificação de tendências em qualquer setor. Ou ainda lançar mão do *Media Lab* Canvas para criar ou repensar a estratégia de seu laboratório de inovação.

Além das discussões sobre tendências e laboratórios de inovação (*media labs*), que são resultado de investigações e parcerias internacionais, há também entrevistas com líderes de laboratórios, discussões de autores convidados e muito mais. A seguir explicaremos em detalhes cada parte do livro.

Como Este Livro Está Organizado

Agora que você já sabe do que trata este livro, vamos falar sobre cada uma das partes que compõem esta leitura.

Este livro está dividido em quatro partes, sendo a primeira focada nas tendências; a segunda, na cultura de inovação e nos *media labs*; a terceira, em entrevistas com líderes de laboratórios ao redor do mundo; e a quarta, em discussões do futuro da inovação e da tecnologia, com autores convidados de Portugal e do Reino Unido.

Na **Parte I**: Inovação guiada por tendências: contextos da cultura, da sociedade e do mercado para uma visão estratégica, você aprenderá o que são tendências e conhecerá mais a fundo a área disciplinar e acadêmica dos Trend Studies por intermédio de vários métodos para conduzir pesquisa de tendências socioculturais. Cada etapa do processo de identificação de tendências é explicada em detalhes aqui, e você terminará sabendo como aplicar o quadro Trend Research Kit para organizar o processo de identificação de tendências.

Na **Parte II**: Inovação guiada por pessoas: criatividade e experimentação em *media labs* para inventar o futuro além da mídia, discutimos a origem e os fatores que influenciam a inovação. Verá, ainda, que os conceitos, características e desafios dos *media labs*, originários da indústria da mídia e que se expandem para outros negócios, evidenciam uma inovação de fronteira que mistura as indústrias criativas (especialmente a mídia e o jornalismo), as artes, os espaços urbanos e as tecnologias. Sabia que eles desafiam até o que entendemos por indústria midiática? Este capítulo culmina também com um processo e um quadro, que você pode usar para criar ou repensar a estratégia de um laboratório de inovação,

Na **Parte III**: Entrevistas com líderes de *media labs*: o que você pode aprender com eles?, você encontra dez entrevistas com líderes de laboratórios, que contam a história, os desafios e os aprendizados de laboratórios como BBC News Labs (do Reino Unido), iNOVA Media Lab (de Portugal), Media Lab Bayern e DW Innovation Lab (da Alemanha), o Media City Bergen (da Noruega), entre outros. Você verá, então, que um *media lab* pode ser "um espaço para gostar de aprender, de pesquisar, de inovar e de se divertir" (Media Lab EAFIT, Colômbia). Pode ser "a casa da colaboração, da inovação e da participação" (Media City Bergen, Noruega) ou mesmo um "espaço de intersecção ou fronteira, com sinergias entre o social, a tecnologia e a cultura, independente da materialidade tecnológica" (iNOVA

Media Lab, Portugal). Ainda pode ser um "lugar que busca entender e cruzar tecnologias com pessoas" (Ubilab, Brasil) ou que objetiva "a convergência de conhecimentos" (Media Lab UFF, Brasil). Pode ter uma missão específica, como "construir o futuro da mídia" (Media Lab Bayern, Alemanha) ou "fortalecer o jornalismo de qualidade" (OjoLab, Peru). Sem dúvida, "pode ser a maré que levanta todos os barcos" (BBC News Lab, Reino Unido), buscando gerar impacto transversal dentro de uma organização. Você poderá explorar mais esta diversidade de *media labs* nas entrevistas desta seção, uma vez que já saberá o que conecta esses laboratórios de inovação e o que nós aprendemos em todos esses anos dedicados a entender o que há de tão especial neles.

Por fim, a **Parte IV**: Extra: discussões do futuro da inovação e da tecnologia, traz os investigadores João Canavilhas (Portugal) e John Mills, Paul Gallagher, Ben Watkinson e Kirsty Styles (Reino Unido) para discutir tecnologias emergentes. Na primeira parte, o professor João Canavilhas desmistifica a inteligência artificial e explica como ela está sendo usada no nosso dia a dia e em todas as etapas da produção jornalística. Com exemplos brasileiros e mundiais, o pesquisador conta ao leitor que não há resposta absoluta para um presente ou futuro de um jornalismo sem jornalistas, mas há caminhos para um trabalho conjunto. Por fim, é apresentado o desenvolvimento do projeto SenseMaker, financiado pelo Google Digital News Innovation Fund (DNI) e que possibilitou que parceiros acadêmicos e da indústria da mídia se reunissem no noroeste da Inglaterra para explorar como sensores conectados poderiam ser usados para alimentar o jornalismo de impacto em uma cidade inteligente. Com abordagens centradas no ser humano, envolvimento da comunidade, colaboração interdisciplinar e parcerias estreitas entre a indústria e os *media labs* acadêmicos, o projeto criou uma série de protótipos experimentais voltados para explorar ferramentas de jornalismo de sensores.

E então, preparado para inovar guiado por tendências e pessoas, da mídia para os negócios?

PARTE I

Inovação guiada por tendências

Contextos da cultura, da sociedade e do mercado para uma visão estratégica

É possível que você já tenha ouvido hoje até mais de uma vez que algo era inovador — seja nos anúncios publicitários, em uma oferta de emprego ou mesmo no folheto de promoções do supermercado. Não há problema. O termo inovação está tão famoso e é tão utilizado atualmente que já está um pouco desgastado. Por isso, é preciso fazer um "ponto de situação" quando falamos sobre ele. A grande questão é que nem tudo que se diz inovador de fato o é e, portanto, vale a pena entender um pouco mais sobre seu real significado. Mas antes disso, vamos ver o que exploraremos e o que você saberá ao terminar de ler este capítulo.

Primeiramente entenderemos o que é uma tendência e como elas podem nos ajudar em diferentes setores. Em seguida, confrontaremos dois mundos diferentes (mas nem tanto assim): as tendências e a inovação. Então, conheceremos mais a fundo a área disciplinar e acadêmica dos Trend Studies por meio de vários métodos para conduzir pesquisa de tendências socioculturais. Também aprenderemos que ninguém adivinha o futuro e que a pesquisa de tendências está muito mais interessada no tempo presente. Para entender ainda melhor sobre tudo o que foi tratado nesta primeira parte do livro, apresentaremos algumas tendências com foco no jornalismo de inovação.

Por fim, convidamos você a colocar em prática a pesquisa de tendências em seu trabalho com a proposta de um modelo de aplicação para resultados inovadores guiado por tendências.

É importante mencionar que este capítulo é resultado de quatro anos de pesquisa e uma tese de doutorado[1] que se aprofundou em metodologias, técnicas e discussões desenvolvidas em Portugal (Universidade de Lisboa e Universidade NOVA de Lisboa), na Holanda (Fontys University of Applied Sciences) e no Brasil (Universidade Federal de Santa Catarina e Universidade do Estado de Santa Catarina).

CAPÍTULO 1

O invisível no visível

O que é tendência e o que podemos fazer com ela

Conceituar tendência para os *Trend Studies* é um dos maiores desafios da área. Isso porque, além de ser a unidade básica mais importante, onde a lógica teórica e prática está embasada, também é algo abstrato e em constante transformação. Poderíamos arriscar uma definição rápida: uma tendência é uma narrativa, uma história imaterial que é reconhecida por meio da manifestação em objetos e comportamentos. Por exemplo, você pode pensar que os canudinhos de metal e papel, as *ecobags* ou mesmo os produtos remanufaturados com plástico retirado dos oceanos são uma tendência. Na verdade, as motivações pelas quais esses produtos existem é que são a tendência. Os produtos são uma resposta concreta a um movimento que clama por medidas mais ecológicas — mesmo que sejam propostas bastante comerciais e capitalistas. Mas isso é outra história. A ideia aqui é perceber a diferença da tendência para os objetos e/ou comportamentos que a representam.

Diversos autores do campo[2] já trouxeram conceitos importantes sobre tendência; e a maioria parece concordar que uma tendência é, primeiramente, um reflexo de mentalidades que impacta as dinâmicas de consumo. Com isso, entendemos que uma tendência é, portanto, um padrão, uma forma, e não um objeto ou um comportamento específico. Como já comentamos, os objetos e comportamentos são, por sua vez, manifestações visíveis das tendências. É aí que o *invisível no visível* faz sentido: para identificarmos tendências, será sempre preciso observar sinais criativos. Ao listá-los, categorizá-los e conectá-los a variadas fontes de pesquisa, será possível criar uma narrativa lógica, ou seja, identificar a tendência em si.

Mas, além de entender o que é uma tendência, é muito importante saber que elas não estão no mundo por conta própria. O contexto no qual esses movimentos estão inseridos estará sempre concatenado em diferentes níveis. Um deles é chamado de espírito do tempo ou zeitgeist. Essa expressão procura definir o conjunto de ideias, valores e crenças dominantes que motivam as ações da sociedade em um determinado período de tempo — seja no espectro cultural, intelectual, político, ético, estético, espiritual etc.[3] O conceito de zeitgeist foi cunhado no século XVIII pelo filósofo alemão Johann Gottfried Herder, mas ganhou notoriedade em relação à filosofia da história de Georg Hegel.

O que é mais importante saber é que o zeitgeist não indica um estado homogêneo em que *todos* estão de acordo categoricamente com as mesmas ideias, mas, sim, expressa o fato de que em qualquer sociedade existe uma certa "linguagem", cultura, senso comum ou gama de conceitos que são compartilhados como "corretos" ou "normais". Diante de situações que vão no sentido oposto a esse entendimento, espera-se uma reação de desaprovação, sempre em função do espírito do tempo. Um exemplo pontual e representativo seria a prática da escravidão, especialmente no período do século XIX, mais próximo temporalmente dos modelos sociais modernos. Naquela época, o zeitgeist indicava povos conquistadores e conquistados, e que os conquistados deveriam responder a relações de poder e posse extremamente degradantes — isso era entendido como norma. No cenário contemporâneo, os moldes de escravidão, venda e compra de pessoas certamente causaria horror à maior parte da sociedade. Apreender os sentidos do zeitgeist em escala integral é uma tarefa desafiadora, especialmente quando estamos interessados em um recorte social mais específico. Nesse sentido, interessa identificar as temáticas que direcionam o espírito do tempo atual, em abordagens objetivas, pois esses dados contribuem para o entendimento dos fenômenos culturais correntes e podem sinalizar com maior antecedência processos de mudanças emergentes. As tendências, por sua vez, são influenciadas por forças globais[4] que estão fora do poder do indivíduo e são quase imperceptíveis. Manifestam-se de várias maneiras, como um certo tipo de estilo, comportamento, um novo serviço ou produto.

Conforme já entendemos, compreender o espírito do tempo em sua abrangência total é uma tarefa exigente e provavelmente impraticável. Porém, com a aplicação da ferramenta de tópicos do zeitgeist[5] formulada pela Trends Observer, é possível desenhar uma silhueta dos movimentos identificados com o zeitgeist contemporâneo. O objetivo é também perceber de modo mais objetivo como as tendências estão associadas dentro do espectro social. No esquema da ferramenta (veja a Figura 1), os valores mais próximos de zero são mais conservadores ou tradicionais, enquanto os que estão mais próximos de um representam uma perspectiva mais vanguardista ou emergente.

Os pesquisadores Sandra Rech e Nelson Gomes[6] assinalam: "As tendências são o resultado de uma evolução do espírito do tempo, sendo que, em simultâneo, refletem quadros dominantes e os sinais emergentes de variabilidade, que mostram movimentos de contracultura e o surgimento de novas práticas e representações." Saber localizar em quais valores atuais as tendências estão reforça a assertividade das tendências identificadas, tornando o processo mais coerente e robusto.

O invisível no visível   11

Figura 1:[7] Tópicos do zeitgeist

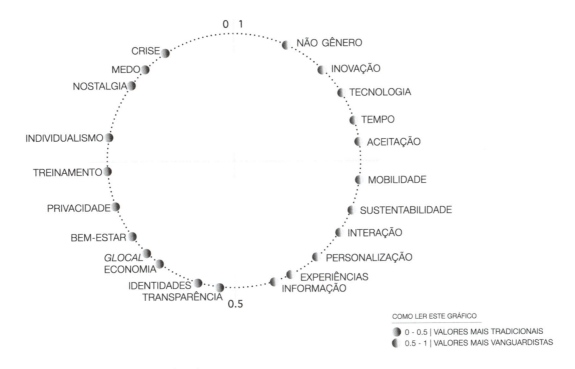

TÓPICOS DO ZEITGEIST

Fonte: Adaptado de Trends Observer (2017).

Só existe um tipo de tendência?

Agora que você já entendeu o que é uma tendência, é importante saber que elas têm acepções específicas para contextos variados, seja por diferentes correntes de pesquisa (sociologia das tendências, marketing, administração, estudos de cultura, comunicação), como por perspectiva científica ou cotidiana. Mesmo em campos de ciências afins, é possível observar variações de conceito e de nomenclatura. Um exemplo é o uso de termos como megatendência[8] e gigatendência[9]. Em geral, a principal diferença entre os vocábulos se dá na duração de tempo de cada tendência. A perspectiva que tomamos aqui privilegia a compreensão sobre tendências mais sensivelmente pelo *impacto* de seus movimentos do que pelo tempo de duração — uma estimativa demasiadamente subjetiva para ser precisada pelos métodos de pesquisa propostos pelos *Trend Studies*.

Não há um consenso entre essas nomenclaturas, que também podem variar de acordo com a perspectiva ou o setor, como tendências de consumo, tendências de moda ou tendências de mercado. Por isso, é necessário compreender que nem todas as tendências têm o mesmo potencial ou impacto. Entre as categorias de tendências, destacamos duas principais: *macro*tendência e *micro*tendência, como aparecem na figura. Como o prefixo sugere, a *macro*tendência é capaz de influenciar um maior número de setores, mercados e pessoas. Reflete mudanças expressivas de atitude e mentalidade em vários grupos e áreas. Trata-se de grandes padrões socioculturais, mostrando-se, geralmente, em escala global, mesmo que em diferentes formas ou com mais impacto em certas regiões. As macrotendências representam uma cultura lenta[10] e são padrões culturais fortes que fornecem estratégias mais estáveis para uma cultura de consumo futura e para a geração de inovação. Um exemplo interessante de macrotendência é a denominada *Empowerment* (Empoderamento), segmentada pela Trends Observer. O texto da tendência versa sobre o protagonismo do indivíduo em um senso de controle e de intervenção na mudança e na definição da sua realidade. Seja por intermédio de uma maior consciência perante os grandes desafios do progresso social ou para o simples benefício da comunidade, o indivíduo quer poder para mudar sua vida e a dos outros. O *Empowerment*, como mentalidade abrangente e presente, é, acima de tudo, um padrão agregador que se pode observar e analisar à luz de vários fenômenos, como a *knowledge economy* (valor no conhecimento e partilha do que se aprende); a crescente importância das *cool skills* (como os hackers e o movimento *maker*, que estimula a capacidade de fabricar, construir, reparar e alterar objetos baseando-se em um ambiente de colaboração) e até um empoderamento em nível criativo ou intelectual, mais interno e motivador (o neopositivismo, *coaching*, etc.). O comportamento empoderado do indivíduo e das massas vem sendo mais evidente, incluindo a interatividade crescente possibilitada pelas tecnologias mais acessíveis e em rede. O poder de organização e de visibilidade proporcionado por ferramentas sociais, por exemplo, incentivou um comportamento mais crítico e questionador do público consumidor.

Figura 2:[11] Relação entre conceitos dos estudos de tendências

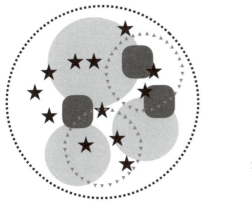

Fonte: Flores (2019).

Por sua vez, a *micro*tendência afeta uma quantidade limitada de setores e indivíduos. As microtendências tipicamente têm natureza regional ou nacional, mas também podem refletir as mudanças em um setor ou comportamento específico. Elas podem se associar a tipos peculiares de padrões, como estilo e gosto, comportamento do consumidor, tecnologia, economia, artes, literatura, política, entre outros. Um caso interessante de microtendência relacionada à macrotendência *Empowerment* (Empoderamento), é a *Female Up & Rising* (*Mulheres para o Alto e Além*, em tradução livre), também segmentada pelo Trends Observer. A *Female Up & Rising* destaca a integração social completa da mulher e traz à pauta a discussão dos direitos de equidade de gênero em quaisquer esferas: pessoal, profissional, recreacional, entre outras. A força do empoderamento ganha contornos ainda mais evidentes entre as mulheres, a comunidade LGBTQIA+ e apoiadores da igualdade de gênero.

As microtendências são também visíveis por meio de objetos e sinais criativos. Do mesmo modo, relacionadas a elas, existem as tendências setoriais ou de setor, que são apreensíveis por meio de sinais. Classificando e selecionando tais sinais, é possível identificar um padrão e caracterizar o contexto, pontuando e definindo tendências válidas e mais relevantes para determinado setor. As tendências setoriais são, portanto, de ordem micro que se manifestam com mais intensidade em determinados setores, como nos estilos de vida, design, saúde, serviços, turismo, beleza, política, economia, entre muitos outros.

CAPÍTULO 2

Dois mundos colidem

O encontro das tendências socioculturais e da inovação

Já entendemos um pouco mais sobre o que é uma tendência e quais suas principais variações. O próximo passo será unir isso tudo ao entendimento do que é inovação. Algumas semelhanças entre tendência e inovação são muito claras, a começar pelo estado sempre "em mudança" desses dois conceitos. Pense comigo: uma inovação que se mantém fixa ao longo do tempo ou uma tendência que não se modifica com o passar dos anos deixa de ser tanto inovação quanto tendência. Essa natureza em *continuum* é uma das características primordiais e indispensáveis de ambas. É mais ou menos como tentar fazer fogo no vácuo: sem oxigênio, combustível e fonte de calor, é impossível. **Não existe tendência ou inovação sem estarem em constante movimento.** Sabemos que nem toda mudança é inovação, mas toda inovação exige mudança.[1] Concordamos com Els Dragt quanto ao forte elo entre tendência e inovação: "Enquanto a pesquisa de tendências trata da detecção e compreensão da mudança, um processo de inovação visa criar mudanças. O resultado da pesquisa de tendências é um poderoso

ponto de partida para a inovação."[2] É por isso que este livro desenvolve o tema de tendências e de inovação com destaque para os *media labs*, ambientes genuínos de experimentação.

Outro ponto fundamental é compreender que a inovação surge em diferentes abordagens, por exemplo, se formos pensar na inovação em relação à comunicação e à mídia. É preciso sempre ter um referencial a fim de compreender a inovação para um ambiente específico. O conceito de inovação é múltiplo em seus sentidos, não há uma abordagem única do termo.[3] A ideia foi inicialmente disseminada pelas áreas da economia e administração, onde é entendida não necessariamente como uma invenção (algo novo), mas como nova combinação de ideias, competências e recursos já existentes. Como objetivo principal, na perspectiva de origem, a inovação busca maior lucro nas organizações. De acordo com um dos precursores nos estudos de inovação, Joseph Schumpeter,[4] a inovação pode ser desenvolvida em cinco situações principais: 1) introdução de um *novo* produto; 2) introdução de um *novo* processo de produção; 3) abertura de um *novo* mercado; 4) conquista de uma *nova* fonte de suprimentos; e 5) estabelecimento de uma *nova* forma de organização. O Manual de Oslo,[5] uma das principais referências de indicadores sobre inovação, também define o termo sob variadas perspectivas (como atividade, negócio, produto, processo), mas genericamente também entende a **inovação tanto como uma atividade quanto como o resultado da atividade.**

Quando compreendida como processo, a inovação é um instrumento do empreendedorismo, gerando recursos em nova capacidade de produzir riqueza, como identifica Peter Drucker.[6] Também é considerada um processo que agrega valor aos clientes e que contribui para o acúmulo de conhecimento organizacional.[7] A propósito, se você quiser saber mais sobre cultura de inovação e inovação organizacional, pode aprender muito mais com a Parte 2 deste livro.

E toda inovação é igual?

Spoiler: não.

Assim como as tendências têm formas diferentes, o mesmo se aplica à inovação. Como uma espécie de gradação, são mais comuns a inovação *incremental*, a *radical* e a *disruptiva*. A inovação incremental pode acontecer continuamente com maior ou menor intensidade em qualquer indústria, atividade ou serviço.[8] Embora muitas inovações incrementais possam surgir como resultado de programas de pesquisa e desenvolvimento (P&D), estas também podem ocorrer como resultado de sugestões internas ou de usuários, sem haver uma obrigatoriedade de processos rígidos. A inovação radical é entendida como o desenvolvimento e introdução de um novo produto, processo ou forma de organização da produção *inteiramente nova*.[9] E no último estágio das inovações está a inovação disruptiva, termo cunhado por Clayton Christensen[10] e que é de certa forma associado à inovação radical. A inovação disruptiva precisa necessariamente trazer um rompimento e é uma forma de pensar sobre o desenvolvimento orientado por ela mesma. Por vezes é proporcionada por empresas menores ou *spin-offs*, iniciativas derivadas de empresas maiores. Também é compreendida de uma forma mais abrangente, modificando o mercado e sendo altamente competitiva, usualmente com novos modelos de negócio.[11] A pesquisa na área discute também uma abordagem além da inovação: a reinovação, que basicamente significa repensar a maneira como se cria valor, reestruturando serviços e produtos já disponíveis[12].

Compreendemos que inovar e reinovar são conceitos da mesma ordem, conforme já tratamos anteriormente, já que, em sua natureza, a inovação não é uma fórmula única, senão um movimento constante. Ou seja: a *inovação é um processo e também o resultado desse processo.*[13]

A partir de uma perspectiva histórica e da área da administração, conceituada por Roy Rothwell,[14] existem cinco gerações do processo de inovação. As duas iniciais, a primeira geração — 1950 até meados de 1960 — e a segunda geração — meados de 1960 até início de 1970 — tinham modelos de inovação bastante rígidos e lineares, baseados na ciência básica da época e nas necessidades do mercado. A partir da terceira geração — início de 1970 até meados de 1980 —, com a crise do petróleo e a forçada redução de custos, a inovação passa a ser pensada em estágios funcionalmente distintos, que interagem e são interdependentes, tanto intraorganizacionais quanto extraorganizacionais. Outro ponto interessante é que os modelos dessa geração buscam vínculo com a comunidade científica e tecnológica, além do mercado. A quarta geração — início de 1980 até início de 1990 — marca um período de recuperação econômica, crescimento do interesse tecnológico, estratégias de otimização e tecnologia da informação com o início de parcerias entre empresas para fins estratégicos. E, por fim, a quinta geração — a partir do início da década de 1990, inserida em um contexto de crescimento do desemprego e aumento da falência de negócios, traz como resposta a criação de modelos com foco em integração de redes estratégicas, ênfase no conhecimento e inteligência de mercado. Ainda, em paralelo, há uma melhoria no processamento de informações e na rapidez de estratégias. Nesse sentido, até metade dos anos 1990, os processos de desenvolvimento de negócios e comercialização de novos produtos ocorrem dentro de limites claros, caracterizando o que se chama de inovação fechada. Niek du Preez e Louis Louw[15] trazem uma sequência desses modelos, pontuando uma sexta geração — do início do século XXI até os dias atuais. A principal diferença se dá nos modelos em rede, com conexões que incentivam o conhecimento interno e externo às empresas, a geração de ideias como incentivo do processo inicial da inovação, a abertura e a colaboração (coworking), as novas formas de parcerias entre as empresas, mesmo as que operam no mesmo ramo de mercado.

É relevante, ainda, destacar a proposta de Dave Francis e John Bessant[16] que delimita a inovação sob quatro aspectos, também a partir do ponto de vista administrativo, chamados de 4 Ps da inovação: 1) Inovação de Produto (P1); 2) Inovação de Processo (P2); 3) Inovação de Posicionamento (P3); e 4) Inovação Paradigmática (P4). As categorias 1) e 2) dão conta das características mais notórias da inovação, a primeira focada no que a empresa oferece, produto ou serviço, e a segunda, em como a organização cria e entrega esses produtos ou serviços, ou seja, destaca o processo. Já os pontos 3) e 4) focam em uma perspectiva mais abrangente, envolvendo a (re)definição do posicionamento da empresa ou de seus produtos, enquanto o P4 define ou redefine o arquétipo dominante da empresa, incluindo seus valores e modelos de negócio. O objetivo dessa delimitação é apreender holisticamente a complexidade da inovação e organizá-la sob o aspecto estratégico e econômico da gestão empresarial.

No entanto, como falamos, a inovação é diferente para cada área. Por isso, os 4 Ps não são suficientes para descrever todos os tipos de inovação midiática. Partindo dessa proposta, Tanja Storsul e Arne H. Krumsvik[17] a relacionam à inovação nas mídias incluindo mais um aspecto extremamente importante quando consideramos as comunicações e o jornalismo: a dimensão social. Os 4 Ps não são suficientes para descrever todos os tipos de inovação midiática. A utilização inovadora de serviços de mídia e comunicação para fins sociais não implica necessariamente em novos produtos ou serviços, mas também poderia envolver a utilização de serviços ou produtos existentes de forma criativa para promover objetivos sociais. Por isso, acrescenta-se a inovação social como um quinto tipo para conceituar a inovação dos meios de comunicação. Assim, a inovação midiática inclui quatro Ps e um S: inovação de produto, inovação de processo, inovação de posição, inovação paradigmática e inovação social.[18]

CAPÍTULO 3

Os *Trend Studies* como área disciplinar

As metodologias de pesquisa

Os estudos de tendências ou *Trend Studies* são um jovem campo transdisciplinar formado por conceitos, técnicas e ferramentas das ciências sociais e humanas, com foco nos estudos culturais. Também estão em articulação com métodos da antropologia, do marketing e do design. As ciências sociais são a base metodológica, enquanto as humanidades trazem o panorama cultural[1] no qual estão inseridos, por exemplo, a tecnologia, a arte, o mercado, a comunicação social, o jornalismo, entre outros contextos. Por ser uma área profundamente relacionada e explorada no âmbito de práticas empresariais e de mercado, os estudos de tendências demandam que se faça uma distinção de termos relacionados, tais como *pesquisa de tendência* ou *estudo de tendência*, que são as práticas e os modelos metodológicos de teor científico e inseridos no contexto acadêmico.

Clotilde Perez e Raquel Siqueira[2] identificam que já desde os anos 2000 é possível observar um comportamento das empresas em entender as tendências e adaptá-las a seus mercados, contribuindo para novas estratégias e diretrizes. Sabe-se também que estudos relacionados ao comportamento do consumidor têm uma grande afinidade com os *Trend Studies*. Nesse ponto, a análise de tendências aplicada nos mais distintos mercados e também na academia é uma abordagem importante. Convém mencionar, portanto, que parte da produção bibliográfica referente à pesquisa de tendências é oriunda de autores que atuam em nível profissional no mercado e na consultoria empresarial[3]. Esse posicionamento vem ao encontro da proposta deste livro, que privilegia um tratamento abrangente das teorias e práticas e entende como propício incorporar visões do mercado às da academia. Observamos que o intercâmbio de profissionais e acadêmicos já permite, ainda que de forma embrionária, a construção de uma escola conjunta de estudos de tendências, que também se expande a profissionais e pesquisadores, notadamente em países como Portugal, Holanda, Espanha e Brasil. Você já se perguntou alguma vez por que, de repente, os temas na publicidade, cinema, séries e até produtos de beleza ou novos modelos de carro parecem seguir uma mesma história? E o mais estranho disso tudo: você até se identifica? É muito provável que isso seja resultado de muita pesquisa de comportamento e tendências. A troca de conhecimento e experiências entre os ambientes acadêmicos e da indústria costuma potencializar o crescimento e a assertividade da área nos dias de hoje.

Quais metodologias existem no âmbito dos Trend Studies?

A resposta objetiva a essa pergunta é: incontáveis. Entretanto, sabemos que diferentes objetivos demandam ferramentas específicas e percebemos que, nos estudos de tendências, essa combinação relacional de instrumentos metodológicos é ainda mais evidente. Ao avaliar metodologias oriundas tanto da academia quanto do mercado, compreendemos que não há um modelo fixo. Também é importante mencionar que as metodologias aplicadas no mercado são parcialmente expostas e detalhadas. Isso porque a indústria de tendências e inovação é altamente competitiva e abrir todos os processos seria uma heresia comercial. É mais ou menos como dizem popularmente: "Existem apenas dois segredos para o sucesso: 1) Nunca conte tudo o que sabe."

Por outro lado, existem técnicas consideradas padrão, como a pesquisa qualitativa, entrevista, prática de inspiração etnográfica, grupo focal, entre muitas outras. Não se preocupe se você não conhecer essas ferramentas, mais adiante aprenderemos mais sobre elas. Dentro do espectro desse menu de processos de pesquisa oriundo de diferentes áreas científicas, há várias maneiras de conduzi-las. Mesmo que haja um protocolo rigoroso de aplicação, a subjetividade ou intuição de cada pesquisador pode trazer resultados diferentes, e isso é da natureza desse tipo de pesquisa. É comum o debate científico ter base na reprodutibilidade de métodos que levam aos mesmos resultados. Entretanto, é inegável compreender que, na pesquisa de tendências, as conclusões raramente se repetirão quanto ao conteúdo, uma vez que nosso objeto de interesse, a tendência, é um alvo em movimento. *Uma tendência nunca é, está sempre sendo.*

Para deixar esse processo um pouco mais palpável, revisitaremos alguns dos modelos de pesquisa interessantes propostos por expoentes da área. Em uma organização cronológica, faremos uma viagem entre as décadas de 1990 e 2010 com cinco referências diferentes.

Figura 3: Modelos de pesquisa de tendências

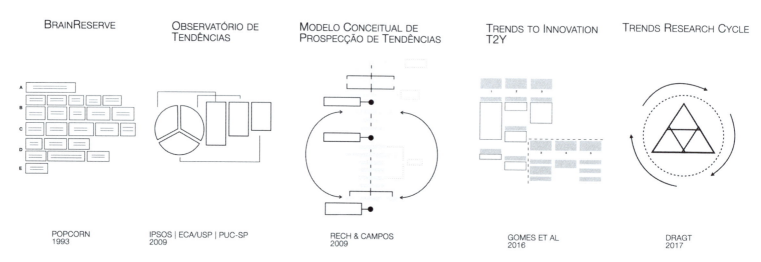

Fonte: As autoras (2023).

BrainReserve

Iniciamos com o Fluxograma da Metodologia **BrainReserve**, desenvolvido por Faith Popcorn ainda em 1993. O processo de pesquisa é dividido em cinco macroetapas, apresentadas a seguir, e estas, por sua vez, são segmentadas em técnicas e ferramentas próprias. Interessante perceber que a perspectiva dada por ela é centrada no cliente, como uma espécie de consultoria voltada para tendências. As fases principais compreendem desde a definição do projeto com os objetivos claros, limitações e cronograma de execução. A etapa seguinte propõe a coleta de dados do próprio cliente, dos consumidores, de especialistas e informações do setor de Pesquisa e Desenvolvimento (P&D). As ferramentas que destacamos nesse fluxograma são as originais do FPBR, que aparecem duas vezes no processo, na etapa B) Coleta de Dados e D) Refinamento/Apresentação: *BrainJam* e Análise de Descontinuidade. *BrainJam* são sessões de ideação que usam as tendências já mapeadas como catalisador na geração de ideias. Já a Análise de Descontinuidade basicamente faz um paralelo das ideias geradas na etapa anterior, aprovando-as ou não perante determinadas tendências, e idealmente deve estar de acordo com pelo menos quatro movimentos. O objetivo não é apenas adaptar a tendência, mas sim criar uma expressão própria do conceito, produto ou serviço a ser desenvolvido.

Observatório de Tendências (Ipsos, ECA/USP e PUC-SP)

Outro caso que evidencia a adaptação e a heterogeneidade das técnicas de pesquisa para o estudo de tendências é o modelo proposto pelo **Observatório de Tendências** (Ipsos, ECA/USP e PUC-SP), em 2009. O esquema usa da metodologia *bricolage* ou triangulação, com ênfase nos dados qualitativos. Divide-se em três momentos: pesquisa de campo com técnicas de observação etnográfica, participação em eventos, discussão com consumidores *early adopters*, entrevistas em profundidade e grades semióticas. Em um segundo momento, os dados secundários reúnem informações de *desk research* contínua, que, em resumo, é uma ferramenta de levantamento de dados de fontes confiáveis e variadas, além da monitorização de núcleos de estudo em universidades e banco de imagens publicitárias. Por fim, a capacidade analítica do processo se dá com a expertise de uma equipe multidisciplinar em diferentes áreas, seja comunicação, publicidade, semiótica, gestão de negócios, ciências sociais ou jornalismo.

As vantagens em técnicas mistas são extremamente válidas, pois garantem uma riqueza especial em termos de abrangência e profundidade, sendo possível abarcar fenômenos sociais que permeiam as tendências de consumo. Utilizando o pensamento sistêmico como embasamento teórico, esta metodologia de pesquisa é bastante utilizada em estudos qualitativos de mercado[4].

Modelo Conceitual de Prospecção de Tendências

Há também a relação feita em propostas de pesquisa de tendências e prospecção, ainda que com foco mais específico em moda, que partem da abordagem da Teoria Fundamentada nos Dados (ou *Grounded Theory*).[5] O modelo desenvolvido pelo laboratório de tendências Futuro do Presente[6] concentra-se na pesquisa estudando três categorias: a) influência das macrotendências, b) comportamento e c) setores de referência (indústria). Desta forma, não esclarece questões de tempo, formato de comunicação de resultados, fonte de coleta de dados ou uso de certas ferramentas. A pesquisa ocorre em quatro etapas principais: a) preparação para a pesquisa, b) coleta de dados, c) análise ou codificação desses dados e d) definição de teorias[7]. As pesquisadoras Sandra Rech e Amanda Queiroz Campos também discutem a relação da pesquisa de tendências a partir da *Grounded heory*, desenhando uma proposta[8] similar à do Futuro do Presente, mas com maior destaque à análise dos dados, responsável por exercer um papel central e possibilitar orientações transversais e variadas.

No Modelo Conceitual de Prospecção de Tendências, publicado em 2009, o processo é dividido em etapas, também partindo do preparo e organização do trabalho, coleta de dados, análise até a formulação de teorias — neste caso, o termo pode ser entendido como o delineamento de tendências. No momento de planejamento da investigação, as autoras frisam não só a importância do cronograma de fases como também a expectativa de resultados a serem alcançados. Coleta de dados e pesquisa documental, entre outras técnicas, têm por objetivo identificar no material categorias centrais que representem os dados selecionados, sempre em uma relação sociológica. Em seguida, o modelo propõe explorar os dados com o intuito de categorizar, conceituar e hierarquizar o material recolhido, considerando o objetivo final que é o de delimitar a teoria. Exige repetidas fases de filtragem e interpretação, com geração de insights e ideias, além de possibilitar a reavaliação da leitura dada ao conteúdo, mitigando vieses de pesquisa. Nesta etapa, é preciso realizar a codificação em duas frentes: aberta e relacionada; a codificação aberta fragmenta os dados em conceitos e categorias, e a codificação relacionada (axial) procura conectar esses dados questionando a permanência dos fenômenos identificados.

O próximo passo é a organização seletiva que deve integrar a teoria desenvolvida, examinar incoerências, excluir categorias com fundamentação empírica insuficiente ou relações não estáveis. A etapa final deve estudar as hipóteses de tendências, comparando pontos em comum e disparidades entre os conceitos delimitados. Também é importante que a tendência (ou teoria) seja avaliada por sua abrangência, projetando uma possível replicação de resultados.

Trends to Innovation (T2Y)

Também vale destacar a evolução do modelo de referência de metodologia **Trends to Innovation (T2Y)**, da Trends Observer, revisto como matriz por Nelson Gomes, em 2016. A metodologia T2Y, em sua raiz, está basicamente segmentada em macroetapas divididas em uma parte mais teórica — 1) análise cultural, 2) contexto e 3) cenários — e outra, prática: 4) avaliação e 5) aplicação.

1. Análise cultural

A primeira etapa divide-se em dois momentos: a) observação: composta por métodos inspirados pelo trabalho de triangulação cultural de Martin Raymond — incluindo as fases de observação, interrogação e intuição, *coolhunting*, etnografia, *desk research* e *house surveys*. O segundo momento compõe o *Zeitgeist Segmentation Model* (ZSM), baseado em um eixo cartesiano que permite a caracterização, a avaliação, a análise e o posicionamento dos grandes tópicos do zeitgeist.

2. Contexto

A segunda etapa traz novamente a técnica de a) ZSM, segmentação do zeitgeist, agora com uma perspectiva de validação; b) Ambiente, com análise PEST (Política, Econômica, Social e Tecnológica), que enquadra fatores macroambientais na gestão estratégica de empresas e *Drivers* com a definição de mudanças amplas com potencial de provocar e liderar transformações de mercado; e, finalmente, c) *Post Coolture*, com propostas, espaços e prescritores de tendências.

3. Cenários

Desenvolve a) planejamento de três contextos oriundos das fases anteriores, b) a confecção de um *trend book*, com descrição das possíveis circunstâncias e c) a validação e interpretação dos dados. Em uma abordagem mais prática, a fase de execução traz: a) *coolture inception*, b) semiótica e semiologia e c) tendências e ideias.

4. Avaliação

A avaliação é pensada na adaptação desse material sob uma perspectiva mais amigável e voltada ao consumidor final com técnicas de a) *design thinking* e b) gamificação.

5. Aplicação

A última etapa é formada por a) conceito de design, b) insights estratégicos e c) ativação, com o produto ou serviço sendo testado com o usuário final.

Trend Research Cycle

E, por fim, trazemos o modelo proposto por Els Dragt (2017) no processo de mapeamento de tendências, o ***Trend Research Cycle***.[9] O modelo é baseado em três grandes etapas:

1. Escaneamento

A primeira delas divide-se em três passos: a) detecção: o escaneando de sinais e pistas de mudança já aparentes na sociedade, de modo bastante abrangente e variado; b) seleção: triagem de sinais, elegendo as pistas mais relevantes considerando critérios específicos. Por exemplo: o sinal é inovador? É inspirador? É fácil de entender e de ser comunicado? Tem um impacto criativo?[10] E c) documentação, em que é preciso descrever e contextualizar esses exemplos, além de organizar o material para que ele seja sempre consultável.

2. Análise

A segunda etapa consiste em analisar os dados coletados também sob três processos. O primeiro deles é o a) agrupamento, em que os sinais são classificados por categorias semelhantes, respondendo a indagações sobre suas reais motivações. Em seguida, b) validação: critérios como coerência, relevância e emergência deverão estar conectados ao conteúdo já pesquisado. É importante trabalhar em equipe para que os mesmos sinais sejam confrontados com realidades diferentes, para adaptar, editar ou qualificar a lógica desenhada para a tendência. E c) rotulação: depois de compreender e validar a tendência, é importante nomeá-la de uma maneira que seja inteligível e interessante para os públicos.

3. Aplicação

A fase final é a parte aplicada com: a) alcance/escopo: é o momento de definir o ângulo de aplicação para um projeto específico com um briefing para a geração de insights práticos. Com esse resultado, passa-se à etapa de b) comunicação, que é responsável por comunicar os resultados da pesquisa para o cliente, seja por relatórios, vídeos, workshops, eventos, apresentações etc. E c) tradução é a etapa que finalmente transforma as tendências em ideias palpáveis, serviços, produtos ou até mesmo conceitos e posicionamento de marca para determinado cliente. A autora sugere a participação dos clientes com os pesquisadores em uma proposta de oficina para a cocriação de soluções reais e aplicáveis.

Em um trabalho acadêmico que avalia diversas metodologias aplicadas nos estudos de tendências, Miguel Marques[11] reúne dezesseis técnicas identificadas em três frentes. Pesquisa de campo: observação etnográfica (participante e não participante), observação netnográfica (participante e não participante), *cultresearch*, observação semiótica, *coolhunting*,[12] participação em eventos nacionais e internacionais, *focus group* com consumidores diferenciados, entrevistas em profundidade e websemiótica. Dados secundários: pesquisa de campo (qualitativa), *desk research*, monitorização dos grupos de estudo, análises de *case studies* relevantes, análise de relatórios empresariais, consulta a bancos de imagens publicitárias e consulta a banco de imagens etnográficas. E, por fim, dados quantitativos com análises de bases de dados.

Talvez você esteja se perguntando por que importa conhecer tantas e diferentes abordagens de investigação de tendências. A ideia aqui é identificar que as metodologias aparecem sempre como uma proposta para um determinado fim. Com isso, **sabemos que um modelo genérico de pesquisa para os *Trend Studies* nunca será suficiente**; é preciso perspectivas a partir dos setores em que há interesse. Outro ponto que vale mencionar é a própria temporalidade da metodologia, que pode ser substituída, simplificada ou atualizada. Essa é a provável motivação pela qual novos modelos são propostos periodicamente. Ainda assim, é possível encontrar alguns pontos em comum: a ênfase dos dados qualitativos, a recolha exaustiva de materiais e em *continuum*, a validação das tendências e a especial atenção aos sinais criativos. Como sua área ou empresa poderia se beneficiar das metodologias dos Trend Studies? Certamente, de incontáveis formas, mas antes você precisa aprender que não é possível adivinhar o futuro com essas técnicas.

CAPÍTULO 4

Pesquisa de tendências não é futurologia

É muito comum pensar que quando falamos de tendências, estamos tratando de prever o futuro. Trago más notícias: isso não é verdade. Um futuro próximo, sim, mas as tendências dificilmente adivinharão o futuro no longo prazo como se fosse visto em uma bola de cristal. O que podemos afirmar com base em pesquisa é qual tipo de comportamento padrão poderá navegar em diferentes públicos e em um determinado tempo médio. Por isso é tão importante entender como as tendências se difundem e a partir de quais referenciais o fazem.

Os Estudos de Tendências fornecem cenários sociais, com exemplos de atividades, atitudes, comportamentos e inquietações[1] e não têm como objetivo gerar previsões sobre o futuro, mas, sim, identificar a influência de padrões com seu potencial de estabilidade em um período próximo.[2] Mesmo assim, vale mencionar que existem os Estudos de Futuro e a Pesquisa Prospectiva e que há alguns pontos de contato e sobreposição em suas práticas, embora tenham perspectivas distintas.[3]

Os Estudos de Futuro dividem-se simplificadamente em duas categorias. Uma delas são os estudos prospectivos, que entendem os dados do presente no desenho de futuros possíveis.[4] Os Estudos do Futuro também podem ser desenvolvidos enquanto estudos tendenciais, que são os que projetam previsões a partir de dados do passado.

A Pesquisa Prospectiva, por sua vez, pode ser definida como um instrumento que possibilita a compreensão estruturada e geração de estratégias por meio de uma reflexão coletiva dos desafios futuros em uma escala organizacional.[5]

A definição de *foresight(ing)* e *forecast(ing)* é idêntica,[6] no entanto, *foresight* é compreendida como o exercício para avaliar as condições futuras com base no contexto atual de tendências. Está implícita no termo *foresight* a noção de que o futuro é incerto e não diretamente previsível, focando condições gerais e eventos específicos.[7] Por outro lado, *forecasting* refere-se à definição de um futuro tendencial, que pode ser estimado aplicando-se ferramentas matemáticas na análise de séries históricas. Quanto mais confiáveis forem as bases de dados e mais amplo o período de tempo que elas contêm registros, mais confiável será essa extrapolação.[8]

E, por fim, o método de construção de cenários busca modelar representações do futuro, assim como rotas que levam até essas representações, que procuram destacar as tendências dominantes e as possibilidades de ruptura no ambiente das organizações e instituições. Com isso, fica um pouco mais clara a diferença entre Estudos de Futuro e Estudos de Tendências a partir de suas bases teórico-práticas, além da aplicação no mercado.

Você pode estar se perguntando agora: então, se não consigo prever o futuro com as tendências, como posso saber de que forma elas se movimentam? E como elas podem ser úteis para minha área, indústria ou setor? É sobre isso que falaremos em seguida.

Como as tendências se difundem?

Antes de entender melhor esse processo, será preciso entender a relação de públicos na difusão das tendências, além das variáveis às quais cada padrão está condicionado. Os sistemas de difusão de tendências já estudados são variados e não são unanimidade entre os pesquisadores. William Higham[9] afirma que as tendências seguem tipicamente um processo de adoção sistemático, e sua difusão se diferencia especificamente entre diferentes grupos de consumidores. Importante mencionar que, enquanto forma, sistemas de difusão semelhantes já estavam sendo estudados na moda por meio de uma perspectiva socialmente estratificada.

Para fazer a relação entre os Estudos de Tendências e a forma como elas se espalham, é necessário entender, em um primeiro momento, como uma tendência passa pelo processo de tradução até se materializar enquanto objeto. Um exemplo: a atualização do sistema operacional do seu smartphone pode trazer um recurso nativo que permite fazer o acompanhamento de quantas horas você dedica a determinado app. E mais: com a possibilidade de bloquear o acesso caso você tenha estipulado um limite de tempo. Essa função tecnológica é uma resposta a um desejo de "desligar", ainda que, por vezes, não esteja tão claro para algumas pessoas. É algo que pode nos ajudar a lidar com a estafa mental e emocional devido ao excesso de estímulos recebidos todos os dias.

Segundo Nelson Gomes,[10] o espírito do tempo, enquanto mapa mental da sociedade, representa modos de pensar, que passam por processos de tradução. Esse fluxo é considerado abstrato, e é preciso segmentação e análise para que seja compreendido. As mentalidades, ao serem traduzidas, manifestam-se em objetos que podem se apresentar enquanto estilos, representações ou rituais, adquirindo sentido a partir do espírito do tempo. Henrik Vejlgaard[11] apresenta sua própria proposta de modelo de difusão, o *Diamond-Shaped Trend*

Model. A proposição consiste basicamente em oito perfis de personalidade na tentativa de abarcar todos os grupos pertencentes à sociedade — embora o próprio autor reconheça a complexidade do sistema social e a limitação da proposta. As duas pontas do diamante, Criadores de Tendência e Anti-Inovadores, são efetivamente poucas pessoas, porém desempenham um importante papel. As categorias organizam-se nesta ordem: 1) Criadores de Tendência, 2) *Trendsetters* (algo como definidores de tendência, em tradução livre), 3) Seguidores de Tendência, 4) Maioria Inicial, 5) Maioria, 6) Maioria Tardia, 7) Conservadores e 8) *Anti-Innovators* (anti-inovadores). E não é que as tendências também têm um padrão de difusão baseado em comportamento de grupos?

De que forma a inovação se propaga?

Senta que lá vem a história. Abordar os estudos sobre inovação demanda também pontuar aspectos relacionados a sua difusão. Tudo começou com Everett Rogers quando problematizou a difusão como um processo em que a inovação é comunicada por intermédio de canais ao longo do tempo entre os grupos de um sistema social.[12] Para entender como a difusão ocorre, era preciso padronizar seus públicos por meio do comportamento frente às inovações. Rogers conclui, inspirado pelo trabalho dos sociólogos Bryce Ryan e Neal Gross publicado em 1943,

que *independentemente da inovação, o padrão que a difusão segue em um grupo, comunidade ou tribo social, é o mesmo*. Esses grupos podem ser divididos em: 1) Inovadores; 2) Adotantes Iniciais; 3) Maioria Inicial; 4) Maioria Tardia; 5) Maioria mais tardia e 6) Retardatários.

Esse processo se inicia com uma ideia (ou serviço ou produto) e com um inovador que a insere no mercado e que, por sua vez, é tomada por um grupo chamado adotantes iniciais. Estes se adaptam rapidamente à ideia e a transmitem a outro grupo, chamado maioria inicial, que, sucessivamente, transmite a um grupo maior, a maioria tardia. Por fim, este último grupo leva a inovação ao grupo de retardatários, os quais formam um conjunto de pessoas[13] mais resistentes a mudanças. O que propomos pensar aqui é que os sistemas de difusão, tanto de tendências quanto de inovações, têm um padrão que pode ser sobreposto, mesmo apresentando grupos sociais distintos, como vemos na imagem.

Considerando as naturezas múltiplas, diversas e heterogêneas de tendências e inovação, você pode estar se perguntando: é possível que uma inovação seja também uma tendência? Sim, desde que a inovação não seja apenas um produto ou serviço, mas também um processo e uma narrativa. Eu sei que isso soa um pouco abstrato, é por isso que agora aprenderemos com um caso prático que está presente em nosso dia a dia: o jornalismo.

Pesquisa de tendências não é futurologia

Figura 4:[14] Difusão da inovação + difusão de tendências

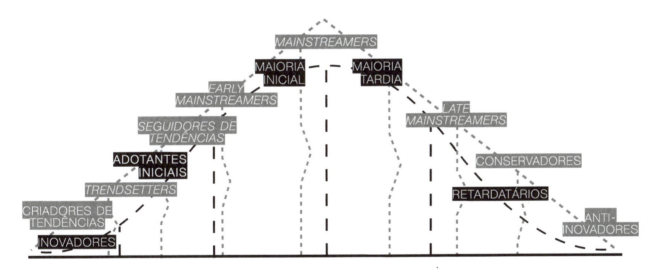

Fonte: As autoras (2023).

CAPÍTULO 5

Tendências na prática

O caso do jornalismo de inovação

Antes mesmo de explorarmos os movimentos para o jornalismo, seja força, sejam tendências, apresentaremos o conceito de jornalismo de inovação. Assim como a inovação por meio da ótica da área administrativa e econômica não contempla todas as características da inovação de mídia (leia mais sobre isso no capítulo seguinte), a própria inovação midiática traz particularidades quando consideramos a inovação no jornalismo. Por isso afirmamos que, mesmo fazendo parte da área da comunicação social, o jornalismo tem em sua natureza particularidades não necessariamente comuns às diversas manifestações das mídias. Quando tratamos de inovação em qualquer área, e neste caso, no jornalismo, tudo pode parecer uma grande bola de neve em que é difícil identificar as diferenças. Para deixar tudo mais claro, faremos um exercício de diferenciação que pode ser bastante útil.

Vamos começar por uma distinção fácil: "inovação no jornalismo" *versus* "jornalismo de inovação". O jornalismo de inovação *sempre* traz inovação no jornalismo. Por exemplo:

inserir na equipe de reportagem desenvolvedores de jogos, infografistas ou editores de áudio para a criação de produtos legitimamente convergentes. Por outro lado, *nem toda inovação no jornalismo é considerada jornalismo de inovação*, pois pode estar estritamente relacionada a um aspecto tecnológico ou administrativo, sem consequência imediata e relevante para o campo prático jornalístico. O caso pode ser ilustrado com a mudança do sinal de transmissão do analógico para o digital nos sistemas de televisão. Em nossa perspectiva, trata-se de uma inovação também para o jornalismo, com a melhoria da qualidade de imagem e de áudio, porém essa inovação não altera substancialmente os produtos jornalísticos a ponto de serem consideradas jornalismo de inovação.

Outra diferença clara se dá no "jornalismo *sobre* inovação": este nada mais é do que o jornalismo tradicional quando tem como principal temática as inovações técnicas, de produtos, processos, tecnologias. Isso quer dizer que é o tipo de jornalismo que se ocupa dos movimentos de todo o ecossistema da inovação, em qualquer domínio que se manifeste, midiatizados pelos suportes jornalísticos usuais.

Quando tratamos de inovação e jornalismo, a ideia mais recorrente é aquela associada à tecnologia. A partir de uma perspectiva da mídia, é preciso compreender a "inovação midiática como um campo de pesquisa além da pergunta de como administrar as mudanças tecnológicas", como escrevem Tanja Storsul e Arne H. Krumsvik.[1] Ainda que essencial ao jornalismo de inovação, a inovação tecnológica não é a única responsável pelas modificações na área. Outro ponto importante para se delimitar o jornalismo de inovação está em compreender que os processos-base da prática jornalística — apuração, checagem, redação, edição e divulgação, por exemplo — se mantêm. No entanto, cada etapa desse processo pode passar por alterações relacionadas à inovação. Essas modificações se dão separada ou associadamente, focadas no processo e/ou no produto, caracterizando-se como jornalismo de inovação.

Com isso, frisamos que o jornalismo de inovação não é um tipo especializado de jornalismo, tampouco um gênero jornalístico, mas, sim, um comportamento possível em qualquer esfera da atividade e, provavelmente, um fluxo natural de parte da prática jornalística contemporânea. O jornalismo de inovação percebe a própria inovação como processo: circular, complexa, em multicamadas e socialmente condicionada.[2] Além disso, o jornalismo de inovação investe em conhecimento científico, tecnológico e de Pesquisa e Desenvolvimento (P&D); vê, ainda, a coprodução e a coinovação como tão importantes quanto seu próprio trabalho, percebendo o público também como participante do papel inovador. Considera as inovações sociais e culturais tão relevantes quanto as tecnológicas e comerciais.

Compreendendo a multiplicidade do conceito de jornalismo de inovação, algumas tipologias podem auxiliar na compreensão desse contexto em constante modificação. Segmentamos o cenário em três variações derivadas do que definimos como jornalismo de inovação: 1) conteúdo & narrativa, 2) tecnologia & formato e 3) modelo de negócio. Todas as categorias podem ter identificação direta com os produtos do jornalismo ou com os processos de produção do jornalismo. Nesse sentido, o jornalismo de inovação é aquele que passa necessariamente por modificações nas técnicas, tecnologias, processos, linguagens, formatos e dispositivos destinados a potencializar a produção e consumo das informações jornalísticas.

Força e tendências para o jornalismo de inovação

Agora que você já sabe mais sobre a especificidade do jornalismo de inovação, apresentaremos o conceito de força, que certamente influencia outros movimentos, além de três tendências setoriais para o jornalismo. O conceito de força que identificamos é intitulado *Discomfort Innovation* (Inovação pelo Desconforto), e as tendências são nomeadas como *Transfluency* (Transparência + Fluência de notícias), *Data Polarity* (Dados Polarizados) e *Centripetal Demands* (Demandas Centrípetas). Como essa força e essas tendências foram identificadas? Com a metodologia de três etapas chamada *Trend Research Kit* (TRK), que será apresentada em detalhe na seção Mãos à Obra deste capítulo.

O conceito de *Discomfort Innovation*

Ao iniciar o processo de identificação de tendências, é importante observar o entorno de áreas e setores adjacentes ao jornalismo. Além de elencar os padrões que se repetem no cenário de estudo, procuramos identificar uma das forças que englobam a temática das tendências segmentadas pela nossa pesquisa. A ideia de *força surge como uma potência que envolve, em alguma instância, todas as diferentes tendências e que surge de forma contextual*. A sua composição não se qualifica como macrotendência, embora esteja estreitamente ligada a elas e ao espírito do tempo. A escolha do nome *Discomfort Innovation* surge na tentativa de dar conta do ponto em comum que as respostas ligadas à inovação no jornalismo evidenciam. Antes mesmo de interpretarmos a "corrida pela inovação" do setor jornalístico, identificamos um cenário quase generalizado de

mal-estar, crise, incômodo ou desconforto, como *causa* e também como *efeito*.

Todo o espectro inovador no jornalismo e das tendências a serem apresentadas na sequência está em função de um contexto ainda mais abrangente que empurra tudo e todos para uma necessidade de *confrontar o desconforto*. Ainda que existam sinais que incentivem o bem-estar no espaço que já se conhece — a famosa *comfort zone*, a pressão externa para uma mudança é visivelmente maior. Não é suficiente apenas sair do ambiente seguro e conhecido, é mandatório *tourear o desconforto*. Publicamente. Claramente. Transparentemente.

A força *Discomfort Innovation* entende o desconforto por meio da perspectiva que o aproxima da inquietação e percebe que este é o estado do jornalismo hoje. A inquietação, de certa forma, é a base estrutural da atividade do repórter que está sempre em busca do novo, do interessante, do necessário.[3] Quando analisamos as temáticas veiculadas no jornalismo como um todo, observamos a escalada da abordagem de tópicos delicados no cotidiano. Reportagens sobre suicídio nas escolas, violência doméstica e feminicídio, truculência e racismo nas instituições, a luta pelos direitos LGBTQIA+, a corrupção no Estado, a pedofilia nas igrejas ou a legalização do aborto têm trazido esses assuntos ao debate — ou pelo menos pontuado a noção da existência e sua importância. Tudo isso (ainda) causa certo mal-estar, especialmente no público, mesmo em uma parcela de pessoas já amortecida e insensibilizada pelo cardápio violento do noticiário. Ou, ainda, o desconforto e a estafa são tão incisivos que causam um comportamento ativo de evitar o contato com notícias[4] ou uma espécie de intoxicação por informações disponíveis (*infoxication*).[5] Isso sem sequer considerar a exaustão total causada pela atualização *non-stop* dos números da pandemia da covid-19.

Se observamos por outra ótica, percebemos também que o jornalismo precisa aprender a falar de suas próprias dores: especialmente da crise nos seus modelos de negócio. Falar sobre os próprios recursos financeiros no jornalismo é desconfortável. O jornalista até então era formado para entender quase exclusivamente de apuração, de fatos, de checagem; não de controle monetário.[6] E esse comportamento é sistêmico, pois até recentemente, a maioria das escolas de jornalismo não incluía disciplinas sobre gestão de negócios, empreendedorismo ou noções de administração de empresas.[7] Isso pode acontecer porque o jornalismo é visto — especialmente por seus mais apaixonados representantes — como um ideal e um direito de todo o cidadão. E é. Porém, é preciso ser sustentável (economicamente) para sobreviver financeiramente, e o plano de assinaturas e a publicidade tradicional já não dão mais conta de manter o sistema jornalístico na contemporaneidade.[8] Correr o risco de não poder desempenhar um papel nobre — informar as pessoas para que possam viver a vida com o conhecimento necessário para tomar decisões diárias — por causa de dinheiro é desanimador. É constrangedor, especialmente para os jornalistas. Mesmo que a ideia do jornalismo de "publicar o que alguém não quer que se publique" seja uma máxima da atividade, pela primeira vez na história recente, o incômodo é o do próprio jornalista. Isso sem mencionar o cerceamento aos repórteres por parte da própria audiência, pelas instituições ou por episódios de violência durante a realização de seus trabalhos.

Essa conjuntura certamente se estabeleceu com mais repercussão em paralelo ao avanço da internet e da liberação do polo emissor, da mudança paradigmática do sistema de comunicação de um para muitos, tornando-se uma grande conversa de todos para todos.[9] Avançados pelo menos duas décadas deste novo modelo, aliado ao massivo impacto das redes sociais online, novos aparatos tecnológicos e toda a miríade de pequenas, mas profundas, mudanças de comportamento social, agora é preciso desfazer as bolhas de desinformação.[10]

Um combo de desvalidação do jornalismo por agentes poderosos — pensemos nomes como Donald Trump e Jair Bolsonaro — juntamente com uma crise de confiança generalizada nas instituições[11] impele um movimento ainda mais contundente na área. É falar do que deveria ser óbvio: a qualidade do jornalismo. O boom dos checadores de fatos, em que uma ação primordial da atividade precisou ser esmiuçada, especialmente em uma nova era de desintermediação entre as fontes e o público.[12] Agentes e estruturas de poder questionam pilares importantes de ética, veracidade ou manipulação no jornalismo. A era da pós-verdade ou do pós-fato questiona tudo. O politicamente incorreto vem disfarçado de excentricidade.

A atividade jornalística, até então, pouco teve de provar sua credibilidade enquanto tranquilamente ocupava o papel de quarto poder.[13] Os tempos atuais e os do futuro próximo impõem novos desafios. Essa lógica deve perdurar por um longo período. Até o fim do desconforto ou até a quase normalização desses temas em acordo com um zeitgeist sempre em transição.

A inovação, então, aparece como uma resposta pendular que oscila do mínimo ao máximo, com medidas não necessariamente tecnológicas, mas de impacto em uma compreensão contextual que deve considerar o comportamento do público e o cenário atual do jornalismo. Há poucos anos, a percepção era a de que as plataformas sociais teriam se tornado destino obrigatório da circulação jornalística na internet.[14] No entanto, a série de modificações algorítmicas recentes, além do volume imensurável de conteúdo, impactaram severamente a relevância da disposição das notícias para seus usuários.

A popularidade da tecnologia enquanto produto parece passar por um período platô, em que a crescente vertiginosa de consumo de aparatos tecnológicos tende a se estabilizar (Apple, Samsung e LG informaram queda de vendas em seus smartphones, a primeira vez desde 2004). É possível que sejam o conteúdo, sua abordagem e modelos de negócios adaptáveis que tornarão o jornalismo novamente relevante na rotina das pessoas. Nenhum cenário é taxativo e absoluto, pois linguagens ágeis conectadas a periféricos — como assistentes pessoais de voz ou vestíveis — terão impacto em públicos nichados. O ponto que esta força tenta destacar é a importância de conhecer a sua audiência e entender que, acima de tudo, estamos todos mergulhados em desconforto.

Relação da força com tendências

As forças, como já sabemos, estão em algum nível relacionadas às diferentes tendências, uma vez que se distribuem em um mesmo tecido social. Algumas conexões são mais evidentes, e associá-las é um importante exercício para revalidar movimentos convergentes, ainda que em setores ou abrangências distintas. Nesse exercício, elencamos uma série de tendências identificadas por diferentes canais — Trends Observer, Trendwatching, Fjord, TrendOne, Science of the Time, JWT Intelligence e Faith Popcorn's Brain Reserve — com o objetivo de perceber conexões. Em *Discomfort Innovation*, encontramos relação com quatro tendências que, para além das tendências em jornalismo, trazem em comum o olhar humanizado para os acontecimentos, ainda que sob outras abordagens. Nas tendências *FutureTense* (Futuro Tenso), *Rooted in Reality* (Enraizado na Realidade), *Social Media Wellbeing* (Bem-estar nas Mídias Sociais) *e Mediavolution* (Midiaevolução), o mal-estar, o sentido de reivindicação, a força que "empurra" as mudanças ou o cansaço generalizado são características necessariamente mais humanas do que tecnológicas, unindo essas perspectivas.

FutureTense

Identificada pela consultoria Faith Popcorn's Brain Reserve (FPBR), faz a relação do estado tenso ligado ao futuro no sentido duplo que a palavra tem em inglês, pois também designa o tempo verbal futuro na gramática. Essa tendência versa sobre uma certa angústia dos consumidores quanto ao caos social, econômico, político e ético que exige um esforço simultâneo. Essa sensação é desgastante e ultrapassa a capacidade de lidar com o hoje ou imaginar um futuro próximo seguro. Esse mal-estar da estafa mental a que somos, na maioria, submetidos, tem relação com a força *Discomfort Innovation* no sentido de que um dos setores que colabora com esse estado é o próprio jornalismo e seu fluxo ininterrupto de informações. Essa tendência pode ser desenhada por meio de alguns tópicos do Espírito do Tempo, como: medo, tecnologia, economia, bem-estar. O medo aparece no sentido de incerteza e falta de

controle sobre um futuro que, paradoxalmente, pressiona o hoje, potencializado por uma espécie de engenharia do rendimento, seja no trabalho ou no lazer. O próprio bem-estar vem sendo monetizado, tornando-se uma economia do viver bem atravessado pela tecnologia.

Rooted in Reality

Identificada pela Trends Observer, a tendência tem pontos de conexão com a força, especialmente se considerarmos os discursos polarizados na política global e a relação do jornalismo com a força da democracia contemporânea. O texto da tendência destaca que os movimentos de questionamento e senso de justiça podem, no entanto, ser distorcidos e apropriados em sentido negativo para disseminar e legitimar fanatismos e intolerâncias. Ainda, entende que as narrativas perversas serão aceitas na medida em que não se sabe mais distinguir argumentos tendenciosos de fatos comprováveis. A polarização de cunho ideológico vem se manifestando com mais intensidade, considerando as redes sociais e as ruas. "O resultado é um discurso cada vez mais pautado pelo ódio, pela intolerância e pela incapacidade de ouvir das várias partes, sendo que o fenômeno das *fake news* e da desinformação pode vir a agravar a situação."[15] Articulamos a natureza de *Rooted in Reality* com os seguintes tópicos do zeitgeist: crise, individualismo, economia e nostalgia. A nostalgia aparece como um certo apreço ao passado, compreendido como sendo mais simples e definido, menos líquido, binário, certo e errado. O <u>individualismo</u> é identificado pela noção que contrapõe a opinião ao fato, no sentido de que importa mais no que o sujeito acredita e com o que concorda, favorecendo a polarização e as comunidades temáticas. A <u>economia</u> complementa as bases, já que esse posicionamento e essa reivindicação passam pela estrutura econômica e de direitos e deveres, incluindo impostos, salários e poder de compra. A <u>crise</u>, por sua vez, é o tópico de fundo que instiga o descontentamento e inclinação à discussão e ao posicionamento sobre questões variadas da vida social.

Social Media Wellbeing

Outra microtendência familiarizada à *Discomfort Innovation* é a *Social Media Wellbeing*, identificada pela JWT Intelligence/ Innovation Group (2019). Esse movimento dá conta dos efeitos em torno do impacto negativo das mídias sociais sobre a saúde mental. Segundo o dossiê da JWT, a pressão psicológica mental que os sites de redes sociais podem exercer sobre os consumidores denuncia estar relacionada à ansiedade, depressão e até mesmo à infelicidade dos usuários. Com esse cenário, desenvolvedores de sistemas operacionais e até mesmo as próprias empresas de *social media* vêm desenvolvendo ferramentas de controle e limite de tempo para acessar e interagir com o conteúdo lá publicado. Como o jornalismo está

(ainda) presente em muitas dessas plataformas, é importante entender a relação dos pontos de saturação de audiência também por esta perspectiva. Na tentativa de delimitar a tendência *Social Media Wellbeing*, indicamos uma relação com estes temas do Espírito do Tempo: <u>experiências</u>, <u>identidades</u>, <u>bem-estar</u>, <u>medo</u>. As redes sociais, como caso exemplar, tomam um importante papel no processo de construção de <u>identidades</u> na contemporaneidade. Não é mais suficiente existir, é preciso existir em algum lugar. E esses lugares são a gama de perfis e relações por meio das possibilidades que as redes digitais permitem. O <u>bem-estar</u>, a profusão de <u>experiências</u> midiatizadas e até mesmo o <u>medo</u> e a vulnerabilidade são métricas de troca no ambiente *online* e no processo identitário.

Mediavolution

Segmentada pela JWT Intelligence/Innovation Group, que circunda uma ideia já presente há algum tempo no cenário midiático: a queda nas vendas de impressos e a transformação ainda mais intensa de veículos jornalísticos em entidades multimídia. O texto da tendência, no entanto, projeta uma ideia de mudança constante em direção às mídias digitais como destino certo. Embora a noção de inovação trazida pela força identificada na pesquisa seja pautada pelo desconforto desse cenário de perda de audiência, a Discomfort Innovation não aponta que o caminho para desviar desse cenário incômodo seja necessariamente digital, como uma "evolução" obrigatória. Ou seja, a tendência está relacionada, mas não se sobrepõe. A relação se dá mais especificamente aos efeitos e em como o jornalismo pode e deve se adaptar mediante essas transformações. Nesse sentido, a tendência *Mediavolution* ampara-se em quatro tópicos do zeitgeist: informação, interação, tecnologia e inovação. O conceito de interação se torna bem evidente nessa tendência, uma vez que pode ser a necessidade atual de interação conectada a um fator que contribui para a queda de interesse em produtos impressos. Mesmo que seja possível uma relação interativa com esses produtos, ela é menos evidente. A tecnologia, por sua vez, surge como uma resposta para essa reconquista de público e alargamento das atividades jornalísticas, em um caminho supostamente focado em inovação. E a informação, e o fluxo permanente de conteúdos novos, tal como observamos no próprio núcleo da força *Discomfort Innovation*, é o motor por trás do fato de essa tendência existir.

Para tornar mais evidentes as relações entre a força *Discomfort Innovation* e as tendências externas conectadas, utilizaremos a ferramenta dos tópicos do zeitgeist como um instrumento visual para evidenciar essa vinculação.

Cada tendência externa foi identificada com quatro palavras-chave que definem a centralidade do movimento, assim como a *Discomfort Innovation*. Nesse sentido, pontuamos os seguintes tópicos como DNA desta força: crise, inovação, tecnologia e informação. A crise surge como um tópico mais tradicional (mais próximo de zero), de certa forma sempre presente em diferentes momentos da história. A crise parece funcionar como um motor que estimula a inovação, como é a própria ideia de desconforto. A tecnologia, em todos os sentidos, também reforça o ritmo desses movimentos associados à força, catalisando e expandindo o processo de inovação, especialmente pelos novos ou aprimorados modos de uso de aparelhos como um todo. E, por fim, a informação, neste caso, especificamente a informação jornalística, que é a matéria e o conteúdo que fazem essa engrenagem girar de acordo com a intensidade de novos temas. Importante destacar que, embora com temáticas similares, ocupam diferentes posicionamentos no mapa, demonstrando a complexidade de suas naturezas.

Figura 5: *Discomfort Innovation* + Tópicos do Zeitgeist[16]

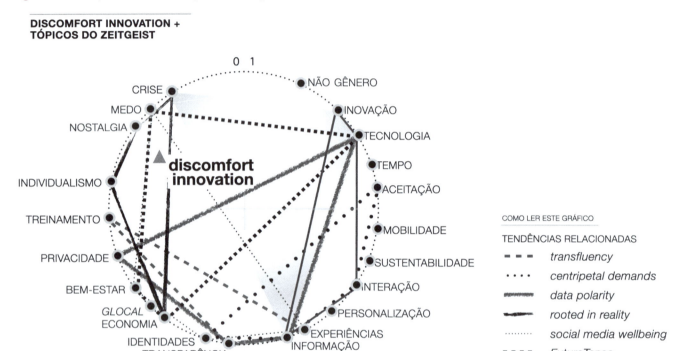

Fonte: Flores (2019).

Tendência para o jornalismo: *Transfluency*

Transfluency é um neologismo criado da fusão de dois termos: transparência e fluência (jornalística). Questionar a transparência dos processos jornalísticos é algo legítimo, porém, esse posicionamento tem sido usado em nível tóxico, a ponto de contribuir para a erosão da confiabilidade no ofício jornalístico. A perda de confiabilidade no noticiário não surge como resposta a apenas um fator. É possível elencar uma série de motivações que passa por termos já saturados no discurso popular: *fake news*,[17] desinformação, pós-verdade, pós-fato, entre outros.

A transparência no jornalismo não é uma discussão recente,[18] concordando com Bill Kovach e Tom Rosenstiel que um dos princípios invariáveis do fazer jornalístico é a disciplina da verificação dos fatos. Eles apontam que "(...) os jornalistas funcionam apoiados em algum método, altamente pessoal, para testar e fornecer a informação — sua própria disciplina individual de verificação".[19] Assim, o método jornalístico é tão adaptável quanto a personalidade do jornalista ou linha editorial dos veículos, colaborando para uma opacidade do processo de produção de notícias. Essa turbidez, por consequência, vem a pesar em outro ponto vital para o jornalismo: a credibilidade. Miquel Rodrigo Alsina[20] acrescenta que "podemos afirmar que o que conforma o discurso jornalístico informativo é a proposta de um contrato pragmático fiduciário", ou seja, a construção de um relacionamento baseado na confiança dos receptores nos jornalistas ou nos veículos. A Regra da Transparência[21] surge em um contexto que define o jornalismo também como prática científica, logo, passível de verificação. David Weinberger,[22] Cherilyn Ireton e Julie Posetti[23] relacionam a transparência a outro valor clássico do jornalismo: a objetividade. Para eles, os conceitos se relacionam na medida em que são difíceis de serem alcançados com precisão, visto que podem ter sentidos múltiplos. No entanto, a transparência sugere tomar nas novas mídias a proporção que a objetividade tivera no jornalismo tradicional. De certa forma, todos esses conceitos estão relacionados à ética jornalística, que valoriza a prática transparente e o *accountability* como parte vital do arsenal na batalha para defender os fatos em tempos de desinformação. Vale, entretanto, reconhecer a complexidade da transparência para uma base diária no jornalismo. "A 'caixa-preta' da produção de notícias mantém o público bem distante das rotinas cumpridas nas redações. A revelação dos meios usados para obter uma informação ou das escolhas feitas durante a edição, por exemplo, não são hábitos de profissionais ou de veículos."[24]

Além disso, entre as variadas motivações para esse contexto de desprestígio do jornalismo, é imprescindível considerar o fenômeno da "plataformização da sociedade"[25] e as relações cada vez mais imbricadas do jornalismo com as plataformas sociais. Google, Amazon, Facebook, Apple e Microsoft (GAFAM), entre muitas outras, não exercem apenas o papel de um canal de distribuição, como se acreditava na primeira fase do contato do jornalismo associado a mídias sociais. Já é muito claro que as plataformas determinam o que o público vê, quem é remunerado pela audiência, qual formato e gênero de jornalismo emplacam.[26] Emily Bell[27] também discorre especificamente sobre o Facebook quando afirma que a atividade principal da plataforma é claramente a propaganda, mas muito além de apenas mídias sociais como o jornalismo, sua atividade é também a da política, da saúde pública, do terrorismo, da educação e tudo o que está baseado em informação digital. Nosso objetivo neste momento não é o de problematizar em profundidade as iniciativas inovadoras jornalísticas que recebem aporte financeiro ou tecnológico de plataformas como o próprio Facebook ou Google. No entanto, sabemos que há aí uma espécie de conflito de interesses.

Outro ponto válido para inserir neste contexto é o uso da informação com um intento danoso. O "armamento da informação" (*weaponization of information)* vem dando fins perversos ao conteúdo informativo, muitas vezes se apropriando de linguagens e estruturas do jornalismo para divulgar informações adulteradas e unilaterais.

Nesse sentido, a tendência *transfluency* sintetiza um movimento que força a intensificação da transparência no jornalismo com o que vem sendo chamado de "fluência orgânica de notícias" — uma variante da educação midiática (*media literacy*), capaz de munir o público para identificar criticamente conteúdos verdadeiros em oposição aos falsos ou adulterados. A transparência jornalística precisa ser visível.

A ideia explorada por Rosenstiel e Elizabeth (2018) faz um paralelo interessante que explica a diferença entre literacia midiática e a fluência em notícias: "A alfabetização sugere que alguém é capaz ou incapaz de realizar uma tarefa — da mesma forma que uma pessoa pode ou não pode ler. Isso não descreve adequadamente o que está acontecendo com as notícias. As pessoas consomem notícias constantemente, mesmo em tenra idade. A questão é se elas reconhecem as características da boa reportagem — como rigor, boa fonte, evidência forte, a diferença entre evidência de boatos e testemunhas oculares, entre outros. A metáfora da fluência, pelo contrário, descreve o processo de dominar algo que você já pode fazer. A fluência também é algo que você pode realizar por conta própria, por meio de um esforço consciente."[28]

Para mitigar a falta de crédito no noticiário, além da fluência de notícias e da clareza de métodos, é preciso considerar o poder das crenças ideológicas — o movimento antivacina ou a "teoria" da Terra plana, por exemplo — e a polarização de opiniões na sociedade contemporânea. No pêndulo das tendências, a força das convicções e interpretações é catalisada pela facilidade de acesso a conteúdo (de toda ordem) e das bolhas informativas ou vieses de confirmação. É como se vivêssemos em uma era do *wishful thinking*, expressão usada para descrever um posicionamento particular formado por crenças baseadas no que é mais agradável de inferir, alinhado a valores pessoais, e não em evidências. Uma espécie de meio-termo entre realidade, crença e desejo, profundamente relacionado a uma visão particular de mundo. É possível fazer um paralelo a esse contexto com o conceito da era da pós-verdade ou dos pós-fatos,[29] embora a robustez desses temas ainda esteja sob discussão na academia. "A pós-verdade consiste na relativização da verdade, na desvalorização da objetividade dos dados e na supremacia do discurso emotivo."[30] Esses argumentos encontram reflexo na pesquisa "Perigos da Percepção",[31] que identificou o Brasil como o quinto país, dentre 37, a ter o maior índice de percepção errada da realidade. Os dados ressaltam o quão equivocadas são as percepções das pessoas quando questionadas sobre temas como crime, meio ambiente, assédio sexual, saúde e economia, além de características da própria população de seus países.

Esses efeitos sociais podem estar diretamente ligados à desinformação e à pulverização de canais informativos, que perpetuam conteúdos não verificados. Nesse sentido, a fluência jornalística terá de ser um esforço conjunto para revalidar o jornalismo para o cidadão comum. É possível que o maior desafio desse cenário seja provar a importância e necessidade de estar informado por meio de fontes seguras. Para isso, pesquisadores já trazem alguns modelos a serem testados e seguidos, partindo do ponto de vista desse consumidor padrão de notícias. Questionamentos tão básicos quanto raramente respondidos na própria notícia ou reportagem[32] são sugeridos pelo American Press Institute. A ideia é contextualizar o conteúdo por completo, explicitando desde as razões para a importância da notícia publicada, do porquê da escolha de determinados entrevistados às evidências e os possíveis encaminhamentos. A tendência sugere que será necessário que não apenas os próprios jornalistas devam se sentir responsáveis por capacitar seus públicos neste domínio em reconhecer um jornalismo de qualidade. Será preciso um esforço conjunto, vindo da educação básica às plataformas sociais. No entanto, será mandatória uma liderança deste trabalho a partir do jornalismo, em colaboração com diferentes veículos e profissionais, em times verdadeiramente interdisciplinares em torno de um objetivo comum: informar de modo nítido e verificável.

Relação com tendências externas

Na avaliação de mais de vinte tendências identificadas — *Experienced Narratives, Connection and Convergence, Balanced Self, Sustainable and Shared, Rooted in Reality, Unrestricted Human, Uncontrollably Pop, End of Excess, Village Squared, Software Eats Everything, Identity Formation, Data Minimalism,*

Inclusivity Paradox, *Synthetic Realities*, *Social Media Wellbeing*, *Reframing Masculinity*, *Mediavolution*, *Anchoring*, *EVEolution*, *FutureTense*, *AtmosFear*, *Post Prejudice* e *Actruly* — por diferentes empresas especializadas, encontramos pontos de conexão com duas tendências: *Synthetic Realities* e *Actruly*.

Actruly

Segmentada pela Box1824, o título da tendência remete aos termos *act* e *truly*, no sentido de agir ancorado sob a verdade ou realidade — considerando verdades múltiplas. Em resumo, a tendência trata das relações entre poder institucional e potência popular que estão redefinindo o comportamento de produção, marketing, posicionamento e consumo. Esse movimento está mais aparente na lacuna entre a mensagem e atuação real de empresas, no papel vigilante do consumidor, que cobra ações coerentes ao discurso apresentado. "O poder das instituições está disputando espaço com a potência das pessoas. A crise institucional somou-se à crise política, econômica, social e emocional. Como sobreviver a essa crise institucional? O poder fica mais forte com a potência, e a potência fica mais forte com o poder. Mas só a verdade conecta os dois."[33]

Esse "poder ao povo" que a tendência representa já vem sendo estudado há alguns anos,[34] mas as motivações de agora são mais robustas, especialmente relacionadas à coerência, em um sentido de não aceitar meias verdades. Nesse ponto, a audiência jornalística ainda é iniciante em suas reivindicações, pois as camadas de interpretações podem ser variadas, e isso contribui para uma confusão generalizada do que de fato é real e no que se deve acreditar.

Synthetic Realities

Realidades Sintéticas foi identificada pela Fjord, um ramo da Accenture Interactive, e trata de um passo além da ideia de realidade que temos hoje. O texto da tendência detalha a realidade mista na qual já estamos inseridos, indo além da realidade virtual (VR) ou da realidade aumentada (AR). Criada com ajuda de inteligência artificial, essa "nova realidade" alcançou níveis impressionantes de sofisticação, provocando controvérsias e também fascínio sobre as possibilidades criativas. Um exemplo emblemático foi concretizado em um vídeo do ex-presidente norte-americano Barack Obama em um depoimento pouco elogioso ao então presidente do país, Donald Trump. Esse vídeo foi parte de uma série de manipulações e propaganda usando *deepfake*, uma técnica de troca de rostos viabilizada por inteligência artificial. A tendência avalia criticamente a sensação de incerteza e medo que essas realidades sintéticas podem trazer em um contexto de pós-verdade e desinformação. É uma nova ordem: "ver para crer" não tem mais a mesma validade. A tecnologia por trás de *faceswapping* pode mapear qualquer estilo de imagem para outro. Já é possível gerar faces em movimento, corpos e objetos de contorno mais simples. Ainda assim, a tendência explora a possibilidade criativa dessas ferramentas, fazendo um paralelo com o surgimento do Photoshop, para imagens estáticas, ou do *Computer-Generated Imagery* (CGI), para filmes, animações e *games*.

Nesse sentido, a transparência e a fluência de notícias se relacionam com a evolução e as possibilidades de apropriação dessas tecnologias. A apreensão, a partir da nossa perspectiva, em um possível uso para gerar ainda mais focos de desinformação e desconfiança no noticiário. Já se percebe uma preocupação no jornalismo acerca de treinamentos de autenticidade de materiais em vídeo. O desafio será tornar todo esse processo claro tanto para os repórteres e veículos quanto para os públicos. Como tornar um processo transparente quando as ferramentas de aferição — um vídeo de bastidores, por exemplo — podem ser alteradas? Como tornar aferível o trabalho do jornalista dentro de suas rotinas? Rosenstiel e Elizabeth[35] já trazem propostas muito interessantes nessa construção de um jornalismo mais claro e que procura responder questões da audiência de forma simples e direta. Porém, não dão conta desses meandros tecnológicos.

As tendências relacionadas, *Actruly* e *Synthetic Realities*, encontram convergência especialmente nos tópicos informação, seguido de transparência e experiências. A tendência *transfluency* está ancorada em quatro tópicos principais.

Treinamento é um valor mais tradicional relacionado ao exercício de fluência em notícias. A ideia por trás do tópico *training* está relacionada ao movimento emergente de aprendizado para além do padrão escolar, no sentido de agregar valor e senso prático no processo de criação de algo, baseado em uma habilidade aprendida independentemente.[36] Esse tópico tem pontos de conexão no papel ativo das audiências em entenderem o processo de produção jornalística, construindo uma visão mais crítica e mais embasada da fluência jornalística para todos. Já os demais tópicos, transparência, informação e experiências, demonstram um equilíbrio entre o vanguardista e o tradicional, conectando a necessidade de clareza nos métodos, o conteúdo como centro, além de valorizar as experiências com uma abordagem jornalística mais interessada na sua audiência.

Figura 6:[37] *Transfluency* + tópicos do Zeitgeist

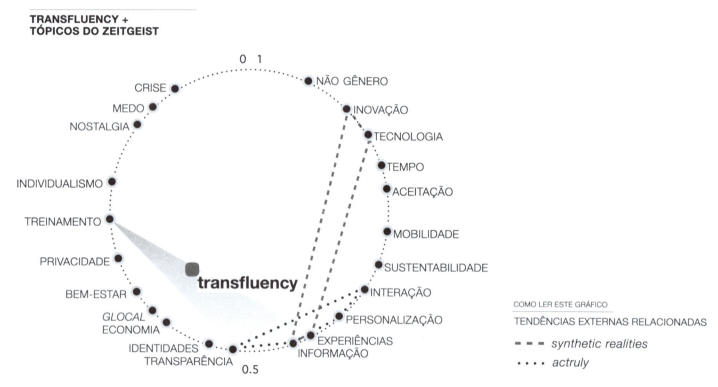

Fonte: Flores (2019).

Tendência para o jornalismo: *Data Polarity*

Existe a discussão acerca de se os dados são atualmente o novo petróleo;[38] a analogia é quase impecável, pois o poder do processamento de dados hoje parece ser tão valioso quanto era refinar óleo na segunda Revolução Industrial. No entanto, a pergunta que surge em nossa abordagem é saber mais especificamente quais dados estamos considerando e a forma como devemos tratá-los. Entendemos que *big data* é um conceito razoavelmente maleável conforme contexto e propósitos. Em termos específicos de computação, e o qual tomamos emprestado para esta tendência, *big data* refere-se a conjuntos de dados gerados a cada interação mediada por aparatos digitais conectados e que são extremamente volumosos e acelerados para o processamento na memória de um *software* padrão de computador. "Além das especificações técnicas, no entanto, o *big data* pode se referir tanto aos processos em torno dos dados — e aos produtos resultantes de informações sobre um grande número de pessoas, lugares e coisas — quanto ao escopo dos dados em si."[39] Também entendemos, genericamente, que os dados não são um produto pronto e objetivo; ao contrário: "os dados são, na verdade, uma função da criatividade e pensamento humano e requerem um enorme cuidado e responsabilidade em como são usados".[40]

A tendência *Data Polarity* compreende o acesso aos dados sob duas perspectivas, necessariamente opostas, por isso, polarizadas. De um lado, os dados públicos ou abertos, e do outro, os dados privados. Dados públicos *versus* dados do público. O cuidado com ambos deve ser o mesmo, embora devam receber tratamentos diferentes.

Ao considerar os dados públicos, a inteligência artificial (AI), a automação jornalística, *augmented journalism*[41] e o *Data Journalism*[42] já estão à frente em transformar dados brutos em informação e informação em notícia. Já se observa a criação de algoritmos — em resumo, fórmulas matemáticas que realizam determinada tarefa automaticamente — que auxiliam na descoberta de notícias em tempo real. Segundo o dossiê *Journalism, Media, and Technology Trends and Predictions*, de Nic Newman/Oxford University, empresas como DataMinr, especializada em coleta e leitura de dados em redes sociais, aplicam técnicas de AI, e seus algoritmos ajudam a identificar padrões incomuns. Essas anormalidades podem apoiar as redações jornalísticas no acompanhamento de notícias em desenvolvimento, alinhadas ao fator tempo/instantaneidade, ainda tão valioso para a atividade. Em parceria com a Google News Initiative, a *Associated Press* (AP) desenvolveu o AP Verify, uma ferramenta de redação hospedada na nuvem que combina tecnologias de *Machine Learning* e reconhecimento de vídeo com a experiência editorial da AP e o processo de verificação de conteúdo gerado pelo usuário. O principal diferencial está na verificação automática do conteúdo, o que resulta em uma vantagem no processo editorial, garantindo conteúdo verificado para as notícias colaborativas. A agência de notícias *Reuters* também investe nesse tratamento por uma outra abordagem: construindo uma ferramenta de inteligência artificial, a Lynx Insight, para ajudar os jornalistas a analisar grandes conjuntos de dados e sugerir pautas. Outros atores do cenário jornalístico global — com ferramentas nas redações jornalísticas da *BBC* (Juicer), *New York Times* (Editor), *Washington Post* (Knowledge Map), *Associated Press* (NewsWhip) e *Reuters* (News Tracer)[43] — têm investido no desenvolvimento de tecnologias próprias, ainda em fase experimental.

Ao aprofundar essa discussão, outras temáticas necessariamente entrecruzam o caminho dos dados no jornalismo, tais como regulamentação de acesso, ética e a opacidade dos métodos de apuração jornalística facilitados pela automação. Em relação aos dados privados, a coleta ou o uso de informações acerca dos leitores ou usuários deve obedecer ao que vem sendo chamado de minimalismo de dados. Promover a coleta mínima de dados do público ao mesmo tempo em que os usos responsáveis dessas informações sejam compreensíveis a todos. É estratégico oferecer ganhos mútuos: experiências personalizadas, descontos ou vantagens em produtos jornalísticos. Será preciso, então, partilhar o completo e total controle do público de quais dados estão sendo utilizados pelas empresas jornalísticas, para que o usuário tenha liberdade de inserir ou excluir informações, caso queira. No Brasil, já é exigida pela Lei de Proteção de Dados Pessoais (LGPD) desde 2020, que modificou a Lei nº 12.965 (2014), com a necessidade de consentimento explícito do usuário para a utilização dessas informações em uma plataforma que permita visualizar, corrigir e deletar dados compartilhados com a empresa. A estrutura de acesso e consulta, portanto, precisa ser amigável (inteligível), com opções mais claras do que os longos contratos de Termos de Uso. Essa tendência certamente impacta a quantidade e especificidade de dados coletados atualmente pelos sites, plataformas e aplicativos de jornalismo. As métricas de acesso não são dados públicos, mas sim obtidos a partir de contratos de serviço. Com isso, será preciso deixar evidente para os públicos como essas informações chegam à análise dos veículos: anonimizados e para uso exclusivamente interno. Além disso, a clareza precisa dar conta da discussão sobre os interesses jornalísticos, garantindo que não haverá prejuízos ao usuário, como vieses analíticos, discriminação e constrangimentos.

Figura 7:[46] *Data polarity* + tópicos do Zeitgeist

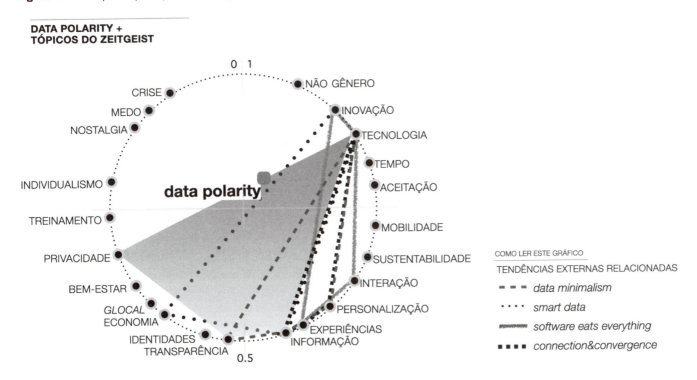

Fonte: Flores (2019).

Algumas empresas de base *data driven* — Wibson, CyberVein ou SelfKey, por exemplo — já comercializam os dados de usuários com segurança e transparência, e esse pilar será imprescindível para um futuro muito próximo do jornalismo de inovação. A barreira inicial é a própria tecnologia que permite isso: os sistemas baseados em *blockchain*.[44] Essa tecnologia, entre muitas outras possibilidades,[45] embora ainda um pouco distante da maioria do público, permite que os usuários vendam seus próprios dados, mantenham a propriedade sobre eles e decidam se querem compartilhá-los com um serviço ou não.

Em algum sentido, esse processo também é influenciado pela tendência *transfluency*, em que se faz necessário mostrar o caminho de apuração, explicar jargões, técnicas, desvendando aos poucos e tornando mais familiar a engenharia da ciência de dados. Investir em automação e visualização de dados é também um recursos que valoriza o tempo nas redações, além de propor uma abordagem mais didática e interativa.

Relação com tendências externas

A tendência *Data Polarity* abrange uma área que toca em pontos quase opostos como tecnologia — mais contemporâneo, e privacidade —, um valor mais tradicional dentro dos tópicos do zeitgeist. Essa relação está claramente no centro desta tendência, já que as noções de privacidade com os dados pessoais estão sendo reconfiguradas com os avanços da tecnologia.

Também demonstram a estrutura de *Data Polarity* os tópicos transparência e informação, já que o cuidado com os dados — transformados em informação, sejam públicos ou privados — demanda consciência e clareza.

Connection & Convergence

A tendência relacionada *Connection & Convergence* (Trends Observer) também reforça os tópicos de tecnologia e informação no âmbito de que trata da ubiquidade de conexão que nos possibilita uma espécie de convergência generalizada das vidas on e off-line. Trata também de um conceito de ergonomia no sentido de quase fusão de equipamentos como a tecnologia vestível, unindo de vez o indivíduo e o seu mundo, os seus objetos e as interfaces, sendo uma extensão das capacidades, do corpo e do potencial humano. Também fazem parte do espectro da tendência os tópicos de experiências e personalização com o manuseio desses dados transformados em serviços e produtos sob demanda e medida.

Smart Data

Identificada pela TrendOne, avalia que a expectativa criada em relação ao uso do *big data* já não atende ao desafio proposto inicialmente. O texto dessa tendência indica que a inovação se dá na transformação dessa miríade de dados brutos em dados inteligentes filtrando informação que tenha maior valor para os negócios (economia). O foco deverá se dar na previsão de cenários futuros, aprimorando essa varredura com tecnologia progressivamente mais eficiente.

Software Eats Everything

A *Science of the Time* destaca outros tópicos como interação e inovação, no sentido de que trata da escalada na criação de novas máquinas e robôs, considerando um novo tipo de inteligência em uma visão mais otimista em seus usos para setores como saúde, educação e lazer. Essa perspectiva está fundamentada nas interações entre humano e máquina pautadas fundamentalmente na inovação desses produtos e serviços.

Data Minimalism

A microtendência *Data Minimalism* (Fjord) traz pontos muito próximos da proposta de *Data Polarity*, uma vez que partilham dos tópicos transparência, tecnologia e informação. A tendência que foca o minimalismo de dados destaca especialmente a relação entre os dados particulares e rastros deixados pelos usuários e os detentores dessas informações. Na falta de clareza, gera-se uma visão distorcida e uma expectativa desproporcional no uso desses dados. Nesse sentido, essa tendência

aponta para uma utilização mais responsável e constantemente disponível para os usuários, garantindo uma estratégia de dados que siga o padrão dos "dados mínimos viáveis" e colete apenas o que é necessário para o serviço entregue. A coleta, a mensuração e a personalização dos serviços deverão estar intrinsecamente conectadas para que isso faça sentido para o consumidor e ajude a restabelecer a confiança e a tranquilidade dos públicos.

Tendência para o jornalismo:
Centripetal Demands

A aceleração centrípeta, em física, é a característica de um objeto em movimento circular tender da periferia para o centro.[47] No contexto contemporâneo e ocidental do noticiário, observamos pautas ditas minoritárias, periféricas ou nichadas tomarem uma proporção mais robusta, como se estivessem em um movimento centrípeto, "cavando" um espaço no centro.

Exemplificam essas demandas uma maior e mais justa visibilidade de raças, igualdade de gênero, representatividade da deficiência visual ou motora,[48] discussões sobre as fronteiras e variações de gênero, aceitação de biotipos e idades variados, a compreensão acerca de orientações sexuais e a inserção midiática de classes sociais vulneráveis. Esse movimento já é mais visível em setores como o do entretenimento ou da comunicação publicitária pelo menos desde o fim da década de 1990.

Observamos que, à medida que a discussão ganha aprofundamento, a tendência *Centripetal Demands* permeia necessariamente o jornalismo. Agora, no entanto, não somente como pauta, mas também a partir da exigência de equipes mais diversas, para um alinhamento sensível quanto a cada uma dessas questões. A cobrança não surge apenas como uma estratégia de jornais e revistas, mas igualmente como um pedido do público, ainda que parcial, sobre as vozes que não recebem espaço no jornalismo, a representatividade incompleta ou a interpretação negativamente direcionada.

A preocupação de produtores de notícias com a diversidade nas redações em outros países aparece em torno de 56%, segundo pesquisa[49] realizada e divulgada pelo Reuters Institute e pela Oxford University. A criação de cargos de edição especializados em gênero em grandes companhias de jornalismo aponta mais um indicativo de que a tendência vem ganhando força. Internacionalmente, destacam-se o norte-americano *New York Times*, com a editora Jessica Bennett, e o espanhol *El País*, com a editora de gênero Pilar Álvarez. Um caso registrado na mesma linha no Brasil, em abril de 2019, foi o da *Folha de S.Paulo*, que anunciou a posição de editora de diversidade, com a ex-ombudsman Paula Cesarino Costa.

Segundo o próprio jornal, o objetivo é fazer com que todo o conteúdo publicado reflita a variedade da vida social no Brasil.

Mesmo com esse registro bastante recente, percebemos no cenário brasileiro uma frente mais evidente dessa tendência, associada à lógica da inovação, a partir de publicações nativas digitais, em geral financiadas coletivamente e especializadas em pautas "periféricas". O trabalho desses veículos tem por objetivo tornar essa agenda mais central em um debate notoriamente qualificado ao promover a ideia de diversidade em todos os processos da apuração jornalística. Alguns sinais são iniciativos, como a da startup jornalística Gênero e Número,[50] que desde 2016 desenvolve uma linha editorial focada em equidade de gênero associada ao jornalismo de dados como um dos métodos principais de abordagem. Também desde 2016, o Portal Catarinas[51] atua na perspectiva de "jornalismo especializado em gênero, feminismos e direitos humanos" na produção de reportagens próprias. Outro caso é o da revista digital *AzMina*,[52] uma publicação que tem por objetivo levar jornalismo investigativo para todos os tipos de mulheres, destacando raças e classes sociais mais diversas. Outro sinal alinhado à *Centripetal Demands* se dá na própria jornalista como objeto de interesse. A pesquisa Mulheres no Jornalismo Brasileiro[53] avalia a situação das jornalistas nas redações, os tipos de assédio e violência que enfrentam em suas rotinas de trabalho.

A tendência *Centripetal Demands* salienta essa força de autoavaliação, de exposição desses dados e de medidas que possam tornar visíveis e minimizar o comportamento que constrange profissionais do jornalismo. Esse dado torna-se ainda mais relevante uma vez que, embora raramente em cargos de liderança, as mulheres representam 64% das jornalistas em redações no Brasil, segundo a pesquisa sobre o Perfil do Jornalista Brasileiro.[54] A mesma pesquisa também retrata a branquitude das redações brasileiras, representada por 72% do total de jornalistas, em um país que tem 52,3% (IBGE 2010) de pessoas não brancas (pardos, negros, indígenas, amarelos). Ou, ainda, da perspectiva de colunistas e formadores de opinião nos principais jornais impressos brasileiros — *O Globo*, *Folha de S.Paulo* e *Estadão*. Segundo pesquisa conduzida pelo Grupo de Estudos Multidisciplinares da Ação Afirmativa,[55] o gênero masculino é predominante nos três jornais e perfaz, respectivamente, 74%, 73% e 72% do total de colunistas em cada um. Em relação à cor ou raça, a desigualdade é ainda mais severa, com os dados de colunistas de cor branca atingindo 91% para o jornal *O Globo*, 96% para a *Folha de S.Paulo* e 99% para o *Estadão*.

Vale mencionar também, a título contextual, iniciativas coletivas de produção e distribuição de manuais livres para auxiliar em uma perspectiva mais plural e justa de retratar os públicos. Alguns exemplos são o *Manual de Diversidade no Jornalismo*[56] (Escola de Jornalismo/ ÉNOIS, 2017), *Minimanual de Jornalismo Humanizado*[57] — edições sobre Estereótipo Nocivos, Violência Contra a Mulher, LGBT, Pessoas com Deficiência, Racismo e Aborto[58], *Guia para Jornalistas na Cobertura do Envelhecimento*[59] (DÍNAMO/SBGG, 2018), Manual de Comunicação LGBT+[60] (FENAJ/Aliança Nacional LGBTI, 2018), entre outros.

Para os veículos jornalísticos de cobertura diária, é importante sublinhar que, em coerência com outros movimentos identificados, é preciso ter propósito e transparência para efetivamente receber uma resposta interessante das estratégias tomadas consoantes a essa tendência. Há uma espécie de ecossistema de requisitos que dá base para justificar o comportamento de compra (sustentável, fortalecer a economia local, valorizar o produto artesanal etc.) e validar as escolhas de audiências específicas. Com isso, os processos de inclusão e diversidade no jornalismo precisam ser claros, legítimos e distribuídos em todos os processos da notícia.

Tendências relacionadas

Centripetal Demands foi o movimento que encontrou mais pontos conectados a tendências externas, totalizando seis, identificadas pela Trends Observer, Science of the Time, Fjord, JWT Intelligence, FPBR e Box 1824.

Unrestricted Human

A tendência identificada pela Trends Observer trata de um movimento que entende a identidade pessoal para além de indicadores "clássicos", como corpo, gênero ou nacionalidade e profissão — por isso a ideia de "humano irrestrito" de seu nome. A base da tendência está articulada com o paradigma da hipermodernidade líquida, que centraliza a individualidade como um valor primordial. A descrição da tendência evidencia que a noção de "eu" é criada abstrata e internamente e está além das questões de gênero, em um movimento de fuga de padrões fechados ou "tirania semiótica". Em algum senso, a tendência de setor *Centripetal Demands* destaca essa força de diluição de padrões opostos, binários ou polarizados. Ela identifica a necessidade de se olhar para todos os pontos em uma necessidade de retratar o indivíduo sob uma perspectiva singular, embora não esteja preocupada em traçar perfis únicos. O ponto de intersecção se dá na ideia de pluralidade em que as tendências dialogam.

Identity Formation

Em uma aproximação análoga, observamos a tendência *Identity Formation*, identificada como megatendência pela *Science of the Time*. É dividida em cinco seções principais que perpassam a liquidez da vida contemporânea e a lógica da inconstância sobre a vida, resultando em uma contrapartida que contribui para a ansiedade e reflexos negativos como o FoMO[61] (*Fear of Missing Out*). Explora também a ideia de identidade fluida e plural como produto oferecido em um ambiente tanto conectado como na "vida real", além de pontuar o narcisismo como um comportamento que nos força a impressionar os outros e gerenciar sentimentos e métricas de redes sociais online. Por outro lado, segundo essa tendência, a exibição deve vir atravessada de significados, valores, relevância, descritos por uma narrativa que una os pontos e justifique, sem julgamentos, o comportamento identitário.

A questão de gênero, por outro lado, aparece em diferentes tendências relacionadas, como a *Identities Revisited*,[62] *Reframing Masculinity*[63] e *EVEolution*.[64] *Identities Revisited* coloca em paralelo o andamento dos gêneros masculino e feminino. Entre as mulheres, as muitas lutas por direitos aparecem à frente, criando redes de apoio e estruturas que possibilitem uma representatividade mais justa e igual nos mais diferentes âmbitos. Na perspectiva masculina, a tendência aponta para uma fase de autoanálise das identidades do homem, em contraste com a toxicidade e imposição viril e dominadora do comportamento masculino proposta até então.

Reframing Masculinity[65]

Trata quase da mesma temática do recorte de identidade masculina já citada, porém sob uma perspectiva de "*mea culpa*" da comunicação e de propagandas de marcas e produtos. Segundo o texto dessa tendência, a publicidade é uma das grandes responsáveis por reforçar os estereótipos "de homem" — pense em comerciais de desodorante masculino, por exemplo —, e o que se propõe é a criação de versões sutis e variadas sobre a masculinidade.

EVEolution[66]

Identificada há 25 anos e ainda em evidência, trata da perspectiva da presença crescente da mulher em todos os campos do mercado de trabalho. Os negócios que são idealizados ou têm participação das mulheres contribuem, segundo esta tendência, para uma mudança estrutural no marketing de um modelo hierárquico para um padrão relacional. Além disso, trata-se também de entender o mercado consumidor feminino não apenas por meio de uma única perspectiva, promovendo os múltiplos perfis e o poder de decisão e persuasão protagonizado pelas mulheres. As tendências relacionadas à *Centripetal Demands* já tocaram em questões sobre identidade e gênero e também versam sobre a ideia de preconceito na sociedade como um todo.

Post Prejudice

Identificada pela Box1824, tem como argumento um conjunto de ações que vem em resposta à compreensão e ao reconhecimento de estarmos em uma sociedade preconceituosa. A ideia do "pós-preconceito" é tornar ferramentas simples em modos de transformar o coletivo. Um exemplo é usar o consumo como ato político, exigindo posicionamento de marcas e empresas para além da superfície e do discurso.

The Inclusivity Paradox[67]

Traz um contraponto à *Centripetal Demands* e às demais tendências relacionadas. A ideia principal gira em torno do limite de inclusão, especialmente no setor de comunicação das empresas ou governos, com seus públicos. Nos últimos anos, as organizações têm sido crescentemente cobradas por seus posicionamentos, e o engajamento dessa relação parece se dar insistentemente na inserção de públicos mais diversos e plurais. Porém, na tentativa de incluir mais grupos, pode-se excluir outros, ou, ao propor um debate aberto, pode-se

Figura 8:[68] Mapa relacional entre a força *Centripetal Demands* e tendências identificadas externamente

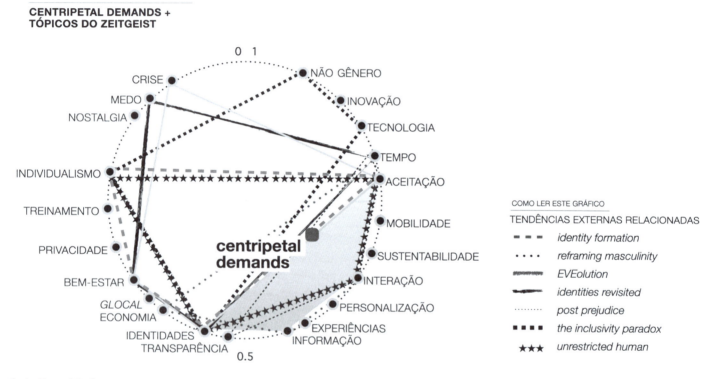

Fonte: Flores (2019).

levar a que a comunicação seja falha e ineficiente. O texto da tendência sugere que eventualmente a inteligência artificial possa ajudar a mitigar o paradoxo da inclusão, sobretudo pela consciência do potencial de viés dos algoritmos, que pode levar as pessoas a serem tratadas de forma injusta ou até mesmo excluídas.

Quando analisamos os tópicos do zeitgeist associados à *Centripetal Demands* e as demais tendências relacionadas, percebemos a maior recorrência de alguns temas em específico. A questão das identidades surge em seis das sete tendências relacionadas — *Unrestricted Human* (Humano Irrestrito), *Inclusivity Paradox* (Paradoxo da Inclusividade), *Reframing Masculinity* (Masculinidade Reconfigurada), *Identities Revisited* (Identidades Revisitadas) e *Identity Formation* (Formação de Identidade). Embora não apresentem exatamente a mesma ideia de identidade, em comum, todas buscam a problematização e o entendimento da construção da identidade como um fluxo e sua relação com o outro, em como é visto e em sua liberdade de ser. Em seguida, os termos aceitação, interação, individualismo e bem-estar aparecem repetidas vezes.

A tendência identificada para o jornalismo é definida pelas forças que debatem a importância das identidades como uma construção coletiva, embasada na interação que os meios jornalísticos podem proporcionar. Essa interação deve ser atravessada pela informação, com casos reais, conteúdo criterioso e sensível, com o objetivo de gerar uma maior compreensão e aceitação da diversidade social.

Este caso aplicado ao jornalismo evidencia o quanto o panorama sociocultural condiciona as práticas do setor. E isso é válido para absolutamente qualquer área que esteja inserida em um espaço de vida coletivo e compartilhado. Identificar esses *drivers* de mudança, entender quais as lógicas de valor e sentido aplicado e ressignificado ao longo dos anos é um poderoso ingrediente para enfrentar qualquer crise que o mercado venha a enfrentar. E como você pode desenvolver a pesquisa de tendências na sua empresa, cidade ou área de atuação? É o que descobriremos agora.

CAPÍTULO 6
Mãos à obra
Um protótipo para aplicar a pesquisa de tendências

Desde as primeiras páginas, estamos traçando um percurso que procura explicar a relação das tendências com inovação. Por meio do caso do jornalismo, procuramos explicitar como essa lógica pode ser estratégica quando estamos despertos para o entorno sociocultural.

Agora, como aplicar esse modelo de pesquisa de tendências em seu trabalho? Apresentaremos e descreveremos o *Trend Research Kit*[1] (TRK) para que você possa desenvolver esse processo e identificar novos caminhos para inovar. As etapas principais do modelo são **Identificação** (de tendências), **Validação** (de tendências) e **Apropriação** (para o setor estudado). Cada fase se divide em subetapas que serão apresentadas com mais detalhes. Ao final do capítulo, você encontra um quadro que deixa visível o processo completo da pesquisa. Vamos lá?

Importante ressaltar que uma conduta que perpassa todo o processo de pesquisa de tendências, sugerindo ser uma das raras unanimidades entre investigadores e profissionais, é assumir um posicionamento de *observação plena* e *o mais livre possível* de conceitos preconcebidos. Em resumo, é manter uma postura observadora, aberta a novas ideias, com um repertório heterogêneo e capaz de reconhecer novos sinais e padrões de comportamento e compreender suas motivações.[2]

Figura 9: Trend Research Kit — etapas da pesquisa de tendência

Fonte: As autoras (2023).

Identificação

O modelo *Trend Research Kit* (TRK) deve ser compreendido como processual, uma vez que cada etapa pode trabalhar com o resultado da fase anterior. Embora essa referência sugira ser linear, alguns passos podem ser realizados concomitantemente, como nos diferentes estágios da primeira etapa, com a *desk research* e a observação direcionada. Também caracterizamos o TRK como circular, alinhado aos movimentos de tendências e inovação, em um *continuum*, permitindo que a qualquer momento seja possível iniciar um novo processo de identificação.

Desk research

A *desk research* (pesquisa de mesa, em tradução livre) é o primeiro ponto e o mais fundamental para a pesquisa aplicada a tendências, análoga à revisão bibliográfica na pesquisa acadêmica. Essa técnica consiste no levantamento de publicações referentes a um determinado estudo e contribui para situar a abordagem proposta quanto a critérios qualitativos, cronológicos, metodológicos, originais, entre tantos outros. A *desk research*, para os Estudos de Tendências, é entendida como um levantamento robusto de dados secundários com ênfase nas fontes midiáticas, também chamada de *media monitoring*[3] ou *media scan*.[4] O principal durante a *desk research* é identificar sinais de mudanças que podem ser pontuados enquanto se faz o processo de escaneamento de informações preexistentes. A qualidade da pesquisa, segundo Els Dragt, é resultante justamente das habilidades específicas para o escaneamento de dados, das ferramentas utilizadas e sua execução e também do modo de classificar essas informações.

Uma série de fontes importantes pode ser sugerida para procurar sinais de mudança: livros, mídia jornalística, revistas, revistas científicas, televisão, filmes e séries, documentários, TED talks, blogs e vlogs, plataformas colaborativas de *crowdfunding* e pesquisas estatísticas, plataformas especializadas em tendências, mídias sociais e podcasts.

Segundo Martin Raymond, quanto mais aleatório e aparentemente desconexo forem as relações feitas em torno de um mesmo padrão, melhor será a qualidade da pesquisa em um primeiro momento. A ideia de "braille cultural",[5] cunhada por Faith Popcorn,[6] diz respeito à identificação de pontos de relevo na sociedade ao utilizar todos os sentidos para perceber o espaço em que estamos. É estar desperto(a) para perceber novidades no âmbito das sociedades, profissões, países e nos mais variados setores da indústria, mesmo os que possam não interessar diretamente.

Ainda sobre essa noção de "radar", Henry Mason, David Mattin, Maxwell Luthy e Delia Dumitrescu[7] sugerem, a partir da perspectiva da identificação de tendências de consumo

— com foco em inovação —, a mesma visão abrangente sobre procurar por *clusters* de múltiplas inovações que indiquem um número de agentes fazendo apostas semelhantes no futuro e criando novos níveis de expectativa para o público. Não limitar a pesquisa à inovação de produtos. Procuramos quatro tipos (visão, modelo de negócio, produto/ serviço/experiência, marketing). Quanto mais diversificada for a variedade de inovações identificadas, mais confiáveis serão suas percepções sobre as futuras necessidades e desejos dos clientes. Procurar por inovações que mostrem como a tendência está ocorrendo em diferentes contextos é fundamental.

A atenção da *desk research* está na prática de avaliar dados quantitativos e qualitativos reunindo informações sobre as mudanças observadas em diferentes fontes e setores da sociedade. Com esse levantamento e uma análise mais profunda e codificada desse conteúdo, é possível observar "valores em trânsito na sociedade" e identificar sinais sutis de mudança. Esses sinais, se examinados e monitorados sistematicamente, indicam padrões a serem considerados na etapa de detecção de tendências.

Interessa observar que, a partir da perspectiva da pesquisa de tendências, há um consenso entre os autores sobre a importância do monitoramento de mídia para entender os movimentos sociais como um todo.

As ferramentas de levantamento desse material serão majoritariamente motores de busca online, especializados (arquivo de veículos jornalísticos, repositório de publicações científicas) e gerais (Google Search, Google Trends, Facebook, Twitter etc.). É válido destacar que, nesta primeira fase, a quantidade de dados é importante; em um segundo momento, uma etapa de "limpeza" seguindo critérios de relevância e qualidade definirá o conteúdo que será utilizado na pesquisa. O armazenamento de dados será feito em pastas digitais (Google Drive e Dropbox, por exemplo) e, após a triagem, organizado em mapas visuais, conforme descreveremos na etapa de Sistematização.

Observação direcionada

A etapa de observação direcionada reunirá diferentes técnicas com o objetivo de produzir dados primários que possam ser investigados juntamente com os resultados obtidos na etapa inicial de pesquisa. Empregamos a expressão observação direcionada no sentido de que a observação não é genérica ou livre. A ideia é frisar que a observação realizada está relacionada aos temas de interesse da pesquisa que sejam hábitos observáveis.

Complementarmente à observação simples, aplicamos a técnica de *coolhunt*,[8] utilizada na prática do *coolhunting*. O *coolhunting* ganhou notoriedade como uma ferramenta aplicada em moda para a antecipação de comportamentos de consumo específicos para esse setor.[9] O objetivo principal do método é constatar sinais ou manifestações que geram novos padrões de comportamento coletivo. Além disso, o objetivo principal do *coolhunting* "é identificar grupos urbanos emergentes, analisar como os indivíduos se comportam nestes grupos, como se dão as suas práticas de consumo e, ainda, como são capazes de influenciar os demais à sua volta".[10] A chave principal para o *coolhunting* é a procura de pessoas que têm poder de influenciar para, posteriormente, identificar os sinais de mudança.

Os sinais identificados precisam conjugar um senso de novidade e potencial de popularização. Essas características auxiliam no discernimento de tendências muito específicas que não teriam apelo de adoção por um maior número de pessoas. O *coolhunting*, assim como o denso recolhimento de informações na *desk research*, também busca sinais de mudanças sutis e anomalias; no entanto, o *coolhunting* faz uma busca direta, com informações primárias recolhidas pela própria pesquisadora. Essas mudanças, nem sempre palpáveis, devem apontar indícios de transformações no que concerne a comportamentos e mentalidades que se apresentam de forma criativa e inovadora na sociedade.

A aplicação do *coolhunting* é uma atividade de pesquisa de campo (realizada online e off-line) em que se observa o meio social, identificando indícios e registrando-os para análise posterior. De forma objetiva, envolve fazer observações e previsões como parte da busca por tendências iniciais, com o objetivo de capturar o que a mente coletiva está pensando, e usar essas informações antes mesmo de se popularizarem.[11] Este estágio inicial de mudança tem maior chance de surgir por meio de perfis específicos de pessoas. Peter Gloor e Scott Cooper (2007) acrescentam que, para além de identificar tendências, é relevante saber reconhecer *trendsetters*, ou seja, os influenciadores e incentivadores de um novo comportamento. Embora o objetivo da aplicação da técnica de *coolhunting* seja claro, mesmo que abrangente e subjetivo, as ferramentas utilizadas não obedecem a um padrão único entre autores e profissionais da área. Outro fator que soma para essa opacidade na escolha dos métodos vem da própria popularização mercadológica do *coolhunting*, que, ao obedecer ao fundamento da livre concorrência, é pouco revelado. As técnicas geralmente aplicadas vêm da pesquisa qualitativa e são apropriadas de áreas como a antropologia e a sociologia, em especial o método da observação simples, saídas de campo (aqui nomeadas como *coolhunts*) e incursões de cunho etnográfico, como a netnografia. O *coolhunt* é uma saída de campo que se define pela caminhada livre, sem especificação limitada, em uma espécie de *flâneur*[12] contemporâneo, na busca por sinais de comportamentos, pessoas, dinâmicas urbanas e sociais em um ambiente que seja relacionado aos objetos de pesquisa.

Independentemente da técnica adotada, é necessário que algumas formas de registro estejam alinhadas ao perfil da pesquisadora e da própria pesquisa. O caderno de anotações de campo, o registro imagético (fotografia, desenho ou vídeo) e/ou captação sonora são ações fundamentais de coleta de informações *in loco*. Vale ressaltar que não é obrigatório aplicar todas as técnicas aqui especificadas, nem que o *coolhunting* necessariamente se encerre nas práticas citadas. O intuito com a aplicação dos *coolhunts* é obter dados primários da perspectiva do consumidor de informações (usuário, público e audiência em potencial) que possam colaborar com os sinais oriundos da etapa de *desk research* e de dados complementares recolhidos.

Sistematização

As etapas já descritas da primeira fase *Trend Research Kit* resultarão em um considerável volume de informações. Para transformá-las em conteúdo conexo e útil, é imprescindível desenvolver uma sistematização do material. Certamente não serão todas as notícias, produtos, livros, comportamentos identificados e fotografias ou notas produzidos que serão utilizadas, portanto, é preciso uma etapa de triagem e limpeza das informações para se obter um resultado mais objetivo e coerente.

O procedimento de organizar esses produtos iniciais na pesquisa de tendências é extremamente importante, especialmente se a pesquisa estiver sendo feita com uma equipe. Isso requer definir e manter um padrão comum, assim como saber se os dados serão visual ou textualmente guiados, por exemplo. Outros pontos levantados são definir se o material será organizado em plataformas digitais ou analógicas e padronizar um sistema de etiquetagem de informações para facilitar a busca de padrões. Martin Raymond entende que a organização dos sinais identificados deve estar acessível e visível ao pesquisador. Nesse sentido, ele sugere que é necessário um espaço exclusivo para a organização do material, um ambiente físico que possa oferecer paredes livres ou painéis. Algumas empresas chamam essas áreas de salas de imersão ou estúdio de ideias. Um exemplo que pode auxiliar no processo combina uma série de técnicas (digitais e analógicas) no intuito de não limitar a forma de acesso ao conteúdo identificado. Observamos que o modelo traz duas grandes etapas: a primeira, digital/online; e uma segunda, impressa/analógica.

A ideia é a de que, mesmo na identificação de sinais em suportes impressos ou registros manuais, por exemplo, o conteúdo seja digitalizado, para que o acesso integral possa se dar em um mesmo ambiente, além de garantir a perenidade do acervo. Em um primeiro momento, todo o conteúdo selecionado poderá ser arquivado em ambientes digitais (pastas na nuvem) separados inicialmente por temáticas, como as proposições da *desk research* aplicadas para identificar tendências no jornalismo — Geral, Estudos de Tendências, Entretenimento e Pesquisa Científica. Durante a observação direcionada, as técnicas aliadas — observação simples e *coolhunts* — serão organizadas por conteúdo audiovisual, anotações de campo (in loco e online), imagens captadas e fichas de avaliação. Esse conteúdo passará por uma **triagem** que visa identificar e selecionar padrões de repetição, e, em um segundo momento, no que tange a definição do *cool* — senso de novidade, inspirador e potencial de replicação. Logo em seguida, o material resultante passará por uma fase de ***clustering*** (agrupamento) de conteúdos que estão relacionados. Com esses dados organizados e relacionados, passaremos à fase off-line, quando imprimimos todos os sinais para estruturar as conexões do material da *desk research* e da observação direcionada.

A impressão do material possibilita a criação de uma sala de imersão com a produção de um ambiente visual e acessível. Com a disposição do material, ficam mais claras as possíveis relações desses sinais na identificação de tendências setoriais.

Figura 10: Sistematização de dados

Fonte: Flores (2019).

Figura 11: Exemplo de sala de imersão

Fonte: Flores (2019).

Descrição e *Naming* de tendências

A nomeação e a descrição de uma tendência é um passo indispensável do modelo, pois deve refletir com cuidado os resultados das etapas anteriores, além de sintetizar brevemente a estrutura da tendência. O título da tendência e seu detalhamento costumam ser o primeiro contato do público externo com a ideia do movimento identificado, o que torna essa etapa ainda mais importante.

Nomear tendências é um processo importante, pois, embora pareça uma certa excentricidade do campo, a criação de neologismos ou termos que sugerem ser paradoxais criam um foco de atenção importante. Neste ponto, a característica mercadológica é bem clara e aceita, conforme explica William Higham: "Como você nomeia tendências pode ter efeito sobre como elas são convincentes. Um nome sugestivo ou cativante permite fácil reconhecimento e lembrança. Da mesma forma que tendências com forte comunicabilidade são adotadas mais rapidamente pelos consumidores, os nomes de tendências com forte comunicabilidade serão adotados mais rapidamente por negócios e pela mídia. (...) Os nomes precisam resumir a tendência de forma clara e simples. Eles também devem ser fáceis de lembrar. Isto pode ser possível ao fazer um trocadilho com um termo bem conhecido ou ao usar aliteração ou rima."[13]

Alguns pesquisadores argumentam que nomes "estranhos" provocam mais interesse, agindo sobre a curiosidade natural das pessoas. Para encontrar termos e expressões que sirvam de título a uma nova tendência, recorre-se à abordagem já sugerida por Faith Popcorn: "Misture e combine duas ou três palavras que definem a tendência, criando uma nova palavra que não tenha sido usada por mais ninguém."[14]

Com isso, é preciso ensaiar a criação de termos que façam sentido em relação às tendências identificadas, em uma dinâmica próxima do *brainstorm* e da técnica de *naming*, amplamente aplicadas na criação de novos nomes para produtos ou empresas, especialmente na indústria criativa e publicitária.

Validação

A segunda etapa da proposta *Trend Research Kit* reúne o processo de legitimação dos conceitos de tendências identificados na primeira fase da pesquisa. O estágio de Validação, mesmo que dividido em três momentos, é mais homogêneo e ágil do que a etapa anterior. Logo que tivermos a descrição e os nomes das tendências, seguimos para um processo que validará ou refutará as narrativas identificadas e interpretadas. Desenhamos a etapa de Painel de Especialistas justo na sequência da primeira elaboração de descrição textual das tendências identificadas. Um grupo de especialistas em áreas variadas se faz necessário para rejeitar, aprovar ou sugerir melhorias na apresentação da tendência. Organiza-se a forma de contato e convite, explicando-se a dinâmica de avaliação. Com o resultado entregue pelos especialistas, é necessária uma nova edição dos materiais enviados para, enfim, definir a titulação e descrição finais das tendências.

Painel de especialistas

O painel de especialistas tem como objetivo receber um parecer qualificado de profissionais e teóricos sobre os textos iniciais das tendências. A ideia de introduzir esse processo de revisão por *experts* passa pelas leituras sobre ferramentas da pesquisa prospectiva, inspirada no Método Delphi, desenvolvido na década de 1960 por Norman C. Dalkey com o objetivo de auxiliar os estudos de futuro. Essa metodologia tem uma série de procedimentos para refinar e buscar consenso entre a opinião e conhecimento de especialistas notáveis.[15] Essa mesma visão de reunir um grupo de pessoas com diferentes repertórios para estudar tendências e sinais é observado como indispensável na visão de outros profissionais[16] dos Estudos de Tendências. O processo que sugerimos é explorar ao máximo as diferentes áreas dos especialistas convidados. Após o contato e aceite de participação, cada especialista deve ter acesso a um material ilustrado, textual e sucinto a respeito das tendências identificadas pela pesquisa. Cada especialista terá um prazo para fazer a análise e submeter a sua avaliação. Uma série de perguntas de múltipla escolha e de cunho avaliativo com respostas discursivas pode ser proposta para cada texto de tendência.

Edição pós-feedback

Com os resultados das avaliações, faremos um novo julgamento dos termos utilizados, da abordagem e da ilustração das tendências, com o objetivo de torná-las mais coerentes e de plena compreensão. Caso alguma tendência seja refutada por mais de 50% dos pareceristas, deverá ser submetida a uma nova rodada de avaliação após ser editada considerando o feedback dos avaliadores e os dados levantados nas etapas anteriores.

Descrição e *naming* final

Com o produto das avaliações e a comparação das perspectivas diferentes sobre as tendências de setor identificadas, é preciso retrabalhar o texto da descrição das tendências de forma que seja compreendido pelo leitor do material. Neste caso, especificamente, trabalharemos para embasar os argumentos trazidos nas teses de tendências com outras pesquisas, dados coletados, informações relacionadas e evidências que corroboram a lógica dos movimentos. Para isso, também utilizaremos recursos gráficos para complementar a informação apresentada, a ser finalizada na etapa de formatação do *Trend Report*, o caderno de tendências segmentadas pela pesquisa. Reavaliações e adaptações dos nomes das tendências serão feitas conforme a resposta do painel de especialistas, também com o objetivo de serem claros e coerentes.

Apropriação

A fase de apropriação recebe esse nome pois é nesta etapa que transformamos a aplicação dos Estudos de Tendências, por meio de nosso modelo, em produto e estratégia. O produto deste método são, de fato, as tendências identificadas. Vários modelos de pesquisa já nomeiam a última etapa de suas propostas como "aplicação", e embora apontemos possibilidades de execução, não planejamos tal etapa dentro do espectro deste passo a passo — já que essa decisão ocorre internamente às empresas, serviços ou setores. Com isso, a última etapa contempla ainda uma fase de cruzamento de dados, mais analítica, seguida de duas etapas operacionais, com a seleção do conteúdo que será inserida no relatório, além do planejamento gráfico do material final.

Triangulação 3i: inovação, intuição e insights

A triangulação 3i[17] é a etapa em que cruzamos as informações já conclusivas das tendências identificadas com um processo intuitivo para conexão de insights com foco para identificar tendências de inovação em um setor. Para isso, confrontamos os dados finais das duas primeiras etapas com tendências já identificadas por diferentes órgãos especializados — Trends Observer, Trendwatching, Fjord,[18] Science of the Time, JWT Intelligence/Innovation Group,[19] Faith Popcorn e Box1824. A intenção é reforçar, por meio da perspectiva conceitual, alguns insights reflexionados intuitivamente. Inicialmente, trabalhamos com uma visão associada às tendências, com especial atenção à inovação, também empregando conexões de cunho intuitivo na geração de estratégias. A ideia é basear-se nas experiências como pesquisadora de tendências para adicionar uma camada suplementar, com lampejos aos fundamentos qualitativos e quantitativos adquiridos durante as fases anteriores. Optamos por trazer essa etapa justamente antes do fechamento das tendências para que tenhamos um período de "afastamento" temporal do levantamento de dados e da aplicação das fases iniciais, bem como a perspectiva externa do painel de especialistas.

A origem do termo triangulação remonta às técnicas de navegação, em que a ideia de uma área unindo três pontos vinha a ser um método para fixar uma posição,[20] depois sendo apropriada para a pesquisa em ciências sociais. A triangulação diz respeito ao uso de diferentes métodos de pesquisa para complementar um ao outro. A intuição pode ser compreendida em pelo menos três perspectivas: instintiva, especializada e estratégica. Martin Raymond defende a ideia de que o pensamento intuitivo deve ser compreendido como um conjunto integrado, em uma espécie de trama que recebe o nome de "memória de mosaico". Com esse argumento, o autor, então, compara o processo de identificação de uma tendência — conectando sinais e procurando uma força ou motivação em uma narrativa que os una e os justifique — à própria estrutura do raciocínio intuitivo.[21]

Importante destacar que trazemos novamente a inovação para este ponto, pois a abordagem sociocultural e abrangente da natureza das tendências (incluindo as tendências de setor) pode gerar uma certa incongruência com a visão inovadora dentro da área de pesquisa.

Seleção de conteúdo

Nesta etapa, realizamos uma nova fase de triagem do material resultante para selecionar quais conteúdos irão para o caderno final de tendências (*Trend Report*). Reforçamos a ideia de selecionar qualidade sobre quantidade, utilizando os dados mais relevantes para compor o material; ou seja, buscamos apresentar uma estrutura que contemple a lógica-padrão da tendência, complementada com informações coletadas nas primeiras etapas do TRK. Nesse sentido, torna-se fundamental conceituar o que entendemos como *Trend Report*, um relatório ilustrado com as principais referências (textuais e imagéticas) que apresentam e resumem as tendências detectadas. Um relatório de tendências é uma maneira de fornecer uma descrição aprofundada de várias tendências. Ele permite usar recursos visuais e texto, e o layout escolhido auxilia na transmissão da mensagem.[22]

Além disso, o relatório (*Trend Report*, *Trend Book* ou caderno de tendências, entre outras nomenclaturas similares) é um instrumento de comunicação e de "tradução" — entre o âmbito dos Estudos de Tendências e o mercado, no caso citado, da área do jornalismo, mas poderia ser aplicado a qualquer área. Isso dito, também importa saber que seu formato não obedece a um padrão único e é comumente adaptado conforme as tendências e a área dedicada ao tema.

Estruturação do *Trend Report*

A etapa compreende inicialmente o estudo de diferentes cadernos de tendências e dossiês especializados para inspirar a definição de um modelo que corresponda às temáticas abordadas de forma clara e condensada. Tão importante quanto identificar tendências é saber comunicá-las, por isso essa fase é bastante importante. Como já afirmamos, o *Trend Report* torna-se o principal elo entre o pesquisador e as organizações que possam ter interesse em aplicar os resultados das pesquisas. Os departamentos de inovação, planejamento estratégico e de inteligência de mercado também podem se beneficiar muito com esse recurso. Após o desenvolvimento de uma identidade gráfica, o material será diagramado, finalizado em versão digital e/ou impressa.

Comunicação

Ao ter o *Trend Report* finalizado, sugere-se uma apresentação das tendências identificadas, se possível, presencialmente, nas empresas selecionadas para a pesquisa, embora não seja obrigatório.

Outra possibilidade é organizar uma palestra informativa, aberta ao público e aos interessados na área, e apresentar o percurso da pesquisa, focando as tendências identificadas para o setor. Um dos objetivos da pesquisa é levar os recursos testados e seus resultados para além do espaço acadêmico ou da empresa, reunindo e trocando informações com diferentes esferas da sociedade.

Que tal iniciar o processo de pesquisa hoje mesmo?

Ligue o radar mental e mãos à obra!

Figura 12:[23] Modelo de *Trend Report* impresso

Fonte: Flores (2019).

TREND RESEARCH KIT

Projeto: _____ Data: _____

IDENTIFICAÇÃO

Desk Research
Torne-se um radar ambulante. Levantamento robusto de dados secundários sobre temáticas relacionadas à área pesquisada. Consultar relatórios de fontes confiáveis, notícias, feiras, exposições de arte, cinema, podcasts, eventos, memes, plataformas sociais, etc.

Observação
Hora de ir à rua. De que forma o setor ou nicho que você está pesquisando pode ser observado livremente? Conduza uma série de observações simples e de coolhunts, com especial aos padrões de comportamento e grupos sociais.

Sistematização de Material
Desenvolva um sistema de arquivamento que faça sentido para você com tudo o que for descoberto pela pesquisa, seja virtual, seja online. Num segundo momento, faça uma triagem e agrupe as temáticas que forem emergindo. Imprima os materiais e organize tudo em um grande mural para poder visualizar os padrões, repetições e os pontos fora da curva.

Descrição e Naming (Fase I)
Procure identificar de dois a quatro termos que parecem definir a sua trend. Agora faça um brainstorm e crie várias possibilidades até encontrar um nome que faça sentido. Fique à vontade para criar novas palavras!

VALIDAÇÃO

Painel de Especialistas
Selecione de 6 a 10 especialistas para lerem os textos resumidos das tendências identificadas. A especialidade pode ser em qualquer área relacionado às temáticas das tendências. O objetivo é verificar se os especialistas compreendem e validam o conteúdo.

Edição Pós-Feedback
Essa é a hora de absorver todas as interpretações, dúvidas e sugestões vindas da etapa anterior. Caso alguma trend tenha sido invalidada por mais da metade dos especialistas consultados, ela deve ser descartada ou repetida desde a desk research.

Descrição e Naming (Final)
Você já pesquisou online se os nomes que você criou não significam outra coisa em outro lugar do mundo? Essa é a etapa de edição, revisão e teste dos nomes e das narrativas identificadas. Pode acontecer de não precisar mudar nada, mas sempre reserve um tempo para esta etapa.

APROPRIAÇÃO

Triangulação 3i: Inovação, Intuição e Insights
Depois de ter as tendências nomeadas e a narrativa quase final, agora é hora de deixá-las em "suspenso" e procurar saídas estratégicas a partir da geração de inovação e fazer conexões de cunho intuitivo com base nas suas experiências.

Seleção de Conteúdo
Além do report, como você pode comunicar os resultados da pesquisa? Você pode organizar um evento informativo, fazer uma transmissão online ou apresentar os resultados em uma reunião com o setor investigado.

Trend Report
Defina uma identidade visual e estética para cada tendência e desenvolva um projeto gráfico digital ou impresso que também comunique o senso das tendências identificadas. Não há um padrão a ser seguido, você tem carta branca para libertar toda a criatividade.

Comunicação (opcional)
Além do report, como você pode comunicar os resultados da pesquisa? Você pode organizar um evento informativo, fazer uma transmissão online ou apresentar os resultados em uma reunião com o setor investigado.

Fonte: As autoras (2023).[1]

PARTE II

Inovação guiada por pessoas

Criatividade e experimentação em *media labs* para inventar o futuro além da mídia

Como catalisar processos criativos ou impulsionar uma cultura de inovação? Você já deve ter se perguntado isso muitas vezes, seja você parte de uma equipe ou uma liderança. Como vimos no capítulo anterior, as tendências são uma fonte estratégica, mas sozinhas elas não conseguem responder a todo esse desafio. É por isso que as organizações têm buscado, ao longo dos anos, processos, estratégias e estruturas que possam ajudar a fomentar um ambiente em que a criatividade seja valorizada e ideias sejam transformadas em soluções, com propostas de valor sustentáveis e inovadoras. Uma das formas adotadas por organizações ao redor do mundo tem sido a criação de laboratórios de inovação do tipo media labs. Apesar do nome, os media labs vão além dos conceitos da indústria da mídia para responder a mudanças tecnológicas, de comunicação e econômicas.[1] É sobre esses (e outros assuntos) que trataremos aqui. Quando terminar de ler este capítulo, você terá compreendido como a criatividade, a interdisciplinaridade e a experimentação são caminhos para inventarmos o futuro, especialmente nas indústrias criativas, mas, de fato, em qualquer setor.

Vamos começar discutindo o papel das pessoas em uma cultura de inovação e como a interdisciplinaridade e a colaboração são centrais neste contexto. Em seguida, discutiremos as indústrias criativas e as particularidades da inovação nesta área, com especial atenção para a mídia e o jornalismo, mas sem esquecer de outros setores. Na sequência, de maneira aplicada e com exemplos, introduzimos os conceitos, as características, os desafios e as inovações de laboratórios chamados media labs, originários do campo da mídia, mas que têm se expandido também para outras indústrias. A partir daí, explicamos a popularização dos laboratórios de inovação e discutimos as características principais deles. Também vamos elencar pontos importantes para a criação desses labs e as motivações para criar esse tipo de espaço (físico e simbólico) de experimentação nas organizações, assim como apresentaremos exemplos de inovações criadas por lá. Por fim, convidamos você a colocar em prática essas discussões, a partir de um quadro para planejar a estratégia e a estrutura de um laboratório de inovação para a sua startup, empresa, ONG, universidade, cidade etc., seja ele focado em inovação em mídias ou em outros setores.

Antes de você começar a leitura, é importante lembrá-lo de que os dados discutidos aqui têm como base uma tese de doutorado[2] que mapeou mais de 120 unidades experimentais localizadas na América Latina, América do Norte e Europa, resultado de uma colaboração entre a Escola de Comunicação, Artes e Design — Famecos da Pontifícia Universidade Católica do Rio Grande do Sul (PUCRS/Brasil), a World Association of News Publishers (WAN-IFRA), a University of Central Lancashire (UCLan/Reino Unido) e a Universidade da Beira Interior (UBI/Portugal). Os dados discutidos neste capítulo abrangem questionários com líderes de laboratório de dezessete países, entrevistas em profundidade (algumas delas apresentadas para você em detalhes no Capítulo 3), assim como resultados de inovação que permeiam a arte, a tecnologia, os espaços urbanos e a comunicação em uma investigação que já dura mais de sete anos.

CAPÍTULO 7

De onde vem a inovação?
Cultura organizacional, criatividade e o papel das pessoas na criação de (novos) futuros

Qual é a origem da inovação é uma pergunta de muitos milhões de dólares. Pesquisadores de todo o mundo já discutiram essa questão, tanto de uma perspectiva neurológica (como o cérebro cria e conecta ideias) como organizacional (como os ambientes, as lideranças e a gestão nos estimulam a encontrar oportunidades novas e inovadoras). Todos somos criativos, já dizia Ken Robinson,[3] autor britânico. Para ele, quando as pessoas dizem que não são criativas, é porque elas ainda não aprenderam o que a criatividade envolve. Talvez você não se considere criativo, mas aposto que já olhou um quadro e se perguntou qual momento do dia aquela cena retrata. Tenho certeza de que você já ouviu uma música, viu um filme ou conversou com alguém e teve uma ideia sobre algo. Você também já imaginou finais diferentes para histórias conhecidas. Se conseguimos imaginar tanto o futuro sobre coisas casuais, por que a possibilidade de inventar o futuro fica escondida quando trabalhamos?

De fato, a inovação costuma ser mediada por um processo, por um ambiente e por estímulos. Diversos são os fatores que influenciam a nossa capacidade de colaborar e pensar diferente. O que nem todos falam é que o processo da criatividade é metódico e árduo. Kevin Ashton[4] cita, inclusive, o processo criativo de Mozart: mesmo ele sendo um gênio da música, suas criações eram fruto de esforço e de processos, ou seja, o autor conta que as composições de Mozart não vinham à cabeça dele como mágica, em ímpetos completos e ininterruptos de imaginação.

Indubitavelmente, a receita da inovação é simples e complexa ao mesmo tempo. Para inovar, precisamos ser capazes de imaginar algo além dos elementos perceptíveis pelos nossos sentidos. Com a criatividade, geramos ideias originais com potencial de gerar valor (benefício) para outros. Mas é no processo de inovação que colocamos tudo isso em prática.[5]

Nas organizações, por trás de uma estratégia de inovação de sucesso, está o estabelecimento de uma cultura organizacional que estimule a inovação, com um espaço (físico e simbólico) que também viabilize a experimentação de novas tecnologias, processos, produtos, serviços e modelos de negócio. Ou seja, um espaço em que as pessoas possam colaborar e imaginar novos cenários e contextos, criar e implementar iniciativas originais que impactam a vida das pessoas e transformam contextos ou setores. Aqui você deve estar se lembrando daqueles ambientes estilo Google, colorido, cheio de pufes e espaços de convivência; mas cuidado, esses são os artefatos visíveis, e não a cultura de inovação em ação, como falaremos adiante.

A promoção de uma cultura organizacional inovadora é um tema que alcançou popularidade nos últimos anos, principalmente a partir da disrupção digital. Isso porque há, por um lado, a necessidade de promover inovação por pressão do contexto macroeconômico e pelo incremento da competitividade, e, por outro, há novas oportunidades de mercado esperando para serem exploradas. Assim, alguns encontrarão na inovação uma forma de provocar uma disrupção nas indústrias existentes, muitas vezes empreendendo iniciativas novas e/ou independentes e, quando inovadoras e arriscadas, criando as famosas startups.[6]

É inegável que a velocidade das transformações foi uma vantagem para algumas indústrias, ao mesmo tempo em que tem sido um desafio para outras. Enquanto empresas de base tecnológica catalisam receitas por meio de estratégias nativas digitais, outras indústrias de legado, como a da mídia, não conseguiram se apropriar desses conhecimentos e processos na mesma velocidade das transformações. Por isso, criar estratégias e processos para liderar a proposição de inovação pode parecer um futuro distante para muitas organizações.

A inovação requer práticas de gestão que integrem as pessoas e viabilizem colaboração. Mais do que estimular a criatividade com decoração colorida e mobiliário descontraído, as organizações precisam de uma cultura que estimule as pessoas a encontrar novas soluções para problemas da sua indústria. Afinal, diferente de imaginar ou inventar, a inovação está na implementação de algo novo que gere benefício/valor para um público. A inovação está na percepção do outro, mais do que no olhar do criador.

Colaboração

Criar, repensar ou propor um novo uso para algo existente normalmente é algo feito em conjunto. Steven Johnson[7] diz que uma pessoa sozinha tem apenas um palpite parcial. Assim, é da colaboração e da interdisciplinaridade que nascem as verdadeiras "boas ideias", como ele chama. Começam a aparecer aqui alguns requisitos de uma cultura de inovação, mas, para isso, repense o que você entende sobre colaboração.

Colaboração entre profissionais de diferentes setores? Colaboração entre indústrias? Colaboração com competidores, por que não? A colaboração tem andado tão em alta, que a coopetição[8] (união entre os termos cooperação e competição) tem conquistado destaque. Ao competir e cooperar de forma simultânea, organizações ganham força para adentrar mercados maiores, conquistar novos espaços e audiências, assim como fontes de receita, ou unir forças para inovar de maneira mais efetiva (e rápida) do que outros competidores. Além de amplificar a colaboração, a economia digital borra as fronteiras entre algumas indústrias. Ao ler a história do Google, com a missão de organizar a informação do mundo, você o imaginaria entrando no mercado de energia elétrica? A proposta de valor dos produtos também se aprimora ou modifica ao introduzir algum tipo de inovação digital. Reflita: qual a proposta de valor de uma lâmpada? Com certeza você pensou em iluminar. Mas e qual a proposta de valor de uma lâmpada inteligente? Aí a resposta já muda ligeiramente da iluminação para a possibilidade de customizar brilho, cor, ligar e desligar pelo celular ou a partir de um comando de voz ou, ainda, programar rotinas para quando você está viajando. A Phillips, ao vender lâmpadas que funcionam com o Google Home, está também captando um novo nicho de consumidores: os interessados em tecnologia.

Esse dinamismo pode ser uma oportunidade, mas precede uma estratégia que estimule novas ideias. Assim, a cultura de inovação parte do estabelecimento de uma cultura organizacional que incentive a colaboração, a curiosidade, a experimentação e o trabalho em equipe. Você certamente já esteve em uma organização em que as pessoas entravam criativas e saíam desanimadas e acomodadas. A cultura organizacional é a responsável por ser (ou não) um ambiente que estimula ideias e transforma criatividade em inovação.

Cultura organizacional inovadora

E o que seria a cultura organizacional? Autores como Joe Tidd e John Bessant[9] explicam que ela é constituída pelos valores compartilhados, crenças e normas aceitas pelas pessoas, se expressando na forma como os processos são conduzidos em uma organização. Ou seja, é o famoso "é assim que as coisas funcionam por aqui", mesmo que esse "assim" não esteja escrito em lugar algum. A cultura organizacional são os elementos visíveis e invisíveis que deixam as pessoas mais (ou menos) à vontade para conversar com o CEO ou uma liderança da empresa. Elas também são perceptíveis no vocabulário usado pelas pessoas que trabalham ali. Edgar H. Schein,[10] outro estudioso deste tópico, diz que a cultura organizacional é o que emerge do saber compartilhado entre um grupo de pessoas e da forma como acabarão se organizando. Ainda, ele decompõe a cultura organizacional em artefatos explícitos (os pufes e ambientes coloridos, por exemplo), valores explícitos (como a organização se posiciona e diz que trabalha) e suposições implícitas básicas (o que não é dito, sentimentos inconscientes e crenças que pairam no ar, mas não estão expressas em lugar algum).

De nada adianta ter uma sala com videogame e sinuca se as pessoas se sentem constrangidas em ir lá jogar e se quem passa julga aqueles que estão se divertindo, não é mesmo? O espaço ficará sempre vazio e se tornará apenas um elemento decorativo, e não um artefato genuíno de uma organização com uma cultura que estimula a inovação. Uma cultura de inovação perpassa confiança nas pessoas. Às vezes, para criar, você precisa parar alguns minutos, pensar em outra coisa, para conseguir vislumbrar novas formas e caminhos para solucionar algum velho (e complicado) problema.

De fato, a cultura organizacional e as estruturas podem influenciar (ou barrar) a emergência de iniciativas inovadoras. Nos *media labs*, como veremos mais adiante, pequenas equipes interdisciplinares têm espaço e tempo para pensar diferente. Os laboratórios criam novas perspectivas sobre experimentação e aprendizado, a partir de tentativa e erro, fomento à colaboração e resiliência. Eles não são a resposta para tudo e nem uma solução definitiva para algumas organizações, mas constituem, principalmente, um caminho para uma transformação organizacional, para a promoção de uma cultura de inovação e para o aprendizado das equipes. Além desses princípios, que serão tratados mais adiante, esses laboratórios compreendem e estabelecem algo fundamental: a inovação como um processo, sistemático, organizado e validado (encorajado) institucionalmente.

Inovação como processo e estratégia

Joe Tidd e John Bessant[11] dizem que, devido à inovação ser uma atividade genérica, há um processo de inovação subjacente a todas as organizações, que envolve: a) uma etapa de **busca**, em que se analisa o cenário interno e externo e identificam-se ameaças e oportunidades relevantes; b) uma fase de **seleção**, em que se decide o que será levado adiante, considerando a visão estratégica; c) um momento de **implementação**, ou seja, a disponibilização da iniciativa em âmbito interno ou externo, e, por fim; d) a **captura de valor**, em que se endereça a adoção sustentável e difusão da inovação.

Considerando o primeiro passo desse processo (a etapa de **busca**), voltamos ao ponto tratado neste capítulo. De onde vem a inovação? Sabemos que a inovação é estimulada por uma cultura organizacional que privilegia o pensamento divergente e original. No entanto, os inputs dessa inovação são fatores importantes para entendermos como as estruturas de inovação estimulam a observação do mundo e a identificação de oportunidades. De forma pragmática, nossa investigação nos levou a cinco principais catalisadores de processos de inovação:[12]

De onde vem a inovação?

Figura 13: Cinco catalisadores de processos de inovação

Fonte: As autoras (2023).

a) Uma oportunidade/necessidade de mercado

É impulsionada pela observação atenta. Sabe aquele momento eureka em que você percebe que algo poderia ser diferente? É quando criadores de aplicativos de transporte urbano percebem que o processo de pegar um táxi poderia ser ressignificado. Hoje é possível que você nem se lembre mais do ato de esticar o braço na avenida movimentada e balançar a mão para sinalizar que você precisa de um táxi. A observação atenta permite identificar necessidades latentes, que são

combustíveis da inovação. Reconhecer oportunidades para ir ao encontro das necessidades que ainda não foram supridas é uma das competências essenciais de quem gerará impacto na sociedade, de acordo com o EntreComp — quadro de referência das competências para o empreendedorismo[13] —, e é também um aspecto essencial da inovação. Na mídia, oportunidades de mercado podem ser, por exemplo, estratégias de personalização de conteúdos a partir de newsletters ou aplicativos customizados pelos hábitos de navegação ou consumo. Ainda, podem se materializar na experimentação em novos negócios e modelos de receita, como fez o Blendle, iniciativa holandesa que foi chamada de iTunes do jornalismo e que prometeu revolucionar a indústria de notícias com um modelo de *pay-per-article*. Apesar da grande expectativa, o modelo não teve sucesso, mas os aprendizados ficaram. Talvez porque a resposta para a necessidade de ler reportagens de veículos de referência como *New York Times*, *Fast Company*, *Chicago Tribune*, *New Yorker*, *The Economist* e outros em um só lugar não seja realmente pagar por cada conteúdo, ou por outros motivos que ainda não conseguimos identificar. Ou seja, a necessidade talvez exista, mas possivelmente não é esta a solução que resolve esse problema.

b) Uma demanda/necessidade interna de uma empresa

Quando as empresas dão tempo e recursos para as pessoas solucionarem problemas do dia a dia, inovações podem acontecer. O próprio Gmail nasceu como uma solução interna para troca de mensagens entre os colaboradores do Google, antes de virar um produto de mercado. Na mídia, um exemplo é o Chorus, sistema de gerenciamento de conteúdo da Vox Media. A solução para criar, editar, gerenciar e publicar conteúdo em plataformas digitais foi desenvolvida especialmente considerando as necessidades jornalísticas da organização, mas deu tão certo que eles começaram a oferecê-la como produto para outras empresas de mídia interessadas. Nas palavras deles, "o Chorus é a única plataforma completa de publicação, audiência e receita criada para empresas de mídia modernas que operam em escala".[14] Ou seja, a necessidade de sua organização pode ser a de outras também, e isso pode se tornar mais um novo produto do seu portfólio.

c) O surgimento de uma nova tecnologia

É o uso da realidade aumentada pelo e-commerce, a difusão de drones para coberturas jornalísticas ou de realidade virtual para contar histórias de imersão. A tecnologia é um catalisador tanto em termos de apropriação para usos diversos do que ela foi originalmente pensada (os drones foram desenvolvidos como recursos bélicos, por exemplo) quanto de algo mais específico, como um chip que permite maior processamento de dados e viabiliza uma inovação tecnológica em termos de qualidade de imagem das televisões, por exemplo.

Novas tecnologias viabilizam tecnicamente contextos antes inviáveis e, se combinadas com necessidades latentes, podem gerar inovações disruptivas: é a tecnologia do streaming para a produção audiovisual e cinematográfica.

d) Um novo uso para algo já existente oriundo da observação/criatividade do time

É o uso do WhatsApp para se comunicar com leitores de veículos noticiosos. A publicação de conteúdos em modo privado em redes sociais como forma de arquivo pessoal. Ou, ainda, é aquele pequeno estabelecimento que não tem recursos para automatizar a comunicação via bot e, em vez disso, cria um conjunto de figurinhas de WhatsApp como respostas prontas para situações diversas, com foco em agilidade e eficiência. Enquadra-se aqui também o que Amy Wilkinson[15] chama de polinização, ou seja, quando inovadores trazem de outras indústrias soluções para a sua realidade.

e) Um insight oriundo da aproximação com os públicos do negócio ou segmento de mercado (clientes, usuários, parceiros etc.)

Por fim, estão aqui as práticas como workshops de cocriação com audiências e outros stakeholders, assim como estratégias de inovação aberta.[16] O que queremos dizer com isso? É realmente envolver o público e descobrir com ele como inovar e quais os pontos cruciais de aprimoramento existentes. Importante: não estamos dizendo aqui para perguntar o que o público quer. Quando uma inovação provém de um insight da aproximação com o público, isso não significa que eles sugeriram "a inovação", mas sim que, entendendo mais sobre esse público, seus sentimentos e seu dia a dia, a equipe foi capaz de criar algo realmente diferente e que impacta a vida das pessoas. Então, é mais do que deixar a audiência opinar se gosta ou não gosta, mas, sim, organizar processos para envolvê-los e conhecê-los de forma mais profunda. Quais oportunidades não estão sendo aproveitadas? Qual a verdadeira dor do nosso público? É o que Meg Pickard, quando era editora de engajamento do *The Guardian*, lá em 2010, já falava:[17] o jornalismo tem dois momentos de interação potencial com os seus leitores que são subaproveitados. Durante a escrita da reportagem, como os jornalistas poderiam envolver as audiências, considerando seus interesses, insights e conhecimentos para contribuir para o conteúdo a ser publicado? Após a publicação, em vez de o jornalista sair para outra reportagem sem tempo para olhar o que publicou, como seria se ele pudesse nutrir uma comunidade em torno de assuntos de interesse público e gerar novos conteúdos a partir das discussões suscitadas pela primeira reportagem? Este exemplo do jornalismo pode servir para outras indústrias também: como você e sua equipe podem colaborar com os seus públicos/clientes/audiências

para melhor compreender, explorar ou refletir assuntos ou experiências? Quais são os momentos de seu processo produtivo hoje que são subaproveitados em termos de engajamento com as pessoas?

É a partir desse tipo de reflexão e de processos cocriativos que você pode descobrir necessidades latentes, não necessariamente relacionadas ao uso de seu produto ou solução, mas que podem gerar uma inovação que transforme sua indústria. Uma iniciativa que tem se destacado nisso é a Hearken, uma consultoria baseada em Chicago, nos Estados Unidos, e especializada em auxiliar as organizações a ouvirem seus públicos. Especificamente no jornalismo, a Hearken defende o que ela chama de "*public-powered journalism*" ou "jornalismo empoderado pelo público", em uma tradução livre. Para eles, é preciso encontrar a intersecção entre o relevante, o original e o popular: este seria o segredo para os criadores de conteúdo. **Envolver as pessoas é uma premissa básica das organizações que seguem princípios de inovação**, seja na mídia ou em outras áreas: as pessoas estão no centro do processo de design e elas também são a chave de uma cultura organizacional inovadora.

Figura 14: Agora é sua vez — catalisadores de inovação na sua indústria

AGORA É A SUA VEZ

Reflita: na sua indústria, qual(is) o(s) principal(is) catalisadores de inovação?
☐ a) Uma oportunidade/necessidade de mercado

☐ b) Uma demanda/necessidade interna de uma empresa

☐ c) O surgimento de uma nova tecnologia

☐ d) Um novo uso para algo já existente oriundo da observação/criatividade do time

☐ e) Um insight oriundo da aproximação com os públicos do negócio (clientes, usuários, parceiros, etc.)

☐ f)Não sei, não tenho certeza

Fonte: As autoras (2023)

Com base nesses cinco catalisadores de inovação, você saberia dizer de onde vêm (a maioria) as inovações na sua organização ou setor? Na área da mídia, sabemos que muitas inovações acontecem a partir da apropriação de uma nova tecnologia, como os games que utilizam realidade virtual como estratégia imersiva, mas também de interações com o público ou oportunidades de mercado.

Estratégia de inovação pragmática ou visionária?

Independente dos catalisadores ou do input que gera a inovação, é importante também discutirmos como cada indústria lidou com o (novo) dinamismo do mercado a partir da disrupção digital.

Algumas indústrias, como a da mídia, endereçaram este tópico de forma reativa. É diferente das empresas de tecnologia, que costumam liderar (e propor) mudanças. Pablo Boczkowski,[18] ao analisar a indústria de jornais, afirmou que a cultura de inovação neste setor pode ser caracterizada como:

- ▶ **Reativa:** tendendo a seguir as mudanças sociais e técnicas, em vez de propô-las.
- ▶ **Defensiva:** buscando principalmente assegurar a manutenção do negócio, em vez de experimentar novas áreas e estratégias.

- ▶ **Pragmática:** focada em projetos de curto prazo para a manutenção do negócio estabelecido, em vez de propor novos caminhos e projetos no longo prazo.

Isso seria verdade também para a sua área? Estes aspectos da cultura de inovação da indústria de jornais podem nos ajudar a refletir sobre os nossos próprios negócios, segmentos ou nichos de mercado. Convidamos você a parar por um momento e pensar sobre estes três pontos:

- ▶ **Proativo ou reativo?:** determinar se sua organização é um dos atores que propõem mudanças sociais e técnicas ou se você apenas se apropria do que outros fazem é determinante para sua estratégia de inovação. Você busca explorar novos usos para tecnologias existentes ou quer (e estimula as pessoas trabalhando com você a) criar soluções disruptivas? Vamos a um exemplo. Você cria tecnologias e soluções como o Google ou a Tesla ou usa as soluções trazidas pelas outras indústrias?
- ▶ **Ofensivo ou defensivo?:** assim como no futebol, sua estratégia pode ser evitar gols ou tentar ganhar de goleada. Ao buscar o ataque, você também tem maior possibilidade de errar ou falhar na defesa, levando mais gols do que se ficasse na retaguarda. No

entanto, ficar na defensiva te levará, na melhor das hipóteses, a um empate. Essa estratégia tem ligação com a anterior, mas não é análoga. Você pode não criar ou propor mudanças sociais e, mesmo se apropriando de soluções de outras indústrias, tomar a dianteira, sendo um dos primeiros a utilizá-las. É como o caso do jornal *The Washington Post* sendo um dos primeiros grandes atores da sua indústria a postar e cultivar uma audiência no TikTok. Eles não criaram a tecnologia, mas foram ofensivos ao adotá-la, arriscando e investindo esforços na plataforma.

▶ **Visionário ou pragmático?:** aqui, a questão é se você quer experimentar e ver resultados agora ou daqui a uns meses. E se você está interessado em gerar uma mudança de longo prazo para sua empresa ou setor de mercado. A questão sobre o que é curto, médio e longo prazo para sua indústria também é primordial. É sabido que as indústrias enxergam isso de maneiras diferentes. O que é longo prazo para a indústria da mídia pode não ser para a da tecnologia, por exemplo. Este é um ponto que merece atenção. A partir de entrevistas com líderes da indústria de notícias, por exemplo, Julie Posetti,[19] investigadora do Instituto Reuters e da Universidade de Oxford, alerta que o encantamento com a

tecnologia e a experimentação de curto prazo sem propósito estratégico não levam a um caminho sustentável de inovação no longo prazo. Isso vale para você também? Considere sempre ir além das "*bright shiny things*", termo usado pela pesquisadora para se referir a essa expectativa e atenção excessiva à tecnologia.

Em um contexto dinâmico e de pressão por inovação constante, é importante se afastar da inovação apenas como aspecto de vaidade ou posicionamento. Também observe se sua estratégia de inovação não está desempenhando apenas um conforto simbólico para você sentir "que não se está tão distante da inovação" ou passar a impressão de "estamos (como organização) mudando", sem realmente estar perseguindo um caminho de transformação propositivo de longo prazo.

De fato, a transformação de longo prazo se relaciona com uma estratégia sistemática de inovação. Especialmente se você atua em uma indústria criativa, já deve ter ouvido coisas como "a inovação faz parte do nosso dia a dia", "inovamos como rotina" ou "pensar diferente é um requisito para trabalhar conosco". Claro que podemos estimular a criatividade nos pequenos elementos cotidianos e é possível valorizar essa competência na hora de contratar um novo colaborador. No entanto, quando se fala de estratégia de inovação organizacional, a conversa deve ir além disso. Quanto tempo que as pessoas têm para criar? Como você permite que novas ideias surjam e sejam implementadas? Como você comunica os objetivos e desafios mais importantes para sua organização nos próximos meses ou anos para todos que trabalham com você (e não apenas para você)? Como você estimula a colaboração em todos aqueles sentidos que falamos anteriormente?

Inovação em contexto das rotinas produtivas ou experimental

Há indústrias que têm a inovação como parte do processo produtivo. Aqui estão incluídos todos os setores da indústria criativa, como o jornalismo, a indústria literária, da moda, fonográfica e cinematográfica, as artes visuais, o design, a publicidade etc. Outras não têm a criatividade como parte intrínseca, mas ainda assim podem encorajar ou permitir a emergência de inovações durante o ciclo de produção de seu produto, serviço ou rotina produtiva. A questão é que os processos de inovação imbricados no dia a dia de forma espontânea ou não sistematizada têm características distintas daqueles pensados de forma alheia a uma pressão de entrega diária, imediata ou periódica. Ou seja, ao produzir um telejornal diário, uma revista semanal ou uma reportagem para um site de notícias, a inovação pode ser incentivada dentro da unidade da forma narrativa (em um uma reportagem, por exemplo). Quer dizer, a equipe pode encontrar uma maneira incremental e diferente de apresentar aquele conteúdo, e isso pode ser inovador em seu contexto local, regional ou nacional. Ainda, ao produzir uma peça publicitária, a equipe pode ter uma ideia inovadora para promover determinada marca. Isso, com certeza, faz parte da (e é) inovação.

No entanto, **no contexto das rotinas produtivas diárias, essa inovação tende a ser eventual ou espontânea. Quer dizer, acontece algumas vezes, não sempre, e não há um processo definido para que isso ocorra.** Ainda, os **resultados tendem a estar alinhados com a visão imediata e de curto prazo do setor ou da área.** Sabe aquela ideia que surge no meio, no início ou final da elaboração de um conteúdo criativo e você e os seus colegas se empolgam e fazem acontecer? Pois bem, esse é um processo não sistematizado e espontâneo de inovação. Esse processo de inovação está imbricado no contexto produtivo, não estando totalmente alheio às pressões temporais de periodicidade (vocês ainda terão que entregar o resultado no prazo, inclusive por uma demanda da audiência que espera ver aquele conteúdo em um determinado momento) e não terão tempo de envolver mais pessoas (lembra da importância da colaboração, em um sentido amplo?) ou alinhar esta inovação com objetivos estratégicos de longo prazo da organização.

Deixe-me explicar melhor: vamos tomar como exemplo a produção de vídeo para um canal do Youtube ou para um canal de uma marca que você atende. Isso pode ter um grau de inovação no roteiro, na distribuição ou mesmo na forma narrativa, mas não estará conectado, necessariamente, com uma visão de longo prazo de sustentabilidade desse canal, de engajamento e relacionamento com as audiências no longo prazo dessa marca e nem parece ser parte de uma inovação que enxerga o futuro ou vê mais longe do que o hoje, o amanhã ou daqui a alguns meses. Esse processo de inovação compartilha o tempo e os agentes do ciclo produtivo, ou seja, é a mesma equipe que produz no mesmo ciclo temporal da reportagem, do filme, do livro, da revista, do documentário, do vídeo do Youtube etc.

Isso é muito diferente da **inovação em contexto experimental. Esta é sistematizada organizacionalmente e costuma acontecer de forma exógena e independente dos processos produtivos periódicos dessa indústria.** Neste caso, a organização e o processo permitem/criam um espaço com prazos e rotinas diferenciadas para que a inovação aconteça. É aqui que se enquadram os laboratórios de inovação. Os *media labs*, **como tratados aqui, focam pesquisa e desenvolvimento (P&D) e fazem parte do incentivo à inovação de modo sistemático e experimental.** Assim, eles exigem uma visão estratégica de médio ou longo prazo para a difusão de uma cultura de inovação, pois trabalham com a solução de problemas futuros (em momentos mais distantes do aqui e agora).

No caso da mídia, a popularização desses laboratórios é uma reação a um cenário de mudança, que envolve fazer as coisas de forma diferente. Isso porque essa indústria não costumava realizar investimentos de P&D nem ter orçamentos dedicados a isso, confiando em fornecedores externos para desenvolvimentos tecnológicos.[20] Isso não é verdade apenas para a indústria da mídia, mas para a maioria das indústrias criativas ou setores que não têm a tecnologia como *core* dos seus processos ou produtos.

A grande questão é que essa **abordagem experimental** e propositiva de inovação, que mistura a indústria criativa e a tecnologia, **possibilita outro tipo de resultado do processo de inovação, que vai além da forma narrativa e do conteúdo em si,** quando se fala da indústria da mídia. Nesse contexto experimental, podem surgir, por exemplo, ferramentas digitais para a criação de linhas do tempo interativas[21] ou soluções digitais para identificação da veracidade de vídeos online,[22] em uma estratégia de combate à desinformação e a conteúdos falsos. Falaremos mais dos resultados de inovação dos *media labs* adiante, mas já dá para perceber: **a inovação experimental foge da rotina do ciclo diário de produção de conteúdos, e o resultado desse processo costuma ter características diferentes daquelas de um conteúdo autoral ou criativo *per se.***

Nesse sentido, há também uma questão subjacente quanto ao impacto e à replicabilidade das inovações criadas em cada um desses contextos. As iniciativas resultantes da inovação em contexto produtivo tendem a ser menos replicáveis, ou seja, não podem ser apropriadas por outras empresas ou indústrias. Pense comigo: uma "sacada" criativa em um anúncio publicitário pode ser algo bem inovador, mas não pode ser utilizado da mesma forma por outras empresas. De outro modo, o software para identificação da veracidade de vídeos, criado pela Agence France-Presse Medialab R&D e redesenhado dentro da ação de inovação da UE Horizon 2020 WeVerify, poderia ser adaptado para ser utilizado no Brasil, por exemplo, por outras organizações. Assim, as **inovações oriundas de contexto experimental tendem a ser mais replicáveis**, pelo fato de normalmente focar um problema mais macro-orientado (e não a uma solução apenas para um desafio específico/momentâneo). Parece complicado? Fique tranquilo, falaremos mais sobre isso ao longo desta parte.

Em termos de impacto, **há também a tendência de as inovações em contexto produtivo serem mais relacionadas com o tipo incremental**, ou seja, focadas em melhorias em produtos, sistemas ou processos existentes. Por outro lado, inovações em contexto experimental costumam estar mais próximas de inovações arquiteturais (modestos avanços tecnológicos, que podem ter efeitos em cascata no mercado),

descontínuas (que trazem novos fatores por meio do conhecimento, expertise, sistemas ou competências e provocam uma quebra nos sistemas, processos, habilidades e produtos existentes) e/ou disruptiva (um subtipo da inovação descontínua que quebra as estruturas de mercado, em vez de estruturas de tecnologia). Essa classificação foi elaborada por Lucy Küng,[23] uma importante consultora e pesquisadora na área de gestão e estratégia de negócios em mídia.

Por fim, agora você já deve ter percebido que as inovações no contexto das rotinas produtivas costumam se apropriar de tecnologias existentes. No caso da mídia, um exemplo seria usar realidade aumentada para produzir um conteúdo educativo ou utilizar o WhatsApp ou TikTok como forma de gerar conteúdo sobre ciência ou literatura para adolescentes. De fato, você percebe que as inovações (criativas e autorais) de curto prazo não necessitam de um departamento de P&D e podem acontecer no contexto das rotinas de trabalho. Enquanto isso, a inovação em contexto experimental tende a criar, adaptar ou recriar soluções (muitas vezes tecnológicas) com potencial de replicabilidade por outras indústrias. Voltamos ao exemplo do software que consegue detectar se um vídeo é verdadeiro ou foi alterado para propagar informação falsa.

Agora vamos olhar isso de forma mais visual:

Tabela 1: Características dominantes da inovação em contexto cotidiano e experimental

	Inovação no contexto das rotinas produtivas	Inovação no contexto experimental
Processo de inovação	Eventual, espontâneo	Sistemático, planejado
Visão/Perspectiva da inovação	Curto prazo, visão imediatista	Médio ou longo prazo, alinhado com a visão estratégica da organização
Potencial de replicabilidade	Menos replicável, responde a uma questão pontual/específica	Mais replicável, responde a uma questão mais ampla
Grau da inovação	Incremental	Arquitetural, descontínua ou disruptiva
Resultado da inovação no contexto das indústrias criativas	Inovação soft, relacionado a processos criativos intelectuais (ex.: narrativas)	Inovação funcional, vai além da forma narrativa e do conteúdo em si

Fonte: Nunes (2020).

De fato, a inovação experimental precisa de uma visão institucional para acontecer e precede uma estratégia e visão de negócios. Lembre-se de que as estratégias descritas anteriormente podem ser complementares, ou seja, elas não são excludentes entre si, mas é importante que você entenda o papel de cada uma delas na visão de futuro da sua organização ou setor.

Ufa! Foi bastante informação. Mas lembra-se de que falamos que a inovação na indústria criativa é única? Pois então, já demos alguns exemplos ao longo desta seção, mas antes de entrarmos especificamente nos laboratórios de inovação do tipo *media labs* ,precisamos discutir um pouco mais da inovação na indústria criativa. Vamos lá?

CAPÍTULO 8

O que é inovação na indústria criativa?

(Re)definindo "inovar" nas indústrias criativas,
com uma atenção especial à mídia e ao jornalismo

Um pouco já foi dito a você no capítulo anterior: "inovar" é, sem dúvida, uma palavra que engloba diferentes significados. Originalmente estudada no campo das ciências econômicas, a temática da inovação, como comentado anteriormente, passou a servir, nas últimas décadas, como objeto de estudo das mais variadas áreas do conhecimento: seja a da indústria criativa, das ciências sociais, da tecnologia ou mesmo o resultado de uma abordagem totalmente interdisciplinar. Na verdade, é essa característica múltipla que faz da inovação uma temática tão desafiadora e instigante: nenhuma disciplina ou área sozinha lida com todos os aspectos da inovação.[1]

É toda essa interdisciplinaridade e esse dinamismo que tornam um desafio definir o que é (e não é) inovação, especialmente nas indústrias criativas. A indústria criativa é um conjunto de indústrias que tem a criatividade como motor para a geração de valor. Segundo a definição do Creative Industries Mapping Document do Reino Unido,[2] pode-se entender como indústria criativa aquelas que "têm sua origem na criatividade, habilidade e talento individuais e que têm potencial para gerar riqueza e criação de empregos por meio da geração e exploração da propriedade intelectual". É nessa definição que reside o desafio. A indústria criativa produz um resultado essencialmente humano e subjetivo. Sabe aquela produção cinematográfica, aquele livro superdiferente, aquela história em quadrinhos original e emocionante que você e seu amigo não conseguem concordar se é inovador(a) ou mais do mesmo? Este problema vai além do nosso dia a dia.

Veja bem, as indústrias criativas têm a elaboração e distribuição de conteúdo e produtos culturais como parte da rotina produtiva. Esses produtos intelectuais são resultado de processos criativos e autorais que, muitas vezes, estão respondendo a um cenário de mudança (ou seja, estão resolvendo um problema). Além disso, eles estão sempre (ou quase sempre) vinculados ao conceito de novidade. Concorda? Então estão aqui os aspectos basilares da inovação, não é mesmo? É justamente esse o problema. Se tudo é inovador de alguma forma, como definir o que é (realmente) inovador para essa indústria? Ou seja, uma vez que a indústria criativa, especialmente a midiática, é guiada pela novidade, criatividade, autoria e diferenciação (competição pela atenção da audiência), seria todo e qualquer produto desta área (seja um livro, uma música, uma reportagem ou um jogo de videogame) uma forma de inovação?

De fato, a fronteira que delimita o que é inovação e produção criativa rotineira ou periódica é tênue e está longe de ser unânime. Diferentes iniciativas podem ser consideradas inovadoras, dependendo da lente utilizada para a sua análise: uma reportagem em formato de conversa de WhatsApp, como a criada pelo *El País*, sobre as eleições brasileiras em 2018[3] pode ser considerada inovação tanto quanto a narrativa Frankestein AI do Digital Storytelling Lab da Escola de Artes da Universidade de Columbia, nos Estados Unidos, ou a ferramenta Digital Paper Edit desenvolvida pelo laboratório da BBC, em Londres, que permite aos produtores cortar programas de áudio e vídeo trabalhando a partir de uma transcrição gerada automaticamente. Bem diverso, não é mesmo? Pois a indústria midiática tem como particularidade a produção cultural, criativa e intelectual de um produto intangível.

A questão é que, por uma abordagem econômica, nem todas essas soluções agregam melhoria funcional ou tangível. Fora a ferramenta Digital Paper Edit, os outros dois exemplos são semelhantes a outros produtos intelectuais e autorais dessa indústria (sejam eles livros, músicas, reportagens, histórias de ficção etc.) e não costumam modificar, criar ou melhorar o produto midiático de forma funcional, como especificam algumas definições de inovações. Por esta abordagem, se inovação é justamente uma contribuição original e funcional tangível, estaria então excluído todo (ou quase todo) produto cultural do espectro da inovação? Pois então, se por um lado, tudo é inovador, por outro, nada é inovador na indústria criativa? É isso mesmo: o assunto é mais complexo do que parece inicialmente.

Inovação *soft* ou de processo e produto cultural

A boa notícia é que alguns pesquisadores já pensaram nisso e propuseram formas de diferenciar o que se chama **inovação soft** de **inovação funcional**. O autor do termo é Paul Stoneman,[4] que define que a inovação *soft* é a inovação em bens e serviços que afetam principalmente o apelo estético ou intelectual, e não o desempenho funcional. Ou seja, é exatamente esta peça que faltava! Isso porque não é possível limitar a inovação das indústrias criativas (ou da mídia) à apropriação da tecnologia (ou a melhorias tangíveis). Identificar o que é inovação dentro das rotinas produtivas das mídias e da indústria criativa, em um produto ou iniciativa intangível que muitas vezes é resultado de um processo autoral, intelectual e coletivo é um desafio que, com certeza, extrapola o viés econômico e funcional. Na verdade, essa é uma luta entre o conhecimento reflexivo das humanidades, das artes e das ciências sociais frente a uma lógica técnico-racional das ciências exatas como tecnologia, engenharia e matemática. E é isso que afirma Luke Jaaniste,[5] outro investigador que defende novas acepções do conceito de inovação para os setores criativos. Ele cunhará até outro termo para definir as inovações nesta área: **a inovação de processo e produto cultural**.

A **inovação** *soft* ou **a inovação de processo e produto cultural** será constituída justamente por músicas que introduzem novos gêneros, melodias, filmes que inovam em sua forma narrativa, reportagens que se diferenciam em sua forma de contar histórias, além de produções literárias de ficção e não ficção que inovam em sua forma de construir um universo ou de relacionar diferentes mídias. Ainda podem estar aqui outras inovações relacionadas à forma de fazer algo (ao processo de produção, distribuição ou apropriação da iniciativa — inovação em processo) e também a elementos criativos e autorais que abrangem outros sentidos das pessoas: como o olfato. Sabe aquele cheiro de carro novo? Isso foi inovador em algum momento, não é mesmo? Paul Stoneman comenta que essas inovações abrangem "os sentidos básicos da visão, toque,

paladar, olfato e som, por exemplo, a aparência dos móveis, o som do escapamento de um carro, o sabor de uma refeição, o cheiro de flores em um design de jardim e o toque de um tapete de pele de ovelha".[6] Isso tudo está muito além do funcional. Isso faz parte da característica das indústrias criativas, que, como falamos, incluem a mídia e o jornalismo, a arquitetura, as artes, o mercado de antiguidades, o design, o mercado da moda, as artes performáticas, entre outras.[7] Mas, voltando ao ponto inicial, **como podemos, de forma pragmática, delimitar as fronteiras do que é inovador ou não?** Para responder a essa pergunta, daremos uma atenção especial à indústria da mídia como forma de tangibilizar o que estamos discutindo, mas as reflexões podem se aplicar também a outros âmbitos da indústria criativa e a outros setores.

As fronteiras e os atributos da inovação criativa na indústria da mídia

Considerando então a inovação *soft* ou a inovação de processo e produto cultural, a fronteira de inovação na indústria criativa será delimitada pela autoria e pelo impacto, ou seja, pela originalidade do produto criado e pela receptividade do mercado. O problema é que isso também pode ser insuficiente. Sucesso de mercado é importante, mas poderiam ser este e a questão autoral os únicos critérios para delimitar uma fronteira tão complexa? É por isso que é preciso considerar outros aspectos para estabelecer essa linha do que é e não é inovação nas indústrias criativas. Considerando especificamente a mídia, a pesquisadora alemã Leyla Dogruel elencou quatro atributos que devem ser considerados ao se diferenciar a produção intelectual e criativa rotineira do que é realmente inovador para a mídia. Estes pontos são: 1) novidade, 2) exploração econômica e social, 3) implicações comunicacionais e 4) inovação como um processo social complexo.[8] Parece ainda muito intangível, não é mesmo? A base da questão é que os produtos midiáticos estão constantemente sendo apropriados, avaliados e ressignificados pelas audiências, e isso, de certa forma, os torna também diferentes, mas não incompatíveis de análise.

Então, o que isso realmente quer dizer? Bom, sempre que você parar para analisar a inovação em mídia (ou em outras indústrias criativas), faça a você mesmo algumas perguntas:

- **É novo em relação a quê?** É novo para a empresa, para o mercado, para um segmento de consumidores ou em comparação a quê? Lembre-se: a originalidade ou a novidade da inovação não é um atributo isolado, mas uma característica a ser analisada a partir de um contexto.
- **Quais as características e os âmbitos do impacto econômico desta iniciativa?** Este pode ser tanto interno à organização (melhoria em processo) quanto externo (vantagens ou retornos de mercado). Ainda, inovações em modelos de negócios podem gerar efeitos no mercado e no ecossistema a que pertencem, ampliando, por exemplo, a concorrência[9] ou motivando transformações nas indústrias de legado. Um exemplo aqui seria a introdução da Netflix como serviço de streaming, que pressiona as televisões a cabo e toda a indústria do entretenimento a repensar e se adaptar a um contexto não mais de pagamento único e por uso, mas a uma lógica de assinatura de consumo ilimitado de produções audiovisuais.
- **Tem (também) uma dimensão social inovadora?** Na mídia, os aspectos econômicos e sociais costumam estar entrelaçados.[10] Assim, não deixe de perceber se e como essa inovação combina esses dois aspectos. A inovação pode estar justamente aí. Um exemplo é a Wikipédia, que tem uma dimensão de difusão de conhecimento e inteligência coletiva desde a sua criação. O próprio verbete da organização se define como uma forma de "empoderar e engajar pessoas pelo mundo para coletar e desenvolver conteúdo educacional sob uma licença livre ou no domínio público, e para disseminá-lo efetivamente e globalmente".[11] Portanto, há uma

consequência social importante, além de um aspecto econômico de sustentabilidade (mesmo que sem fins lucrativos), neste caso.

▸ **Possibilita (de alguma forma) uma maior interação ou comunicação entre as pessoas?** No âmbito das implicações comunicacionais, devemos olhar para além do ponto de vista dos produtores de conteúdo ou dos produtos criativos *per se*. É preciso analisar também como essas inovações possibilitam (ou não) uma maior interação ou comunicação entre as pessoas, que podem ser audiências ou produtores, dependendo do contexto, ou seja, perceber as consequências comunicacionais dessas inovações tanto em uma esfera micro (do indivíduo), meso (da organização) ou macro (da sociedade).[12] Aparece aqui de novo a questão da colaboração, discutida no início deste capítulo.

▸ **Quais partes são inovadoras?** Por vezes, focamos apenas um aspecto da iniciativa (aquele que nos chama mais atenção), mas as inovações em mídia (e em outros setores) costumam ser constituídas de muitas partes. É essencial uma visão holística e a consciência de que essas inovações são constituídas por elementos complexos, que se relacionam entre si, tanto em seu processo de desenvolvimento, implementação e impacto, como no mercado ou em um ambiente interno da produção midiática.

Talvez isso não responda tudo, mas já ajuda a percebermos como ou em que medida algo é inovador nas indústrias criativas, especialmente na indústria da mídia. Este assunto não se encerra por aqui, e voltaremos a ele quando discutirmos as inovações dos *media labs*. No entanto, neste momento da leitura, você já deve ter percebido que a indústria criativa é particular, sendo a mídia um subconjunto desse mesmo setor. Essas perguntas são oriundas especificamente das inovações midiáticas, mas é possível que elas se apliquem também a quem está inovando em outras indústrias. Enfim, se você atua em outra área, nossa recomendação é a de que use estes elementos para refletir também sobre o seu contexto. O que disso tudo faz sentido para você? Se você é da indústria midiática, busque discutir isso em equipe. Talvez valha realizar um workshop em busca de analisar seus projetos passados a partir desses aspectos ou ver como você pode considerar esses atributos nas suas próximas inovações, de maneira que essa estratégia seja planejada, e não algo que "apenas acontece" de forma espontânea.

Então, pergunte-se:
▸ Você quer inovar em relação a quê?
▸ Quais as características e os âmbitos do impacto econômico que você quer gerar?

- Existe um desejo de impacto social ou alguma dimensão social inovadora no meu projeto?
- Desejo possibilitar (de alguma forma) uma maior interação ou comunicação entre as pessoas?
- Quais partes são (ou têm potencial de ser) inovadoras no meu projeto ou estratégia?

Ok, mas até o momento, falamos das particularidades da indústria criativa e da mídia como um conjunto homogêneo. Mas será que é possível mesmo comparar a indústria cinematográfica com a do jornalismo, ou a produção literária com o setor fonográfico?

Toda a indústria da mídia é igual?

Apesar de terem muitas semelhanças entre si, como já discutimos anteriormente, a resposta para esta pergunta é não. Com certeza, a indústria criativa ou midiática não é um conjunto homogêneo. Por isso, é importante estabelecer alguns subconjuntos e elencar características. Isso é essencial até para você entender como operam cada um dos *media labs* que serão discutidos neste e no próximo capítulo.

Então, vamos lá! A primeira delimitação importante é diferenciar aqueles setores que criam um produto único daqueles que trabalham com uma produção contínua e periódica, ou

seja, diferenciar a indústria cinematográfica daquela do jornalismo. O norte-americano Robert Georges Picard[13] chamará o primeiro grupo justamente de **produtos midiáticos de criação única (*single creation products*)**, e o segundo, de **produtos de mídia de criação contínua (*continuous creation media products*)**. Os primeiros, são baseados em conteúdo de mídia individual exclusivo e incluem livros, filmes, gravações de áudio e jogos. Os últimos se caracterizam pela criação de conteúdos em constante atualização/produção, exibidos conjuntamente com outros conteúdos, em um sistema ou formato que concentra essa entrega ou disponibilização. Produtos midiáticos desse tipo são revistas, jornais e séries de televisão, por exemplo.

Devido à natureza diferenciada de cada um desses eixos de produtos midiáticos, a gestão também é particular. Podemos afirmar que o primeiro é gerido em uma lógica de projeto (com começo, meio e fim), e o segundo, em uma lógica de produto (focado em aprimoramento continuado da entrega). É isso que o pesquisador Robert Georges Picard afirma.[14] Neste caso, o produto é o empacotamento do conteúdo (o telejornal, por exemplo), e não a unidade narrativa (a reportagem). Essa distinção entre projeto e produto é essencial, visto que, na concepção de produto, há um esforço contínuo, iterativo e incremental de aprimoramento constante, sem um fim delimitado. Veja bem: um telejornal pode ser (e será) aprimorado e reformatado ao longo do tempo (de acordo com pesquisas de mercado, workshops de cocriação com as audiências, dados de analytics etc.). Um filme, por exemplo, pode ter uma continuação, mas não tende a ser aprimorado pela mesma empresa em um ciclo contínuo, correto? É essa a diferença entre produto e projeto. Empresas focadas em produtos de mídia de criação contínua têm como característica "processos fortemente estruturados e coordenados que tendem a ser limitados pelo tempo e exigem que os gerentes lidem com problemas de gerenciamento de processos".[15] Esse é o caso da indústria do jornalismo, em que o processo e o produto midiático se entrelaçam refletindo a urgência e a periodicidade que a caracterizam. Neste ponto específico, também há algumas particularidades que merecem destaque.

Particularidades da indústria da mídia e do jornalismo para se pensar a inovação

Mesmo dentro da indústria da mídia, a relação constante com a novidade e a intrínseca conexão com um produto que é resultado de um esforço intelectual e criativo é ainda mais presente no jornalismo, que, por sua essência, lida com um ciclo produtivo em consonância com a periodicidade dos acontecimentos e das mudanças do mundo. Assim como na mídia, a relação da inovação com o jornalismo pode ter múltiplas abordagens e tem algumas particularidades que merecem destaque, antes de falarmos dos laboratórios de inovação conhecidos como *media labs*, alguns deles relacionados às problemáticas deste segmento.

A mídia e o jornalismo fazem parte da indústria criativa, um segmento em que a inovação é a condição para o sucesso.[16] Seus profissionais são diariamente demandados pela produção de conteúdos ou produtos culturais que se destaquem frente a uma audiência cada vez mais fragmentada. Essas iniciativas novas ou com grau de originalidade, no entanto, se materializam, muitas vezes, de forma subjetiva, intangível e perecível, como discutido anteriormente. Leia-se aqui uma nova forma narrativa, que se atribui originalidade pela maneira de apresentação do conteúdo, ou mesmo uma música, com melodia ou repertório diferenciado.

O interesse pela inovação nesse setor (tanto por parte das empresas como da pesquisa acadêmica na área) nasce do cenário de transformação impulsionado pela digitalização. A competição ficou mais acirrada, as plataformas se diversificaram, e os modelos de negócios se tornaram pontos centrais para a sobrevivência das mídias. O ecossistema de notícias mudou, e novos atores entram a todo momento nesse contexto dinâmico e em ebulição. Para a mídia, inovação significa a implementação de uma reação a um cenário de mudança.

A premente necessidade de transformação na indústria da mídia nos últimos anos tornou a inovação uma reação decisiva para o futuro dessa área. A relação entre audiência e empresas de mídia ou produtores de conteúdo se alterou. Os pesquisadores Henry Jenkins, Sam Ford e Joshua Green[17] caracterizam esse cenário como o da mídia propagável, em que a distribuição dos conteúdos se torna um ponto central para o entendimento de todo o funcionamento do ecossistema de mídia contemporâneo. É um cenário em que a disseminação de conteúdos está mais dispersa e fragmentada. A indústria da música e do cinema são exemplos disso, mesmo que os jornais, as revistas e outras indústrias da mídia também tenham sido afetados. É o resultado da mudança que Nicholas Negroponte[18] já discutia antes do início dos anos 2000 ao falar do "horário nobre é o meu": uma alteração da distribuição em escala dos produtores, que detinham a decisão sobre o que seria transmitido e quando, para a escolha do público, que passa a poder optar pelo melhor horário para consumir a mídia e, por vezes, até redistribuir ou divulgar os conteúdos midiáticos.

Entre menores barreiras de entrada no mercado, agregadores de conteúdo e fragmentação de audiências, a questão é que o próprio dinamismo da indústria faz com que essa inovação obedeça ao ciclo do produto midiático. Esta afirmação pode ser analisada por duas vertentes. Por um lado, pode-se pensar que o impacto dessa inovação muitas vezes também obedecerá a um **ciclo rápido de apropriação**, em que a audiência poderá discuti-la e apreciá-la, por dias, semanas, meses ou, com sorte, um ou alguns anos. Por outro lado, o embrião dessa inovação também pode estar relacionado à **resolução de desafios imediatos e das próprias rotinas produtivas ou ser o produto de uma visão estratégica** e organizacional de médio ou longo prazo. Ou seja, esse pode ser um desafio do dia de hoje, da próxima semana, mês ou mesmo do(s) próximo(s) ano(s). Uma visão quase imediata ou imediatista ou resultado de um pensamento estratégico. Isso se relaciona a um processo de inovação que pode estar inserido no contexto das rotinas produtivas (ou seja, embretado nas atividades cotidianas) ou que pode ser encorajado em um ambiente experimental (alheio ao contexto da produção periódica dos acontecimentos do mundo ou da indústria), como foi discutido anteriormente sobre a inovação em contexto cotidiano e contexto experimental.

Tudo isso está relacionado à cultura organizacional da mídia e do jornalismo e como isso se relaciona com a inovação na área. A fragmentação de mercado descortina um novo ecossistema midiático com novos atores propondo inovação, mas também com empresas estabelecidas entendendo que a transformação é estratégica, realizando esforços para promover um contexto propício à emergência de novas estratégias, produtos, processos e modelos de negócio.

A questão é que, para além da mídia ser única, o jornalismo também é peculiar. Neste ponto, é preciso entender as particularidades tanto da mídia como do jornalismo em três eixos:

▶ **Relação com a sociedade:** a mídia faz parte do nosso dia a dia, e, por isso, todo mundo acha que entende de mídia. De fato, estamos todos, profissionais de comunicação ou não, constantemente expostos a informação e conteúdo, seja ele de entretenimento, noticioso ou literário. Isso é determinante para a formação do discurso público,[19] ou seja, para nosso posicionamento como cidadãos. Mas, estando tão perto das pessoas, a legitimação de quem trabalha com isso perante o público enfrenta resistência. Ou seja, **as pessoas costumam achar que entendem de jornalismo, de comunicação e de mídia porque consomem esse tipo de conteúdo no seu dia a dia.**[20] No entanto, se considerar detentor do domínio técnico e/ou reflexivo do campo da mídia porque ela está próxima de você é obviamente uma falácia que, no entanto, é renegada pela audiência leiga. Ou seja, não é porque você assiste telejornal todos os dias que você tem domínio técnico, reflexivo e profissional para discutir o fazer e o impacto do jornalismo, por exemplo. Aqui há outro ponto:

o fato de a televisão estar no seu dia a dia também a torna um **elemento cultural** importante. Você já reparou que muitas salas de estar nas casas brasileiras são projetadas para todos sentarem e olharem para a televisão? Isso é um elemento cultural! Por fim, as **inovações midiáticas normalmente buscam um impacto social, e não exclusivamente econômico,**[21] como discutido no início deste capítulo. Isso é especialmente verdade para o jornalismo, que também é um filtro do discurso público, devido à natureza mediadora da realidade própria da profissão. Por isso também, percebe-se que **o jornalismo tem uma constante tensão entre a atividade como negócio e os princípios e valores da profissão.**

▶ **Especificidades do produto:** como discutimos anteriormente, o produto de mídia tem uma **natureza perecível, intangível e criativa**, isso antes mesmo da popularização da mídia digital. Esse produto apresenta também uma **necessidade de novidade contínua.**[22] No cenário contemporâneo, adiciona-se a este aspecto a questão da **propagabilidade dos conteúdos**, retirando o controle total do conteúdo das mãos dos produtores[23] e se transformando em um **produto em constante construção,** reapropriação e ressignificação por parte das pessoas, das audiências. Isso aumenta o risco de inovar. Você não sabe como a audiência entenderá o seu conteúdo, como ela irá transformá-lo e compartilhá-lo com os outros, e isso acontece em um ciclo muito mais rápido e dinâmico do que em outras indústrias. Assim, a **introdução de uma inovação caracteriza-se por uma interação constante entre a indústria da mídia e as audiências**.[24] Sabe aquela série que desiste de matar um personagem específico porque as pessoas estão gostando muito dele? É exatamente isso, mas não apenas para séries, mas para tudo, normalmente enquanto o processo de inovação está acontecendo. Não digo que isso é ruim. Construir com a audiência é, de certa forma, um privilégio, mas é, sem dúvida, desafiador. Inovar é arriscado e perpassa, necessariamente, não agradar a todos. Ainda, isso é um desafio particular para um setor que estava, antes da popularização das mídias digitais, acostumado a controlar a distribuição dos seus conteúdos e processos. Lembre-se: antes da internet, o mundo era muito mais baseado em uma comunicação um para muitos do que muitos para muitos. No **jornalismo**, a própria natureza da informação (cíclica e dinâmica) exacerba e reforça a questão da perecibilidade do produto.

▶ **Características de gestão e perfis dos profissionais:** o negócio e suas dinâmicas de gestão têm particularidades organizacionais e de perfil dos colaboradores. Uma delas é a **visibilidade das decisões**, que influencia e se materializa no dia a dia das audiências e as faz opinar, criticar e refletir sobre cada ação. Isso pode estar relacionado à reformulação de um caderno do jornal impresso, à mudança do projeto gráfico ou mesmo à demissão ou alteração de um apresentador de rádio ou podcast. Essa aceitação pode obedecer a um ciclo ou a um tempo próprio, e, por isso, a implementação de inovações na área demanda um tempo de adaptação e apropriação das audiências, que pode ser maior do que o esperado. Isso é especialmente desafiador para uma indústria acostumada com um ritmo de novidade constante, mesmo que no âmbito do conteúdo. Esses fatores são combinados com **profissionais altamente identificados com o negócio** em que atuam, com senso de comunidade profissional e com uma habilidade criativa aguçada. Eles atuam ali também por um paradigma social, motivados muitas vezes por sentido de vida ou vocação. Por fim, há a **dificuldade em focar novos segmentos de públicos** (pelo próprio modelo de negócio majoritariamente de assinaturas e publicidade do jornalismo), algo especialmente verdadeiro para a mídia de legado. A **resistência à tecnologia e estratégia reativa** a essas transformações digitais e tecnológicas também é uma característica a ser levada em conta na gestão dessas iniciativas.

No contexto específico do jornalismo, a inovação e a área se relacionam de três formas:

Figura 15: Relações do jornalismo com a inovação

JORNALISMO E INOVAÇÃO

Inovação como editoria jornalística

Uso de tecnologias para reportagens inovadoras

Inovações funcionais criadas para o jornalismo

Fonte: Nunes (2020).

▶ **Inovação como editoria jornalística:** sabe aquela newsletter que você recebe sobre tecnologia? Pois então, o jornalismo e a inovação dialogam de forma editorial. Com as transformações digitais, o tema passa a aparecer como foco de interesse (especialização) de repórteres e veículos noticiosos à medida que ganha força no mercado e na sociedade a partir dos anos 2000.[25] Essa área ganha força também à medida que a inovação passa a ser um tema de atenção econômica e social e, portanto, de interesse do jornalismo e das audiências, principalmente com a ebulição de startups (organizações inovadoras e, por isso com alto grau de incerteza[26]) e de espaços reconhecidamente vocacionados para esse desenvolvimento tecnológico, como o Vale do Silício, nos Estados Unidos.

▶ **Uso de tecnologias para produzir narrativas e reportagens inovadoras:** a competitividade leva as redações jornalísticas a perseguirem a inovação em novas formas narrativas, buscando desenvolver ambientes que incentivem (e, muitas vezes, pressionem) os jornalistas e experimentar novas formas de contar histórias. Um exemplo é a discussão sobre a adoção do WhatsApp pelas redações jornalísticas ou mesmo o jornalismo em tablets ou, ainda, o impacto dos smartphones para o jornalismo. De fato, aplicativos de comunicação como o

WhatsApp (entre outros canais digitais semelhantes), os tablets e os dispositivos móveis podem ser utilizados de formas inovadoras. Lembra-se da reportagem do *El País* que simula um diálogo de conversa no WhatsApp de que falamos no início deste capítulo? O WhatsApp não foi criado para o jornalismo, mas pode ser usado para fins jornalísticos, inclusive para o contato com fontes ou realização de entrevistas. Apesar de não ter sido pensado ou criado para resolver problemas do jornalismo, tanto o WhatsApp como Instagram, TikTok e outras plataformas digitais impactam a forma e o fazer jornalístico e podem ser catalisadores de inovação.

▶ **Inovações funcionais criadas e pensadas desde o início para o jornalismo:** este é o eixo mais emergente e começa a aparecer principalmente com iniciativas experimentais de inovação (alô, *media labs*!), focadas em inovação funcional e tangível. A sua expansão se dá com a popularização do pensamento empreendedor relacionado ao campo, com a introdução da temática nos currículos acadêmicos — com a contratação de professores pelas escolas de comunicação e jornalismo para ensinar os estudantes a criar empresas na área,[27] e com a ampliação de iniciativas empreendedoras (empresas, startups ou negócios) criadas por jornalistas ou focadas em jornalismo. O novo contexto digital também impulsiona um maior envolvimento do jornalista na criação de novos produtos, novos processos, modelos de lucro, novas formas narrativas, entre outras iniciativas dentro das próprias empresas de mídia já estabelecidas, ou seja, o chamado intraempreendedorismo. Esse aspecto representa a introdução e expansão da inovação agora com ênfase no aspecto funcional como parte da indústria jornalística e midiática, em que, além da inovação soft, passa a incorporar a inovação como forma de gerar ruptura ou disrupção de dentro para fora. Isso culmina na emergência de profissionais com novas competências e novos cargos, desempenhando papéis de gestão em jornalismo e pensamento de produto em jornalismo (*news product thinking*). Com isso, amplia-se a discussão de novas competências para o jornalista e de como fomentar a cultura de inovação em jornalismo, por exemplo.

Desta forma, as transformações do jornalismo com a apropriação das tecnologias para consumo, distribuição e produção, assim como a ampliação da importância da inovação como editoria, propiciam a emergência de inovação funcional e experimental de/para o jornalismo.

O que é inovação na indústria criativa? 97

Figura 16: Contexto de emergência da inovação funcional no jornalismo

Fonte: Nunes (2020).

Por isso, é contemporâneo o maior envolvimento da área em inovações de caráter funcional (como a criação de ferramentas digitais para aprimorar processos ou desenvolvimento de novas plataformas de distribuição), em um contexto alheio à temporalidade de produção dos conteúdos midiáticos e jornalísticos. Entendemos por ferramentas digitais soluções que intermedeiam ou facilitam uma tarefa operacional, como captura, extração de dados ou automatização, podendo focar melhorias de processos produtivos, comerciais, de engajamento e entendimento de audiência, entre outros. É o exemplo do sistema de gerenciamento de conteúdo da Vox Media, o Chorus, mencionado no início deste capítulo. Para indústrias como a do jornalismo, a inovação (especialmente a de longo prazo) não era vista como um ponto crucial em suas rotinas. E a experimentação em inovação funcional e no desenvolvimento de uma cultura de inovação é justamente uma das contribuições dos *media labs* para essa indústria. Bom, agora, vamos falar mais sobre esses laboratórios de inovação?

CAPÍTULO 9

Experimentando o futuro: O que são *media labs*?

Pessoas, tecnologias e conhecimentos em um espaço seguro para experimentar e arriscar

Já se vão mais de sete anos pesquisando laboratórios de inovação do tipo *media labs*, e, ainda assim, achar uma definição estrita e concisa segue sendo algo desafiador. É seguro dizer que o tempo e o mapeamento de mais de uma centena de estruturas, assim como entrevistas, visitas *in loco* e estadias de trabalho nesses laboratórios ao redor do mundo só corroboraram algo essencial: não existe "**um *media lab***". Há uma multiplicidade de modelos, formas de financiamento, metodologias e fazeres que você conhecerá ao longo desta seção e das próximas. No entanto, há, sim, algo que atravessa e perpassa todas essas estruturas: **uma vontade de criar novos futuros, de inovar na intersecção de conhecimentos, com um pensamento centrado nas pessoas e guiado por uma cultura de experimentação e colaboração**.

Então, o que é um *media lab*? De forma simples, podemos dizer que são **unidades interdisciplinares e experimentais dedicadas à inovação, com estratégias de inovação** **aberta, colaboração e uma visão ampla de mídia.** É lá que equipes diversas podem desenvolver o pensamento inovador e gerar produtos, acelerar a aplicação de tecnologia, buscar soluções para problemas junto às comunidades e audiências e/ou promover uma cultura de inovação. **O que une todos eles é a ânsia de responder às transformações digitais.** No entanto, **mais do que um foco tecnológico, a importância desses laboratórios está na criação de espaços de experimentação interdisciplinar nos quais seja possível criar e imaginar futuros midiáticos, jornalísticos, artísticos e/ou de comunicação, de forma ampla.**

Bill Aulet, professor do Massachusetts Institute of Technology[1], diz que há três maneiras de criar algo novo: "eu tenho uma ideia", "eu desenvolvi uma nova tecnologia", "eu tenho uma paixão". Muitos *media labs* estão na interseção de tudo isso. Pare por um instante e pense: e se você reunisse designers, desenvolvedores e comunicadores/jornalistas/

artistas com tempo, recursos e visão de negócio para criar novos processos, produtos ou modelos de receita? É exatamente isso que um *media lab* propõe. Para isso, eles usam estratégias de inovação aberta e hacks que se conectam com indivíduos e organizações da sua indústria e de outros segmentos. Muitas vezes, há equipes dedicadas trabalhando com gerentes de produto, usando métodos de inovação, como *design sprint*[2] e metodologias ágeis[3], entre outros que serão detalhados na próxima seção.

Criados para responder a mudanças de tecnologia, de comunicação e da economia digital,[4] os *media labs* não se limitam às fronteiras estabelecidas pela indústria da mídia. Recomendo que agora você esqueça o que entende por indústria da mídia. Veja bem, como indústria, não como mídia. Muitos *media labs* (apesar de não serem todos) adotam uma **concepção ampla de mídia, que engloba artes, tecnologias, espaços públicos, além de tudo o que entendemos por mídia (do entretenimento ao jornalismo, da literatura ao cinema, e assim por diante)**. O que isso quer dizer? Que uma instalação urbana pode ser desenvolvida por um *media lab* tanto quanto uma narrativa jornalística ou uma experiência multissensorial adaptada da literatura. É isso mesmo, e traremos mais exemplos adiante neste capítulo. Mas então, qual a abordagem/enfoque e quais são os objetivos desses laboratórios?

Enfoques e objetivos dos *media labs*

Se você é um criativo ou trabalha com uma área interdisciplinar, certamente já passou pela difícil missão de estabelecer fronteiras e explicar o seu trabalho. Há quem diga que o mundo é dos especialistas, mas há também quem afirme que os generalistas são aqueles que vão mesmo triunfar. Independente da sua visão sobre esse debate, se os *media labs* fossem pessoas/profissionais, a maioria deles seria generalista. Por estarem na intersecção de várias áreas, conhecimentos e atividades, há uma dificuldade de definir um enfoque majoritário ou fundador.

Como assim? Bom, vamos a um exemplo. O *MIT Media Lab* é um dos primeiros laboratórios desse tipo inaugurado no mundo, fundado em 1985. Por anos, sua equipe e seus líderes se esforçaram para definir seu escopo, sem sucesso. É o que conta Kenneth Hasse, um professor que trabalhou lá por alguns anos.[5] Ele descreve que, como o lab tinha uma relação próxima com a faculdade de arquitetura, devido ao vínculo de seu fundador, Nicholas Negroponte, o *lab* conservava ainda influências desse curso (no sentido de se interessar por sistemas complexos com uma abordagem que prioriza as pessoas), mas também dialogava com a área do design. Já a influência das artes, importante inicialmente, foi perdendo destaque ao longo do tempo. Entendeu o que queremos dizer? Ao juntar muitas peças para formar algo diferente, o enfoque não é algo claro e direto, mas um escopo dinâmico e fluido, que se adapta ao longo da história.

Assim como no exemplo do MIT, apesar do nome, os *media labs* são mais do que unidades de inovação em mídia, mesmo que também sejam isso. Como espaços (físicos ou simbólicos), eles lideram atividades para o **desenvolvimento de produtos, processos, modelos de negócios ou serviços baseados em tecnologias digitais, exploração de novas narrativas, experimentação de novos processos ou inovações organizacionais mediadas ou não por tecnologias**. Eles, ainda, podem estar dedicados a **acelerar novas iniciativas (empresas, ONGs ou negócios) na intersecção da mídia, do jornalismo, das artes e dos espaços públicos**. Esses objetivos foram observados pelo professor e pesquisador da Universidade de Navarra, Ramón Salaverría, ao investigar 31 *media labs* de empresas de mídia na Europa. No entanto, além dos laboratórios corporativos, há outros. E *media labs* também podem estar dedicados a **atividades de pesquisa, que unem academia e mercado**, visando à produção de patentes, novos produtos, processos ou oportunidades de mercado, podendo (ou não) visar à elaboração de artigos científicos. Assim, o objetivo do *media lab* está diretamente relacionado a sua estrutura mãe (se existir) e a sua ambição de transformação do contexto em que vive.

Figura 17: Objetivos e atividades de *media labs*

OBJETIVOS E ATIVIDADES DE MEDIA LABS

Desenvolvimento de inovação

Exploração de novas narrativas

Catalisação de startups

Pesquisa entre academia e mercado

Fonte: Nunes (2020), com base em Salaverría (2015) e Nunes (2020).[6]

Assim, apesar do enfoque interdisciplinar e amplo, é possível perceber diversas vocações de cada uma dessas unidades. Mas falamos anteriormente que é possível que os *media labs* não sejam unidades independentes, mas que estejam junto a outras organizações. Vamos falar um pouco mais sobre as diferentes formas de um *media lab* existir?

Tipos de *media labs*: onde estão (e quem cria) *media labs*

Os laboratórios de inovação do tipo *media lab* têm uma ampla gama de formas, tamanhos, abordagens, processos, tecnologias, objetivos e estruturas organizacionais.

Globalmente, existem laboratórios de mídia gestados e geridos por grandes empresas de mídia e/ou jornalismo. É o caso do *Wall Street Journal*, da *Deutsche Welle*, da *BBC*, da *Agence France Presse* (AFP), do *El País* e do *New York Times*, que têm cada um seu próprio *media lab*. Ou seja, estes são **media labs criados por empresas de legado**.

Há também **nativos digitais com seus próprios *media labs***, como o *OjoPúblico*, veículo peruano de jornalismo investigativo fundado em 2014, ou o *El Confidencial*, um dos meios de comunicação participantes da investigação dos Panamá Papers[7] e situado em Madri. Ainda, você sabia que, em 2016, a Quartz, nativo digital estadunidense, captou 240 mil dólares para criar o Quartz Bot Studio, um *media lab* focado em bots para aplicativos de mensagens e assistentes pessoais?

Mas os *media labs* não estão exclusivamente vinculados a empresas de mídia, seja de legado ou nativas digitais. Eles podem também nascer de forma independente a qualquer outra organização, a partir de fundos públicos ou privados. É o caso do Media Lab Bayern, um espaço de coworking e incubação dedicado a startups de inovação em mídia e financiado pelo governo do estado da Baviera, na Alemanha. Há ainda iniciativas como o NYC Media Lab, que conecta empresas de mídia digital e tecnologia com universidades de Nova York para explorar tecnologias emergentes, em uma iniciativa com múltiplos atores e financiamentos. É o caso também do Media City Bergen, uma unidade de inovação para facilitar processos de inovação entre os membros do Norwegian Center of Expertise in Media[8] (NCE). Esses são exemplos de **media labs independentes ou consórcios.**

Por fim, há unidades de inovação acadêmicas. De fato, os *media labs* surgem nas universidades, e muitas delas manterão ou criarão esse tipo de laboratório nos próximos anos. Só fique atento, há importantes diferenças entre um centro de pesquisa e um *media lab*! Entre as universidades que têm *media labs*, podemos citar a Universidade Nova de Lisboa (iNOVA, Portugal), a Texas State University (Media Innovation Lab, Estados Unidos), a University of Surrey (Digital World Research Centre, no Reino Unido), a Universidad EAFIT (MediaLab EAFIT, na Colômbia), a Universidade Federal do Maranhão (Laboratório de Convergência de Mídias — LABCOM, no Brasil) e a Pontifícia Universidade Católica do Rio Grande do Sul (Ubilab, no Brasil). Estes são apenas alguns nomes, já que, principalmente na América Latina, há uma predominância de *media labs* **em universidades**.

Sobre os *media labs* universitários, há diferenciações importantes em relação a outras estruturas de investigação acadêmica. Por vezes, unidades de pesquisa que se dedicam a discussões teóricas sobre a inovação em mídia e que visam exclusivamente à elaboração de artigos científicos se autodenominam *media labs*. Estes, apesar do nome, são centros ou grupos de pesquisa, mas não se enquadram no conceito de *media lab* adotado aqui. Outro uso comum para o nome *media lab* são espaços dedicados a programas de alfabetização midiática para a audiência, que, quando exclusivamente focados nisso, também não se encaixam nas características de experimentação que destacamos neste livro.

Figura 18: Tipos de *media labs*

TIPOS DE MEDIA LABS

Media labs de empresas de mídia (de legado ou nativos digitais)

Media labs independentes ou consórcios

Media labs de universidades

Fonte: As autoras, com base em Nunes (2020).

Por que isso acontece? Veja, com a popularidade desses laboratórios nos últimos anos, e a evidente relação com as tecnologias e a inovação, ser um *lab* tornou-se uma espécie de legitimidade, ou selo de conexão com o novo, um *hype* a que muitos vão querer se conectar. Assim, é possível que você já tenha ouvido ou lido a expressão "media lab" em diferentes contextos e com muitos usos diferentes. Se você pesquisar a palavra *media lab* na internet, além de laboratórios como os que descrevemos aqui, encontrará agências de comunicação, centros comunitários, assim como laboratórios universitários que se chamam dessa forma, como uma marca de inovação, de uma abordagem prática ou aplicada, mas nem sempre experimental. Ou seja, **para ser um *media lab* como tratamos aqui, é preciso ir além da discussão teórica ou mesmo aplicada; é necessário se aventurar na criação de inovações, sejam elas processos, produtos, serviços, modelos de negócios, ou catalisar inovação a partir de aceleração de ideias e novas organizações**.

E como esses *media labs* estão distribuídos?

Em nosso mapeamento, verificamos que a Europa tem uma maioria de *media labs* em empresas de mídia (mais de 41%), enquanto na América Latina, estes são raros (menos de 16%). Ainda, a América Latina tem uma maioria de laboratórios em universidades (mais de 62%), enquanto na Europa esse número representa menos de 39% do total. Na América do Norte, metade dos *media labs* mapeados estava em universidades (51%), e a outra metade, distribuída em empresas de mídia, independentes ou consórcios.[9]

Bom, agora falaremos sobre o que torna essas unidades de inovação realmente diferenciadas e únicas.

Pilares dos *media labs* e a inovação guiada por pessoas

Neste momento, você já sabe que os *media labs* são unidades que aceleram o envolvimento da mídia em inovações funcionais e experimentais. Também já entendeu que eles surgem em um contexto alheio à temporalidade da produção de conteúdo midiático, em uma abordagem de inovação sistemática e contínua. Assim, falaremos sobre o que está por trás dessa cultura de inovação e experimentação que propicia que pessoas de várias áreas criem soluções com impacto futuro.

Em entrevistas e conversas que tivemos com integrantes de laboratórios ao redor do mundo, algumas palavras apareceram com muita frequência:[10]

▶ **Espaço seguro:** colaboradores de *media labs* se referiram com frequência ao laboratório como um *safe space*, ou seja, um ambiente seguro onde eles se sentiam dispostos e à vontade para tentar o novo.

▶ **Experimentação:** liberdade para criar, testar e errar. Os *media labs* têm recursos, tempo, equipes e desafios que motivam as pessoas a criar coisas novas. Isso pode se materializar em protótipos ou testes de mercado, além das fronteiras do *lab*. A experimentação mais livre vem também de um entendimento de que *labs* não são geradores de receita em curto prazo e, portanto, não é algo em que se investe para ver retorno imediato, apesar de precisarem ter um modo de sustentabilidade para se manterem ativos. Com isso, eles possibilitam também aprendizado organizacional.

▶ **Conexões e colaboração em rede:** isso vale tanto para a intersecção e encontro de conhecimentos (interdisciplinaridade) como para networking (rede de contatos). No primeiro, o conhecimento particular da mídia é combinado com saberes realmente novos de tecnologia e tendências para o futuro. Em termos de networking, o diferencial está em ampliar a rede dos integrantes a partir de interações com líderes, organizações e experts em mídia e negócios. Esses pontos de contato são cruciais para "fazer as coisas acontecerem", seja para acelerar um negócio ou para viabilizar um novo produto, processo ou modelo de negócio. A colaboração também se dá com audiências e outros públicos interessados em processos de inovação aberta.

▶ **Catalisar inovação guiada pelas pessoas:** por fim, os entrevistados mencionaram o entendimento da real necessidade das audiências, dos jornalistas, dos comunicadores ou a identificação de oportunidades de mercado orientada por um pensamento de design, que é o combustível que promove a inovação dos laboratórios.

Se você pensar, tudo isso pode ser resumido como: **um laboratório de inovação permite que pessoas de diferentes áreas do conhecimento tenham tempo, espaço e recursos para criar inovação de forma experimental na intersecção da tecnologia, arte e mídia em um processo e ambiente alheio às rotinas produtivas cotidianas e com segurança para buscar o novo em um processo colaborativo guiado pelas pessoas.** Ufa, ficou longo, mas completo.

De maneira visual, podemos dizer que **as pessoas são o centro de tudo.** É na profusão de várias áreas do conhecimento que surge o novo, como vimos no início deste capítulo. Além disso, é da interação com as audiências e outras partes interessadas que também entendemos para quem e o que precisamos realmente solucionar. Assim, as pessoas realmente são o centro, em todos os sentidos. Isso pode até parecer estranho, já que se fala tanto de tecnologia quando se discute *media labs*, não é mesmo? A tecnologia em um laboratório de inovação costuma ser o meio, e não o fim. Foi isso que apareceu na pesquisa que fizemos com os líderes de laboratórios, resultados que discutiremos na próxima seção. Por ora, de forma pragmática, **definimos que *media labs*** são um grupo de pessoas, de várias áreas do conhecimento dedicadas a entender as necessidades das pessoas, estabelecer processos e desenvolver o pensamento inovador, gerar impacto na sociedade, culminando em um resultado de inovação.

Para fazer tudo isso, **quatro elementos essenciais** rondam as pessoas: o pensamento inovador, os processos de inovação, o impacto que se quer gerar e os resultados oriundos desse mix.

O desenvolvimento do pensamento inovador está relacionado ao fomento de uma cultura de inovação. Lembra-se de quando falamos, lá no início, que a cultura de inovação em mídia era reativa, defensiva e pragmática?[11] Pois então, é aqui que as pessoas tentam virar esse jogo. Além disso, há uma mudança de **processo** que, fora da rotina produtiva e periódica da mídia, consegue ter novos pilares, interações e entregas. Em termos de **impacto**, o imediatismo dá lugar a um novo horizonte de futuro, mesmo que ainda não seja de superlongo prazo. Por fim, há os **resultados de inovação**, que discutiremos na seção própria para isso, mas que saem de uma visão criativa para um aspecto de inovação funcional, algo mais tangível e, por vezes, autoral, mas sem perder o aspecto criativo característico dessas áreas. Para fazer isso, se as pessoas estão no centro, é preciso também ter uma atenção especial para a formação das equipes dos *media labs*.

Figura 19: Inovação guiada por pessoas e os elementos dos *media labs*

Fonte: As autoras (2023).

Como são estruturadas as equipes dos *media labs*?

A primeira coisa que você deve saber é que nem sempre um *media lab* tem uma equipe fixa dedicada. É possível que diferentes colaboradores façam parte em diferentes momentos, em um esquema rotativo, por exemplo. De forma geral, também não há formações específicas requeridas por todos os *media labs* e nem sempre há um desenho organizacional estabelecido ou detalhado. As equipes costumam ser pequenas e interdisciplinares, com características investigativas e curiosas, com autonomia e liberdade para criar, mas detalharemos isso ponto a ponto.

Equipes dedicadas ou não?

Nem todo laboratório terá uma equipe fixa. O *lab* da *Austria Presse Agentur* (APA), a principal agência nacional de notícias da Áustria, concebeu seu laboratório de inovação em uma estrutura dinâmica de uma vivência de inovação intensiva de uma semana (baseado no processo do Google de Design Sprint) com **equipes diferentes a cada ciclo**. Como a proposta era quebrar silos existentes entre os departamentos e também aprimorar o *time to market* de produtos, a dinâmica intensiva de inovação gerava, claro, um comprometimento alto, mas em um curto período de tempo, possibilitando difundir a cultura de inovação entre a equipe.[12]

Outros laboratórios, como o BBC News Labs, terão **equipes dedicadas**. Essas equipes podem estar subdivididas e focadas em um ou mais projetos. Esse *media lab*, por exemplo, tem uma equipe de cerca de vinte pessoas, com desenvolvedores e engenheiros de softwares, lideranças editoriais, com experiência em jornalismo, profissionais de UX Design, entre outros. Inclusive, você poderá saber mais sobre esse laboratório na Parte III, onde temos uma entrevista totalmente focada nele.

Ainda pensando no desenvolvimento de produtos, **as equipes podem ser constituídas a partir de cada projeto**, considerando as expertises necessárias. Isso acontece, por exemplo, quando cada projeto tem um financiamento próprio/específico, como via edital. Esse é o caso do Media Lab UFF, que, assim como o BBC News Labs, você poderá conhecer em detalhes na Parte III.

Por fim, há **equipes dedicadas a catalisar inovação**. O Media Lab Bayern, da Alemanha, que incuba startups de mídia e de que falamos anteriormente, também é um exemplo de laboratório com equipe fixa. No entanto, a equipe é estruturada em torno dos programas de incubação e serviços de consultoria prestados, sendo uma estrutura diferente daquela de um laboratório vinculado a empresas de mídia e vocacionado para criar produtos. Neste caso, a equipe é baseada em gestores de projeto. Em visita presencial em 2019,[13] isso incluía a gestão do programa de membresia e de relacionamento com empresas e parceiros, além das atividades com os residentes.

Formação das equipes

As equipes dos *media labs* costumam ter uma diversidade de formações e experiências, com conhecimentos complementares entre os membros do laboratório. Em uma pesquisa que fizemos com 54 líderes de laboratórios,[14] a formação mais apontada foi a de jornalismo e tecnologia da informação, apontada por 37 dos 54 *labs* investigados.

De fato, os *media labs* descortinam um espaço em que a mídia e o jornalismo podem experienciar uma estratégia de inovação sistemática e fora do ciclo estabelecido dos produtos, tendo como resultado soluções funcionais produzidas por equipes interdisciplinares que incluem **jornalistas**. Isso indica, inclusive, a **emergência de um novo campo de atuação para esses profissionais**, que pode se consolidar no decorrer dos próximos anos, com a valorização e popularização do pensamento de produto no jornalismo (*news product thinking*[15]).

Além de jornalistas e especialistas em tecnologia, a formação em design e artes também foi mencionada por mais de um terço dos líderes. Administração, economia e áreas correlatas, publicidade e propaganda e relações públicas foram citadas com discreta menor frequência, mas também apareceram entre 20% e 10% das respostas.

Isso é interessante, mas não muito surpreendente, dadas as características destes *labs*. **O que nos chama mais a atenção é que, além dessas formações, mais da metade deles listou outras áreas do conhecimento presentes nas suas equipes.** Estas foram de estudos críticos de mídia a matemática, de inovação a liderança, de gestão a política, de psicologia a ciências sociais, de arquitetura e engenharia civil a ciências biológicas, assim como letras, educação, música e inovação social digital. Há uma **combinação interessante entre áreas humanas e exatas,** algo também característico dessas unidades de experimentação.

Apesar disso, notou-se que os líderes não se restringem ou se limitam à formação acadêmica para escolher seus colaboradores. Um laboratório inclusive mencionou que essa pergunta era de menor importância ou que não se aplicava ao trabalho deles.

Assim, o que se destaca é que a interdisciplinaridade é fundamental para os *media labs*. É tão importante que o ex-diretor do *Media Lab* do MIT, Joi Ito, juntamente com Jeff Howe, utilizarão o termo antidisciplinar ao descrever o laboratório, afirmando que o *lab* trabalha no espaço entre e além das disciplinas.[16] **Media labs, fundamentalmente, propiciam o encontro sistemático de equipes interdisciplinares em prol do desenvolvimento experimental para uma solução.**

Tamanho das equipes

Para além de priorizarem a interdisciplinaridade ou de não favorecer apenas uma formação acadêmica, as equipes dos *media labs* costumam ser enxutas. **A maioria dos laboratórios tem até quinze colaboradores (e muitos têm menos do que isso!), trabalhando em tempo parcial ou integral.**[17]

As equipes de *media labs* vinculados a empresas de mídia costumam ser ainda mais enxutas (com uma mediana de cinco a seis pessoas), em comparação com as de laboratórios universitários (com uma mediana de doze colaboradores). O fato de laboratórios universitários integrarem estudantes facilita a alocação de mais pessoas, ainda que com um orçamento reduzido.

Como os labs se sustentam? Modelos de financiamento

Os laboratórios de mídia existem tanto no setor privado quanto no público. Dos mais de cinquenta laboratórios que responderam ao nosso questionário, **a divisão entre os que se mantinham majoritariamente com fundos públicos e majoritariamente com financiamento privado foi muito semelhante.**[18] Não há uma resposta certa, mas algo a ser analisado pensando a sua rede/oportunidades e as dinâmicas

Gráfico 1: Tamanho das equipes dos *media labs*

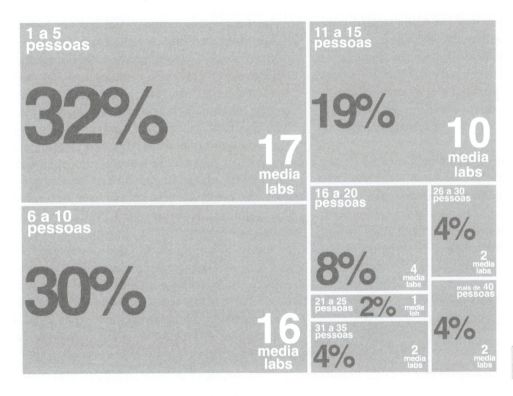

Fonte: As autoras (2023), com base em Nunes (2020).

da sua indústria. Algo que nos chamou a atenção, no entanto, é que, independentemente de ter majoritariamente financiamento público ou privado, **quase metade tinha fundos mistos**. Além disso, outros tipos de financiamento foram informados por dois laboratórios, que incluem: projetos financiados por intermédio de múltiplas fontes e treinamentos visando lucro combinados com outras atividades realizadas gratuitamente. Ou seja, uma estratégia de gerar receita por uma atividade de forma a poder oferecer outras sem custo a um público específico.

Enfim, agora você já sabe as principais características desses laboratórios atualmente. O fato é que o cenário contemporâneo é resultado da popularização recente dessas unidades de inovação e experimentação, que se transformaram muito, principalmente nos últimos dez ou doze anos. Assim, vamos falar um pouco da história, origem e transformações dos *media labs*?

Um pouco de história: expansão, transformação e popularização dos *media labs*

Desde que surgiram, os *media labs* passaram por muitas mudanças. De fato, o *Media lab* do MIT nasce com o propósito de lidar com a intersecção entre: 1) a indústria do cinema, da televisão e do rádio (broadcast); 2) a mídia impressa e editorial; 3) a indústria da computação, tendo como base a questão da tecnologia.[19] É por isso que Angela Plohman (2010),[20] uma das primeiras a observar a popularização desses laboratórios, destacará que é visível que os papéis e contextos dos *media labs* passaram por mudanças significativas desde a criação do *Media lab* do MIT em 1985. Esse fato é especialmente visível no que concerne os *media labs* relacionados às artes, que têm uma proliferação acelerada a partir dos anos de 1990.

Nas últimas duas décadas, e particularmente nos últimos dez anos, os *media labs* surgiram como uma estrutura organizacional focada explicitamente na inovação, com uma popularização acelerada em espaços além das universidades, que lideraram o surgimento global dessas unidades no passado. Embora os laboratórios estejam instalados nas universidades há quase cinquenta anos, o que torna esse fenômeno novo é sua recente popularização e expansão em novas e diversas estruturas, formatos e locais, que cresceu significativamente desde 2014. **Isso porque mais de 85% dos laboratórios de mídia ativos hoje foram criados após 2007, e dois terços deles, entre 2011 e 2018, como você pode ver na imagem a seguir.**

Experimentando o futuro: O que são media labs?   111

Gráfico 2: *Media labs* criados por ano

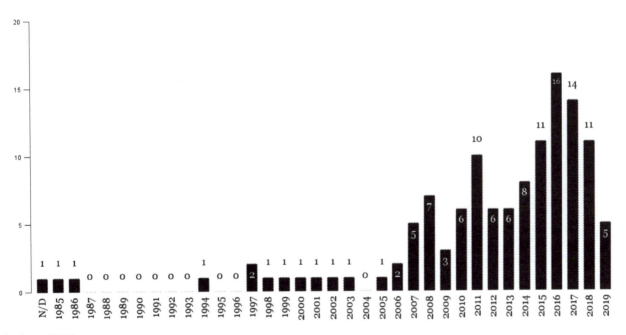

Fonte: Nunes (2020).

Gráfico 3: *Media labs* criados por ano considerando o tipo (n = 123)

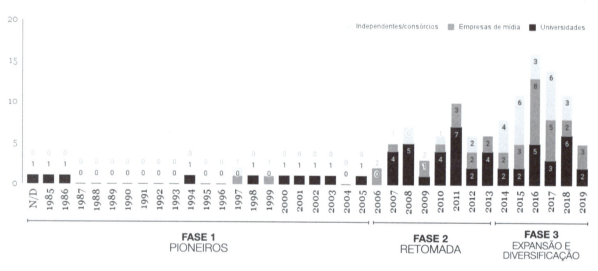

Fonte: Nunes (2020).

Ao longo dos anos, também, os laboratórios passaram por um processo de diversificação. Se antes de 2014 a maioria dos laboratórios era criada por universidades, surge um cenário em que organizações de notícias e mídia e outros (novos) atores também passam a ocupar esse espaço, criando unidades experimentais do tipo *media labs*. É por isso que é possível identificar três fases da criação desses laboratórios: uma fase dos pioneiros (que vai de 1985 até 2005), uma de retomada (de 2006 a 2013) e uma de diversificação (de 2014 em diante).

Hoje, os *media labs* podem se materializar de diversas formas, desde laboratórios industriais ou focados em pesquisa e desenvolvimento (P&D), centros de artes e mídia, laboratórios universitários ou os chamados laboratórios cívicos ou cidadãos, que são focados em comunidades locais. Os *media labs* contemporâneos podem situar-se em universidades, sua origem primária, mas também podem estar em garagens, porões, depósitos, empresas de mídia ou corporações. Isso porque sua abrangência é tão difusa quanto o seu foco pode ser, e as suas especificidades formais e de formato são tão dispersas quanto as suas fronteiras. Além disso, os *media labs* sofreram uma mudança para adotar também uma abordagem social, em vez de um viés exclusivamente tecnológico.[21]

As três fases da expansão dos *media labs* podem ser caracterizadas da seguinte forma:

Tabela 2: Características das fases de emergência: *media labs* ativos

	Fase 1: Pioneiros (1985 a 2005)	Fase 2: Retomada (2006 a 2013)	Fase 3: Expansão e diversificação (2014–2019)
Duração	21 anos	8 anos	6 anos
Principal precursor (natureza)	Liderado pelas universidades	Liderado pelas universidades	Liderado pela diversidade
Quantidade de *media labs* criados	12 *media labs*	45 *media labs*	65 *media labs*
Principal natureza dos *media labs* criados	9 *media labs* universitários (75%)	27 *media labs* universitários (60%)	23 *media labs* de empresas de mídia (35%) 22 *media labs* independentes (34%) 20 *media labs* de universidades (31%)
Velocidade de criação e regionalidades	Discreto em todas as regiões, mas com maior abrangência na Europa e América do Norte.	Retomada na Europa (14 *labs*) e América do Norte (20 *labs*). América Latina ainda com presença discreta (9 *labs*).	Maior número de *media labs* criados e ainda ativos em todas as regiões. Porém a diversidade de laboratórios ainda é escassa na América Latina, talvez vindo a vivenciar a fase de diversificação tardiamente, no futuro.

Fonte: Nunes (2020).

Ainda sobre essa expansão, pesquisas[22] já indicam que os laboratórios criados na segunda metade do período de diversificação (de 2017 a 2020) têm características diferentes, principalmente quando se trata daqueles focados em jornalismo (*news labs*) vinculados a empresas de mídia de legado ou nativos digitais. Criados a partir dos aprendizados dos anteriores, eles estariam mais integrados à estrutura organizacional da redação e dedicando mais atenção às necessidades e rotinas jornalísticas.[23] Além disso, há uma expansão da abordagem em rede, colaborando com diferentes instituições, adotando uma cooperação ainda maior e aberta com outras organizações (incluindo outros veículos jornalísticos), estando mais comprometidos em promover a difusão dos projetos de inovação e difusão de conhecimento do *lab* para toda a organização a que estão vinculados.[24]

De fato, é provável que, além dos *media labs* focados em jornalismo, outras estruturas também tenham aprendido com as lições de quem já está nesse mercado há mais tempo. Então, **se você for criar um *media lab*, seja qual for a sua indústria, fortaleça a sua rede de colaboração, amplie parcerias e estabeleça, desde o princípio, formas de integrar os aprendizados experimentais de seu laboratório às práticas de sua organização como um todo, promovendo aprendizado organizacional para além do *media lab***. Veja bem, no jornalismo, a integração entre a redação e o laboratório é crucial para desmistificar e transformar a visão de que o *lab* seria um "prestador de serviços" para os jornalistas e/ou a redação.[25] Então, preste atenção neste ponto, pois você quer que seu *lab* seja um promotor de inovação, e não um prestador de serviço.

Enfim, os *media labs* não são um fenômeno novo, mas se transformaram ao longo dos anos. Como estruturas dinâmicas, eles podem se adaptar e mudar para se adequar melhor ao seu ambiente e às necessidades do ecossistema em que estão inseridos.[26] Essas estruturas de inovação desempenham um papel central no ecossistema de mídia contemporâneo em constante mudança. No entanto, além do que são e de sua história, é importante discutir seus processos de inovação, que é a discussão que segue.

CAPÍTULO 10

Como um *media lab* inova?

Novas perspectivas de experimentação e aprendizado dentro e além da organização

Sabemos que os laboratórios de mídia são um passo em direção à inovação, favorecendo a interdisciplinaridade, promovendo uma cultura de inovação e fomentando a colaboração, com o público, parceiros externos e internos, bem como com outros profissionais da indústria da mídia e além dela. Mas há outros elementos que guiam a inovação de um *media lab*. De fato, as premissas de inovação, os processos, as metodologias e estratégias adotadas por cada *lab* sustentam muitas dessas características. Então, como um *media lab* inova?

Foco em problemas e não em tecnologias

A maioria dos *media labs* tende a ser agnóstica quanto à tecnologia, ou seja, não adotam uma tecnologia como central. Por exemplo, os laboratórios não costumam ser focados em realidade aumentada ou assistentes pessoais, mas em desafios não relacionados a uma tecnologia em particular. Isso

se comprova na pesquisa que fizemos com mais de cinquenta líderes de *media labs* espalhados pelo mundo: a maioria discordou da afirmação de que o laboratório partia de uma tecnologia específica.[1] Além disso, a maioria concordou que o laboratório partia de problemas diversos da era da informação e depois pensava nas tecnologias adequadas para resolvê-lo.[2] Assim, a etapa de **procura de oportunidades tende a ser guiada por problemas da era da informação (para os laboratórios relacionados a um conceito amplo de mídia) ou da mídia e/ou jornalismo (para aqueles relacionados a essa indústria), com forte relação com a tecnologia, mas não determinada por ela.** Por outro lado, mesmo que a inovação dos *media labs* parta de um problema para depois pensar sobre tecnologias, estas últimas viabilizam tecnicamente a solução de problemas e ainda têm uma importância considerável: a segunda resposta mais frequente para a pergunta da origem da inovação de maior sucesso de cada laboratório foi o surgimento de uma nova tecnologia (29%). **A tecnologia,** apesar de não ser central, é ainda um elemento catalisador e viabilizador para os *media labs*.

Inovação guiada por pessoas: colaboração e estratégias para conhecer os públicos

Os *media labs* dão um largo passo em direção a incluir as audiências e os demais públicos interessados em seus processos de inovação, por meio de estratégias de cocriação, colaboração e aproximação com as comunidades. De fato, quando questionamos os líderes de *media labs* sobre a **origem da inovação** que eles consideravam de maior sucesso do laboratório, a resposta mais frequente foi a de que era **oriunda do engajamento com comunidades e/ou aproximação com os contextos do usuário (35%).**

Isso está bem de acordo com o contexto da participação e colaboração, amplificado pelas transformações digitais, não é mesmo? Mas lembre-se, **colaborar exige um envolvimento maior do que participar**. Assim, não é apenas perguntar o que as pessoas querem ou pedir a opinião delas. É envolvê-las no processo de criação, por meio de workshops, entrevistas etc. **Entre as metodologias utilizadas pelos *media labs* no processo inovador, destacam-se estratégias qualitativas.** As mais utilizadas são entrevistas presenciais (utilizadas por 67% dos laboratórios pesquisados), assim como as estratégias

de design participativo e colaborativo envolvendo usuários (49%) e grupos focais presenciais (43%), como mostra a tabela.

Tabela 3: Origem da inovação (n = 51)

Qual a origem desta inovação?	Respondentes	%
Oportunidade oriunda de engajamento com comunidades e ou aproximação com os contextos do usuário.	18	35%
Surgimento de nova tecnologia (para a mídia e/ou jornalismo) que pode ser relacionada com uma necessidade/oportunidade de mercado.	15	29%
Uma nova oportunidade/necessidade de mercado.	11	22%
Um novo uso para algo já existente oriundo da observação/criatividade do time.	7	14%
Demanda/necessidade interna de uma empresa (de mídia e/ou jornalismo).	3	6%
Não tenho certeza/ Não consigo identificar.	1	2%

Fonte: Nunes (2020).

Tabela 4: Estratégia(s) utilizada(s) com mais frequência no processo de inovação (n = 51)

Estratégias	Respondentes	%
Entrevistas presenciais.	34	67%
Estratégias de design participativo ou colaborativo envolvendo o usuário (ex.: workshops ou outras interações com a comunidade alvo).	25	49%
Grupos focais presenciais.	22	43%
Pesquisas e relatórios acadêmicos.	20	39%
Captura de dados no contexto do usuário por meio de tecnologias da informação (dados de consumo do celular, *analytics* e outros).	19	37%
Sugestões ou feedback online por meio de beta teste ou questionário.	18	35%
Etnografia.	13	25%
Testes de usabilidade em salas de pesquisa.	13	25%
Questionários quantitativos online.	11	22%
Pesquisas e relatórios de mercado.	9	18%
Entrevistas online (via ferramentas digitais).	7	14%
Diário elaborado pelo usuário.	5	10%
Outros.	5	10%
Grupos focais online (via ferramentas digitais).	3	6%
Nenhuma das opções.	2	4%

Fonte: Nunes (2020).

O fato de a aproximação com comunidades ser o fator mais indicado corrobora uma percepção de estreitamento do relacionamento com as audiências. Para a mídia e o jornalismo, também é um passo importante, considerando um fazer tradicionalmente centrado nas escolhas e percepções dos profissionais da mídia. Conhecer o público permite ter insights sobre necessidades não atendidas, além de ampliar o relacionamento com as audiências, algo central para o jornalismo, as marcas e qualquer organização que queira se destacar hoje no mercado. Além disso, para aqueles que produzem conteúdo, possibilita entender desdobramentos possíveis de discussões e tópicos já publicados ou que estão em voga no momento. É por isso que muitos laboratórios adotarãp a metodologia do Design Thinking (ou adaptações dela) como base de seu processo de inovação.

Inovação aberta

Lembra-se do início deste capítulo, quando falamos de colaboração de forma ampla com fornecedores, audiências, clientes e até competidores? É isso. O professor Henry Chesbrough (que já lecionou em Harvard e hoje atua na Haas School of Business da Universidade da Califórnia — Berkeley, onde é diretor-fundador executivo do Center for Open Innovation) é o criador do termo inovação aberta. A partir dessa definição,

ele propõe que as organizações colaborem e contribuam de forma contínua e sistemática com universidades, startups e clientes, deixando suas fronteiras fluidas e abertas para receber e gerar ideias que possam alavancar novos produtos, serviços ou mesmo novas organizações. Os *labs* costumam seguir esses princípios, valorizando eventos e momentos de compartilhamento e estreitamento de laços com a rede e o ecossistema em que estão inseridos.

Em um relatório escrito em parceria com o investigador e professor britânico John Mills[3] (também com uma contribuição no final deste livro), identificamos exemplos de estratégias e metodologias utilizadas pelos *media labs* para maximizar a colaboração com as comunidades e redes de parceiros. Algumas destas são: incubação/aceleração de startups, hackathons, Design Sprints e dinâmicas com ferramentas como Adobe Kickbox.

Falando da primeira, um exemplo de *media lab* que acelera startups é a unidade de inovação do Sud Ouest's Théophraste. Responsável pelo segundo jornal impresso mais vendido da região de Bordeaux, na França, eles convidam startups locais para compartilhar o espaço do escritório e recursos da organização para ajudar a acelerar seu desenvolvimento. O que eles ganham com isso? Ao incubar e acelerar novos negócios, eles promovem um choque na cultura organizacional do jornal, difundem um pensamento inovador na

organização, além de promover colaboração. A relação não é de fornecedor ou de subcontratação, mas estabelecida de modo a contribuir para o crescimento dos projetos ao mesmo tempo em que essas startups ajudam a difundir a experimentação e um novo jeito de trabalhar na empresa.[4]

Outra forma utilizada por alguns *labs* são **Hackathons**, maratonas de inovação que integram designers, desenvolvedores/programadores, profissionais de negócios, artistas, comunicadores e quaisquer interessados para resolver um problema em um período curto e intensivo. Essas dinâmicas normalmente duram de 24 a 48 horas contínuas, com pessoas tirando sonecas durante o próprio espaço do evento no decorrer das madrugadas.

Ainda há a metodologia de **Design Sprint**. Ela nasce de uma sistematização do Google que propõe cinco etapas de inovação em cinco dias, sendo elas: mapear o problema, esboçar muitas soluções (divergir), decidir, prototipar e testar. A proposta é gerar inovações em um curto espaço de tempo de forma colaborativa e interdisciplinar.[5]

Por fim, o **Adobe Kickbox** é um processo de seis etapas, criado pela Adobe. Nessa dinâmica, cada grupo de inovação recebe uma caixa com post-its, canetinhas e um cartão pré-pago com mil dólares que podem ser gastos pelo time para viabilizar o projeto. Além da caixa, o diferencial está nas ferramentas de inovação propostas. O legal é que a maioria dos materiais está disponível online[6] (em formato *open source*), exceto o cartão de crédito (que pena!).

Experimentação, tolerância ao erro e conexão entre academia e mercado

Mesmo quando situados em ambientes acadêmicos, os *media labs* seguirão preceitos de materialização propositiva em uma cultura que prioriza o *"Demo or die"*, em substituição à de *"Publish or Perish"*[7]. A metodologia costuma ter relação com um **processo de pesquisa de desenvolvimento experimental**.[8] Esse processo é dividido em três fases:

- ▶ A investigação do tópico ou problema.
- ▶ O desenvolvimento da pesquisa.
- ▶ A concretização das inovações.

Os problemas endereçados nesse tipo de pesquisa costumam ser amplos e multifacetados, e os pesquisadores buscam criar também uma visão de consequências no longo prazo. A investigação é guiada pela experimentação, incentivando testes e implementações, mesmo que parciais (como em grupos controle). Tomando como base o MIT *Media lab*, o autor Stewart Brand comenta que "o foco é engenharia e ciência, em vez de produção acadêmica; invenção, em vez de estudos, pesquisas ou críticas[9]". O professor Kenneth Hasse, que trabalhou lá, também reforça que, apesar de produzirem artigos acadêmicos no MIT *Media lab*, os resultados costumam ser apresentados em demonstrações atraentes e preparadas para encantar visitantes, patrocinadores e até colegas e parceiros de equipe.[10]

Essa prática experimental pode ser relacionada com uma cultura de inovação, que fomentará ambientes inovadores. O professor de negócios da Harvard Business School Stefan Thomke, uma das referências nesse assunto, diz que "a experimentação está no coração da capacidade de inovação de toda empresa. Em outras palavras, **o teste sistemático de ideias é o que permite às empresas criar e refinar seus produtos**".[11]

Para efetivar isso, muitos labs adotarão um **pensamento lean/enxuto**. O processo sistematizado por Eric Ries em 2008 prevê a fragmentação da inovação em **pequenas entregas para maximizar a entrega de valor/benefício às pessoas. Além disso, enfatiza a experimentação (mesmo que isso reduza o foco no planejamento) e difunde o pensamento de que o produto está em constante melhoria e não precisa estar "acabado" para ser lançado**. Desta forma, as equipes são orientadas a realizar entregas contínuas e fragmentadas em prol da experimentação. Muitos *labs* também adotarão **metodologias ágeis**, oriundas da indústria da tecnologia, como base do processo inovador.

Inovações criativas, mas também funcionais

Os *labs* fomentam um novo tipo de inovação para as indústrias criativas ao introduzirem o pensamento de que é possível inovar de forma funcional nessa área. **Ao realizarem pesquisa e desenvolvimento (P&D), esses laboratórios representam um passo importante em direção à inovação e experimentação "dentro de casa" e também envolvendo profissionais criativos, em vez de focar exclusivamente em fornecedores e parceiros externos.** A popularização dos *media labs* é uma força em prol desse contexto. **A ruptura se dá no fato de que, progressivamente, a inovação funcional e exógena ao ciclo produtivo diário e periódico da mídia começa a ganhar espaço e atenção nessa indústria!**

No jornalismo — especificamente o foco de muitos desses *labs* —, esta é uma abordagem que exige uma mudança cultural, de entendimento de que **o papel do jornalista não é apenas com a entrega do conteúdo periódico, mas que seu trabalho também pode contribuir para a valorização e uma visão de futuro da profissão e da atividade em si**.

Isso pode se aplicar, ainda, a outras áreas da indústria criativa. O papel dos criativos pode ser também de comprometimento de longo prazo, com projetos experimentais e mais disruptivos para o futuro mercado deste setor.

Para realizar essa visão e viabilizar a inovação, a interdisciplinaridade tem um papel central.

Promoção do encontro de disciplinas

Os *media labs* contradizem a abordagem especializada em um único campo. Apesar de estarem historicamente relacionados às universidades, **os problemas são endereçados sem as tradicionais divisões e fronteiras das áreas do conhecimento**, tão populares nos ambientes universitários e na carreira acadêmica. Os *labs* desafiam a noção disciplinar, privilegiando equipes diversas, como discutido anteriormente. A diversidade de abordagens dos laboratórios materializa-se em um **enfoque temático sem fronteiras claras.** O ex-diretor do *Media Lab* do MIT, Joi Ito, juntamente com Jeff Howe, comenta em seu livro: "O *Media lab* precisa desse guarda-chuva espaçoso, uma vez que tem sido sempre uma espécie de ilha para brinquedos desajustados, um lugar para artistas que criam novas tecnologias, engenheiros que trabalham em genética e cientistas da computação que tentam reinventar nosso sistema educacional."[12] Por isso também, as equipes dos *media labs* costumam ter uma **diversidade de formações e experiências, com conhecimentos complementares entre os membros do laboratório.**

Inovação organizacional

Ao fazer tudo isso, os *media labs* geram **novas perspectivas de aprendizado organizacional**. Isso porque os *media labs* são inovações *per se*. Já pensou que, mesmo se não olharmos para os resultados de inovação desses *labs*, o próprio fato de criar um laboratório em uma empresa, universidade ou de forma independente é uma forma de inovar? Os *labs* são uma **inovação organizacional ou de processo, sem mediação tecnológica, se materializando a partir de uma diversidade de projetos com potencial para catalisar ou desenvolver inovações de modo sistemático em contexto experimental para gerar sustentabilidade e/ou legitimidade para a mídia e o jornalismo no contexto digital.** Entretanto, implementar tudo isso engendra desafios.

Quais os desafios dos *media labs*?

Você já deve ter percebido que criar e gerir um *media lab* de forma eficiente e eficaz apresenta uma complexidade importante. De forma geral, os desafios giram em torno de três eixos: cultura, sustentabilidade e pessoas.[13]

Figura 20: Desafios de inovação de *media labs* de acordo com os líderes

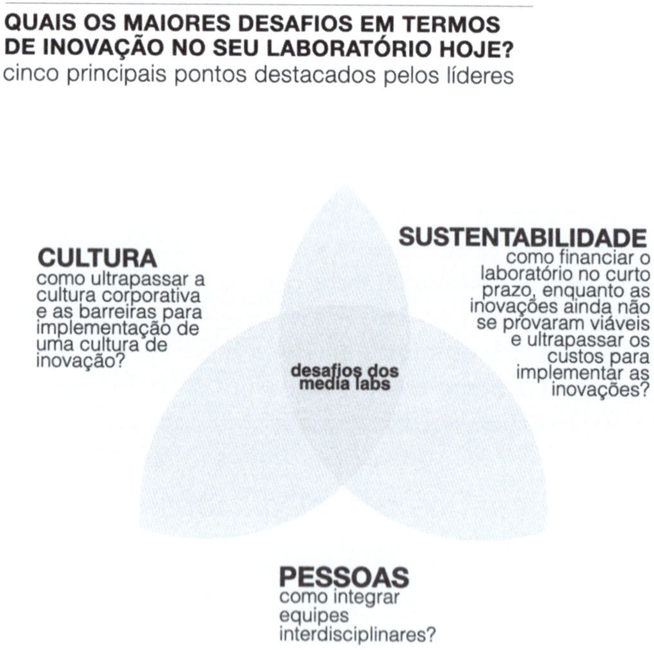

QUAIS OS MAIORES DESAFIOS EM TERMOS DE INOVAÇÃO NO SEU LABORATÓRIO HOJE?
cinco principais pontos destacados pelos líderes

CULTURA
como ultrapassar a cultura corporativa e as barreiras para implementação de uma cultura de inovação?

SUSTENTABILIDADE
como financiar o laboratório no curto prazo, enquanto as inovações ainda não se provaram viáveis e ultrapassar os custos para implementar as inovações?

desafios dos media labs

PESSOAS
como integrar equipes interdisciplinares?

Fonte: As autoras (2023).

CULTURA: Os *media labs* situam-se em diferentes contextos e não estão sempre vinculados diretamente a uma cultura organizacional corporativa nem aos ciclos produtivos periódicos dessa indústria. Isso, no entanto, não quer dizer que eles estejam alheios aos valores compartilhados, às crenças e normas aceitas daquela cultura organizacional, que transcende a corporação. Essa visão pode ser consequência, inclusive, da interlocução com parceiros ou mercado. Enfim, uma prova da pressão do tempo é que, mesmo com equipes pequenas (quinze pessoas ou menos), a maioria dos laboratórios pesquisados desenvolve entre sete e onze projetos por ano. Além disso, um quarto dos *labs* pesquisados desenvolve mais de doze projetos por ano, ou seja, mais de um por mês! Esses espaços se propõem, justamente, à inovação e experimentação, e tantos projetos podem ser um empecilho para ideias mais disruptivas e uma visão de mais longo prazo. Claro, entregas fragmentadas e uma visão lean/enxuta podem ajudar nesse quesito, mas talvez seja preciso mais paciência.

Aqui, então, as principais questões são a **cultura corporativa e as barreiras para implementação de cultura de inovação no contexto a que o *lab* se relaciona**. Apesar de guiados por estratégias qualitativas de interação com as audiências, os *media labs* ainda são **pressionados pela urgência da cultura pragmatista e imediatista** da mídia e do contexto digital. Ainda estão relacionadas a isso a **integração da**

pesquisa com o mercado, e vice-versa, e a **pressão contra o tempo**.

Tabela 5: Média de projetos realizada por ano por cada *media lab*

Média de projetos por ano	Respondentes	%
Mais de doze projetos/inovações por ano.	12	24%
Menos de doze, porém mais de seis projetos/inovações por ano.	16	31%
Menos de seis, porém mais de três projetos/inovações por ano.	13	25%
Menos de três projetos/inovações por ano.	10	20%

Fonte: As autoras (2023).

SUSTENTABILIDADE: Como manter o laboratório no curto prazo? Sabe-se que a inovação precisa de tempo para trazer resultado. Assim, a sustentabilidade financeira foi um dos desafios mais citados pelos líderes pesquisados. Junto disso, estiveram os custos para a implementação das inovações e a dificuldade de escalabilidade das inovações. Aqui volta-se ao velho paradoxo de investir no futuro ou garantir o presente.[14]

Você precisa dos dois, mas é necessário equilíbrio, paciência e resiliência. Aqui vale lembrar que muitos *labs* terão fontes de financiamentos mistas (públicas e privadas), e esse mix pode justamente ser oriundo desse desafio de se tornar sustentável. Dica: **questione-se desde o início sobre quais outras atividades do laboratório poderiam servir como financiamento para projetos de mais longo prazo.**

PESSOAS: A integração de equipes interdisciplinares é o principal ponto desse eixo. **Pode parecer maravilhoso trabalhar com pessoas de outras áreas, mas é preciso entender as perspectivas do outro, seus vocabulários e vícios.** Adiciona-se a isso a dificuldade em atrair profissionais de diferentes áreas para trabalhar com inovação em mídia. Especialmente para desenvolvedores, a área da tecnologia pode ser mais atrativa e motivadora do que a mídia, as artes e os espaços urbanos.

Além desses três eixos, os *labs* demonstram que a mudança de visão estratégica ainda não está acabada ou resolvida. **Apesar de focados em problemas, estes nem sempre parecem ser de longo prazo.** A quantidade de projetos por ano reflete a influência da pressa da cultura organizacional midiática e do próprio contexto digital. Ao questionar os líderes sobre essa questão, há um equilíbrio entre aqueles que se identificam com uma visão de longo prazo, mesmo que com entregas fragmentadas e contínuas (51%), e os que estão mais focados no curto/médio prazo (49%).

Entregas fragmentadas, contínuas e incrementais podem ser mesmo um caminho para lidar com a cultura organizacional imediatista, a pressão do tempo e com o ritmo imposto pelo próprio contexto digital? Esses são os princípios da startup enxuta, ou, em inglês, *Lean Startup*, que mencionamos anteriormente. No entanto, é preciso garantir que a visão de médio/longo prazo realmente consiga sobreviver em um contexto fragmentado de entregas. Para isso, é preciso de um forte alinhamento estratégico e tático, com uma integração clara entre a entrega do hoje e o caminho futuro que se quer percorrer, com transparência e visão organizacional.

Tabela 6: Visão estratégica: proximidade das inovações com o mercado

Em relação às inovações oriundas do seu laboratório, qual alternativa representa melhor a maioria dos projetos?	%
Meu laboratório é focado em projetos/soluções de médio ou longo prazo, porém as soluções são fragmentadas em planejamentos de curto prazo para viabilizar sua aplicação gradual (no mercado).	39%
Meu laboratório é focado em projetos/soluções de longo prazo, ou seja, que para serem implementados em rotinas corporativas necessita de ajustes significativos de competências, recursos e/ou processos para ser adotado no mercado de forma cotidiana.	12%
Meu laboratório é focado em projetos/soluções de médio prazo, ou seja, que podem ser implementados em rotinas corporativas desde que se realizem ajustes de competências, recursos ou processos.	27%
Meu laboratório é focado em projetos/soluções de curto prazo, ou seja, inovações que podem ser facilmente implementadas pelas empresas e no mercado na rotina cotidiana.	22%

Fonte: Nunes (2020).

CAPÍTULO 11
As inovações criadas por *media labs* ao redor do mundo

Media labs têm diferentes entendimentos de mídia. Enquanto muitos compreenderão o campo da mídia de forma ampla, incorporando as artes e os espaços urbanos e tudo o que puder carregar informação, outros terão um direcionamento (um pouco) mais focado no que entendemos por indústria da mídia. Isso é visível na diversidade de resultados de inovação entregues pelos *media labs*.

Com base em nossa pesquisa, identificamos seis modos pelos quais essas inovações podem se materializar:

Figura 21: Resultados de inovação de *media labs*

RESULTADOS DE INOVAÇÃO DE MEDIA LABS

Iniciativas que integram mídia, tecnologia e arte

Soluções amplas e contextuais

Ferramentas digitais

Novas formas narrativas

Plataformas ou canais de acesso

Novos negócios ou oportunidades de receita

Fonte: As autoras (2023), a partir de Nunes (2020).

Vamos falar sobre cada uma delas?

Iniciativas que integram mídia, tecnologia e arte

As inovações desta categoria têm relação com a origem dos *media labs*, que nasceram de uma mistura entre essas áreas, especialmente com a popularização dos *media labs* relacionados às artes na década de 1990. *Media labs* desse tipo entendem a mídia como conectada a espaços urbanos, pessoas, histórias e à vida em geral de uma forma não encapsulada pelo mercado/indústria. Ao fazer isso, eles demonstram a natureza onipresente da mídia, uma área que, com a transformação digital, se tornou tão conectada à indústria criativa quanto à da tecnologia.[1] Ficou curioso para saber mais sobre esse tipo de projeto?

Um exemplo interessante é o Playable City,[2] que convida à interação entre as pessoas e os espaços urbanos por meio da tecnologia. O projeto foi realizado em nove cidades diferentes em cinco continentes, alcançando mais de 1 milhão de pessoas. Para chegar ao conceito, foram realizadas dinâmicas cocriativas intensivas (online e híbridas) com criativos e artistas. A iniciativa foi desenvolvida pelo Pervasive Media Studio,[3] do Reino Unido, junto com parceiros nacionais e internacionais, e teve o propósito de gerar interação entre pessoas e cidades, reimaginando os espaços urbanos por meio da tecnologia.

Outro exemplo é o projeto Tijolo Esperto,[4] uma parede interativa construída a partir da ideia de aplicação de algoritmos genéticos em uma matriz luminosa de tijolos. O que isso quer dizer na prática? Por meio de um sistema de luzes de LED, quando energizados, os tijolos emitem uma luz que possibilita visualizar imagens e animações. A iniciativa foi criada pelo *Media Lab* da Universidade de Brasília. O protótipo da obra foi premiado no edital Rumos Arte Cibernética, em 2010, do Itaú Cultural, recebendo um prêmio de 50 mil reais para ser desenvolvido durante um ano. Em 2011, a instalação foi exposta na galeria do Itaú Cultural, na Avenida Paulista, em São Paulo. Em 2014, também foi exposto no Museu Nacional da República.

Esses são exemplos da materialização desse conceito amplo de mídia que permeia alguns *media labs* e que os torna difíceis de serem relacionados a apenas uma indústria, seja a da mídia ou qualquer outra. Novamente, nota-se a relação com as artes, importante na emergência desses laboratórios e presente ainda em alguns deles.

Soluções amplas e contextuais

Esses são projetos de pesquisa aplicada ou soluções que responderão a problemas contextuais específicos (ou globais) que não se encaixam em categorias específicas. O resultado

As inovações criadas por media labs ao redor do mundo   127

Figura 22: Projeto *Data for Culture*

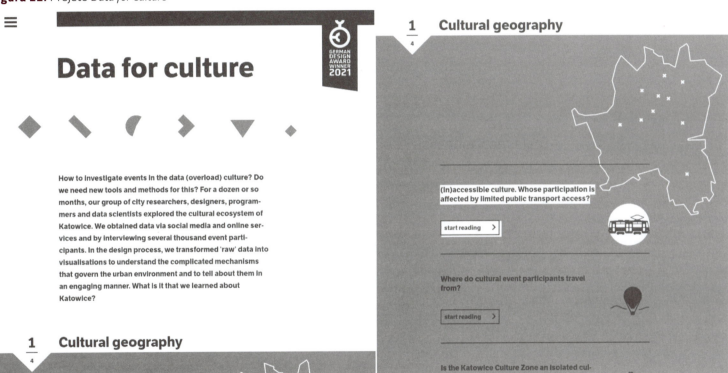

Fonte: Capturas de tela realizada em 8 de setembro de 2022 no site oficial do projeto.

pode ser um dispositivo físico para incentivar o uso consciente de smartphones, como o Resistor Case, uma bolsa faça você mesmo com um compartimento de velcro para ajudar as pessoas a usarem seu smartphone de forma mais atenta. Pode ser também um projeto de visualização de dados para entender os aspectos culturais de uma cidade por intermédio de big data e design centrado no ser humano. O projeto Data for Culture,[5] criado pelo *media lab* Medialab Katowice, foi vencedor do German Design Award em 2021.

Soluções amplas e conceituais são mais comuns em laboratórios que adotam um conceito amplo de mídia, mas ainda estão presentes nos que se dedicam mais especificamente à indústria da mídia. Esses projetos podem parecer, de certa forma, pouco tangíveis ou muito específicos, mas propõem uma solução experimental e original para um problema complexo.

Como você pode perceber, esses resultados de inovação podem atuar na direção de propor um novo ecossistema midiático ou, ainda, focar a antecipação de necessidades/soluções de impacto global. Outro exemplo é o projeto Capturing Hate, um site multimídia com vídeos de testemunhas oculares de casos de violência transfóbica. Por que isso é inovador? Porque fornece novas fontes de dados sobre essa questão, de uma forma original e colaborativa, podendo guiar novas políticas públicas e fomentar discussões em torno do tema.

Ainda se pode citar aqui o Curricle,[6] um sistema visual para descoberta, seleção e planejamento de disciplinas universitárias, e o DHD Media Hub, um site de inspiração criativa que motiva o usuário a recombinar elementos e propor a construção de um projeto inspirado pelos elementos sorteados.

Diferente dos projetos de arte, tecnologia e mídia, aqui há um foco mais presente em estratégias contendo *big data* e visualização de dados, por exemplo, com o campo da arte estando um pouco mais distante do resultado final, apesar de não estar ausente.

Ferramentas digitais

Estas são inovações que intermediam ou facilitam uma tarefa operacional, gerando, por exemplo, agilidade no processo. Pode ser uma solução para captura de dados, extração de informações ou automatização de algum trabalho, podendo focar melhorias de processos produtivos, comerciais, de engajamento e entendimento da audiência entre outros. Um exemplo é a já mencionada TimeLineJS,[7] uma solução de código aberto para automatizar a criação de linhas do tempo interativas. Criada pelo Knight Lab, dos Estados Unidos, essa solução permite gerar uma linha do tempo digital interativa a partir de dados de uma planilha. O resultado é este da imagem a seguir.

As inovações criadas por media labs ao redor do mundo

Figura 23: Ferramenta TimelineJS

Fonte: Captura de tela realizada em 8 de setembro de 2022 no site oficial.

As ferramentas digitais criadas pelos *media labs* analisados realizam tarefas como: conversão de texto e vídeo em áudio, tradução automática de idiomas e uso de algoritmos para automatização de conteúdo. Entre as inovações, há a Visual-Media,[8] ferramenta para criação de visualizações 3D e interativas de conteúdo a partir de redes sociais para exibição em programas de televisão, do laboratório Sense-IT da Noruega. Há também o Mediego,[9] algoritmo para envio de conteúdo personalizado para clientes, criado pelo laboratório OFF7, da aceleradora de startups do jornal regional francês *Ouest-France*. Outro exemplo é uma inovação (sem nome divulgado) criada para o monitoramento de uso de aplicativos de smartphones no contexto do usuário, do laboratório Ubilab/PUCRS. Ainda há a ferramenta Egon,[10] criada pelo *Media Lab* da *Austria Presse Agentur* (APA), uma solução projetada para criar conteúdo sobre futebol automaticamente.

Você percebeu que os enfoques são diversos, mas todos giram em torno de uma mesma questão: otimização. Esse tipo de resultado de inovação responde a um contexto dinâmico e ágil de escassez (seja de pessoas, tempo ou dinheiro), fator que foi acelerado pela disrupção digital.[11]

Novas formas narrativas

Essas iniciativas são focadas na experimentação em formatos narrativos, com grau de novidade atrelado à forma de contar a história, seja pelo enfoque, estilo do texto, combinação entre elementos multimídia, entre outros. Um exemplo é a reinterpretação da história de Frankenstein a partir de um algoritmo de inteligência artificial.[12] Criado pelo Digital Storytelling Lab (Columbia DSL), da Universidade de Columbia, nos Estados Unidos, o objetivo foi explorar e refletir sobre possíveis futuros para inteligência artificial a partir da história repaginada.

Outro projeto propõe uma narrativa imersiva distópica de ficção inspirada no universo de sonhos e pesadelos. Denominado *Dreamscape* e criado pelo iNOVA Media Lab, da Universidade Nova de Lisboa, em Portugal, a iniciativa consiste em uma narrativa transmídia experimental de áudio 3D e vídeo 360º em parceria com a Sennheiser.

Há também a reportagem interativa que usa desenhos animados para contar a história de um conflito entre uma empresa de mineração e os agricultores da Cocachara (Peru),[14] desenvolvida pelo OjoLab, do nativo digital peruano OjoPúblico.

As inovações criadas por media labs ao redor do mundo 131

Figura 24: Projeto Frankenstein AI

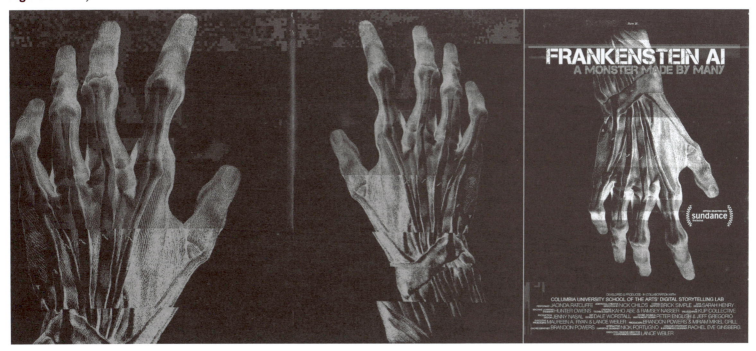

Fonte: Frankestein AI Press Kit.[13]

Figura 25: Projeto Dreamscape

Fonte: Imagens de divulgação/iNova Media Lab.

As inovações criadas por media labs ao redor do mundo   133

Figura 26: Projeto *La Guerra por el agua*

Fonte: Captura de tela realizada em 8 de setembro de 2022 no site oficial.

Percebe-se a recombinação de elementos narrativos, midiáticos e tecnológicos em todos os projetos, com um aspecto autoral importante, em uma inovação que pode ser particularmente associada às indústrias criativas, especialmente do ramo da mídia.

Plataformas ou canais de acesso

E se houvesse uma tela que mostrasse notícias hiperlocais em espaços públicos específicos? Inovações dessa categoria se relacionam a novas formas de distribuição de conteúdo, e este é um exemplo, resultante de uma das rodadas da Stibo Accelerator. A iniciativa desenvolveu telas eletroforéticas (*E-Ink*) como uma alternativa a pôsteres, outdoors e jornais, para exibição de notícias hiperlocais na área exata onde as notícias são mais relevantes. Outro projeto deste mesmo *media lab* parte de dois questionamentos: como o design digital interativo pode ser usado para transmitir as pegadas climáticas dos alimentos no contexto das compras de supermercado do dia a dia?; e como a tecnologia e a visualização podem ser usadas para iniciar um processo de reflexão sobre a pegada climática?[15] Com etiquetas de preço interativas e telas digitais para disponibilizar informações adicionais, esse projeto cria um novo canal de acesso sobre alimentação em supermercados.

Soluções dessa categoria também podem ser uma nova plataforma ou canal que utiliza realidade aumentada e eletrônica para conectar o papel à internet, como no projeto[16] desenvolvido pelo Digital World Research Centre da Universidade de Surrey, no Reino Unido. Ainda podem ser como o projeto do Media Innovation Studio, de difusão da informação e notícias locais em regiões com acesso restrito à internet ou mesmo sem conexão de rede, desenvolvido em parceria com a empresa WiCastr. Também desse *media lab*, há o projeto SenseMaker, que utiliza sensores espalhados pela cidade para contar histórias. Inclusive, o desenvolvimento desse projeto é contado em detalhes na Parte IV.

Nesta categoria, há também um projeto que viabiliza o desenvolvimento de aplicativo para agências de notícias e veículos noticiosos que não têm tempo, dinheiro ou recursos para criar sua própria base de códigos personalizada, desenvolvido pelo NJ Mobile News Lab em parceria com o Push App.[17]

Novos negócios ou oportunidades de receita

Media labs podem catalisar iniciativas nativas digitais e negócios. São iniciativas que se destacam especialmente por encontrarem uma oportunidade de mercado pouco ou ainda não explorada. Estes podem ser baseados em conteúdo, mas não apresentam inovação relacionada a um produto *per se*.

Figura 27: Projeto *SenseMaker*

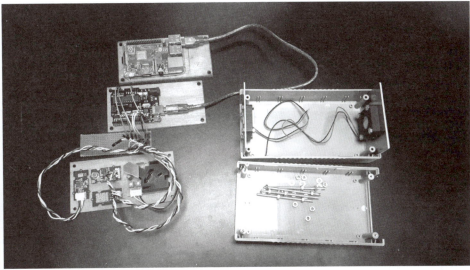

Fonte: Cortesia/Media Innovation Studio.

Um exemplo é o Narrative.ly,[18] uma plataforma digital dedicada a contar histórias originais e inéditas a partir de uma perspectiva humana, por meio da linguagem mais apropriada: reportagens *longform*[19] ou curtas, documentários, reportagens fotográficas, podcasts, histórias em quadrinhos, séries de televisão e filmes. A proposta nasceu do Tow-Knight Center for Entrepreneurial Journalism, situado na The City University of New York (CUNY).

Outro exemplo catalisado por um *media lab* é o nativo digital brasileiro Fiquem Sabendo, uma agência de dados independente especializada em Lei de Acesso à Informação que teve seu crescimento acelerado pelo Chicas Poderosas — New Ventures Lab[20] em 2019.

Encontrar novos fluxos de receita ou explorar novos nichos de mercado é algo que está intrinsecamente conectado aos desafios da disrupção digital. Para a indústria da mídia, especialmente, o surgimento de novos negócios é um elemento importante para experimentar novos formatos, estruturas e propostas de valor que possam ser financeiramente viáveis e competitivos na economia digital.

Os resultados de inovação de *media labs* são diversos, assim como as suas formas de atuação. Mas, mais do que isso, você percebe que as inovações são tão diferentes entre si que é difícil comparar uma com a outra? Isso porque um novo negócio e uma nova ferramenta digital são tipos de inovações diferentes.

Inovações criativas, reflexivas, exploratórias ou generativas?

A nossa jornada analisando e conhecendo *media labs* e suas inovações nos fez perceber que há tipos de inovação diferentes entre eles. Não é mesmo possível comparar a inovação do nativo digital Narrative.ly, uma plataforma digital de nicho e linguagem inovadora, com o projeto SenseMaker, focado em sensores e internet das coisas (IoT) para cidades inteligentes, e a ferramenta digital TimelineJS para elaboração de linhas do tempo interativas. No início deste capítulo, falamos que a inovação em mídia era diferente e que, por isso, era preciso compreender a diferença entre inovação funcional e *soft innovation*, lembra? Mas mesmo essa divisão endereça apenas parte do problema.

A partir das inovações dos *media labs*, identificamos **quatro tipos de inovação midiática**:

Figura 28: Tipos de inovação midiática

TIPOS DE INOVAÇÃO MIDIÁTICA

Inovação Criativa

Inovação Reflexiva

Inovação Exploratória

Inovação Generativa

Fonte: Nunes (2020).

A **Inovação Criativa** impacta exclusivamente o conteúdo/narrativa jornalística e o consumo, sendo essencialmente criativa-intelectual. Um exemplo é o Narrative.ly, que mencionamos anteriormente. Por quê? A inovação aqui está no enfoque, na oportunidade de mercado identificada e nas abordagens narrativas propostas. É algo intangível, com grau de subjetividade, mas original e autoral.

A **Inovação Reflexiva** se relaciona àquelas que buscam impactar o contexto da mídia ou de problemas globais, mas sem foco tecnológico. São inovações organizacionais que propõem uma mudança de pensamento ou de paradigma, resultado de uma reflexão sobre a forma de fazer as coisas (e como poderia ser diferente). Aqui um exemplo é um *media lab* que propôs a contratação de equipe dedicada entre 26 e 34 anos para a produção de conteúdo e entendimento da aceitação desse tipo de reportagem pelo público de mesma idade. Ainda neste tipo de inovação, está o *The Ecosystem Model of Supporting Local News*[21], que propõe a construção de um mapa do ecossistema da mídia para ajudar a guiar pensamentos sistêmicos entre os participantes dessa indústria. Essas inovações são amplas e contextuais. O uso de vídeos de testemunhas oculares como novas fontes para discutir e captar dados sobre a prevalência de violência transfóbica é também um exemplo. Veja bem, não há nova tecnologia nessas iniciativas, e também não há um aspecto autoral em seu resultado, mas ainda há inovação, pois elas propõem uma nova maneira de enxergar a mídia.

Já a **inovação exploratória** se caracteriza pela apropriação de tecnologias existentes para produzir uma inovação que pode estar situada tanto no âmbito do consumo como no da distribuição ou produção. O que isso quer dizer? É quando as organizações usam ferramentas digitais existentes para se aproximar das audiências, por exemplo. Não há aqui a geração de nova tecnologia, pois o foco está em se apropriar de uma tecnologia existente de maneira original. Um exemplo do âmbito dos *media labs* é a reportagem "La Guerra por el agua", que usa tecnologias existentes para contar uma história local de uma maneira original e engajante. Há também um exemplo mais corriqueiro (mas fora do âmbito dos *media labs*): lembra-se de quando as primeiras marcas e jornais começaram a usar o WhatsApp para se aproximar das audiências? Essa é uma inovação exploratória, assim como o uso do TikTok para fins jornalísticos.

Por fim, há a **Inovação Generativa**, que tem como base o desenvolvimento e implementação de inovação funcional para produção, distribuição e/ou consumo de mídia. O que isso quer dizer? Essas inovações, em vez de usarem ferramentas e plataformas de tecnologia já existentes, buscam criar novas plataformas e tecnologias. Lembra-se do algoritmo criado para gerar conteúdo de futebol automaticamente? O Egon, de que falamos anteriormente, é um exemplo de inovação generativa. Isso porque é possível perceber a criação/desenvolvimento e implementação de uma inovação que combina aspectos de tecnologia com necessidades da mídia. Essas inovações exigem uma combinação de habilidades técnicas e criativas, indo além da exploração de ferramentas de outras indústrias.

Os tipos de inovação midiática endereçam a diversidade de resultados de inovação dos *media labs*, que passam, com as inovações generativas, a estar mais próximos da definição econômica central de inovação, que privilegia o aspecto funcional.

De fato, os *media labs* descortinam um cenário em que profissionais criativos também passam a se envolver em inovações funcionais, e não exclusivamente em inovações soft (criativo-intelectuais). **Isso desafia o imaginário de que inovação em mídia está relacionada exclusivamente a conteúdo.** Ao contrário disso, os *media labs* parecem estar ligados a uma visão mais holística de inovação, priorizando projetos que demandem o desenvolvimento e implementação de inovações funcionais para produção, distribuição e/ou consumo[22].

A questão é que a experimentação narrativa tende a responder a uma estratégia de curto prazo, possivelmente com o desejo de manter o status quo, algo próximo ao pragmatismo da cultura de inovação no jornalismo impresso.[23] Os resultados de inovação dos media labs, então, reimaginam o escopo e a extensão da inovação da mídia na prática, com novas formas de inovar nessa área.

CAPÍTULO 12

Por que e como criar um *media lab*?

Como vimos, *media labs* existem em empresas de mídia, em universidades, de forma independente ou estruturados como um consórcio entre vários atores. Eles também podem se dedicar a atividades diversas, como desenvolvimento de inovação baseada em tecnologias digitais; exploração de novas narrativas; promoção e desenvolvimento de startups e/ou novas empresas e atividades de pesquisa, que unem academia e mercado. **Por isso, os objetivos e, consequentemente, o que significa sucesso para essas estruturas podem ter aspectos distintos.**

Primeiramente, **o papel dos *media labs* pode ser o de promover ou de catalisar a inovação**. A catalisação da inovação tem relação principalmente com os laboratórios dedicados à **promoção e desenvolvimento de startups e/ou novas empresas**, mas também pode se relacionar àqueles que realizam atividades de formação para profissionais se tornarem mais inovadores. Encorajar a inovação por meio de cursos ou formações pode ser uma maneira de propor inovação,

porém sem o fator experimental típico dos *labs* tratados aqui. Já a promoção de inovação se relaciona ao **desenvolvimento de novos produtos, processos, modelos de negócios ou narrativas**.

Para aqueles *media labs* focados na indústria da mídia, **o principal objetivo costuma ser desenvolver novos produtos e/ou criar ou repensar processos**. Foi isso que mostrou a pesquisa que fizemos com os laboratórios focados nesse setor.[1] Para fazer isso, eles focam **identificar novas formas de consumo, ou seja, novas plataformas** (aplicativos, websites etc.) **e/ou experiências de usuário novas ou aprimoradas**. Ainda, buscam novos modelos de negócio e experimentam novas linguagens e narrativas, mas com um foco ligeiramente menor.

Esses fatores nos mostram que, estrategicamente, os labs buscam reagir e propor transformação digital. Quando vinculados a uma organização, *media labs* de empresas de legado ou nativos digitais **podem ter foco na estratégia de inovação** global dessa organização ou, de outra forma, **podem ter uma influência mais direcionada e limitada em desafios inovadores** de contar histórias. É isso o que afirmam os pesquisadores Teresa Zaragoza-Fuster e Jose García-Avilés[2] ao discutir o papel dos laboratórios BBC News Labs e RTVE Lab.

Independentes disso, os *media labs* representam uma mudança cultural. Eles podem ser **exemplo de como os processos de trabalho podem ser no futuro**,[3] como comentaram alguns líderes. Ainda, ao responder ao nosso questionário, a maioria destacou que o sucesso dos projetos estava vinculado à mudança de cultura e aprendizado da equipe, **mais do que à diferenciação e competição no mercado**. Isso porque um *media lab* é um caminho para se tornar competitivo no futuro, mas não uma estratégia para atingir esse objetivo no tempo presente.

Os dados da nossa pesquisa com mais de cinquenta líderes de *media labs*[4] indicam que as iniciativas de maior sucesso dos *media labs* são destacadas por promover uma mudança cultural, desenvolvendo uma cultura de inovação, mais do que focadas em gerar resultados e impactos mercadológicos diretos. Por certo, essa não é regra para todos os *media labs*, mas é verdade para muitos deles. **Talvez essa seja a primeira etapa de uma jornada em direção a um processo experimental e à inovação aberta, em que é preciso primeiro desenvolver uma cultura inovadora para depois pensar em**

outros resultados. Faz sentido para a sua indústria? Qual o espaço que você destina para suas equipes experimentarem o futuro? Não obstante, a visão de médio e longo prazo não necessariamente está atrelada à inovação em si, mas a uma mudança organizacional necessária.

Assim, crie um *media lab* se você busca:

- ▶ **Promover uma cultura de inovação e experimentar** soluções futuras para problemas contemporâneos.
- ▶ **Vivenciar a interdisciplinaridade e criar novos produtos** e soluções que possam ser competitivos no futuro.
- ▶ **Fomentar a colaboração e a inovação aberta.**
- ▶ **Gerir e potencializar a transformação digital de forma proativa, ofensiva e visionária** (lembra-se do início desta parte do livro?).

No fim, isso também o ajudará a ter um novo posicionamento perante as audiências e a formar pessoas inovadoras (e quem sabe, novos líderes) para a sua organização.

Ficou animado? Então, por onde começar? Fizemos um quadro para te ajudar com isso.

CAPÍTULO 13

Mãos à obra

Um quadro para tirar do papel seu laboratório de inovação

Com base em tudo o que você leu, é possível que esteja animado para criar um *media lab*. **O quadro que criamos pode servir tanto para criar um novo *media lab* como para repensar a estratégia de um existente (já em operação).** Quadros como esse costumam ser chamados de Canvas, em homenagem ao conhecido Business Model Canvas, o quadro do Modelo de Negócio, dos autores Alexander Osterwalder e Yves Pigneur.[1]

Esse tipo de ferramenta visual nos ajuda a estabelecer uma visão conjunta, para o *media lab* estar integrado a uma visão estratégica e não se tornar apenas um artefato visível de cultura de inovação inexistente.

Entendendo o *Media Lab* Canvas

Por que um quadro? **Um quadro ou canvas estimula um processo colaborativo, a construção de um horizonte** compartilhado e estimula a percepção visual e sistêmica da estratégia proposta.

O *Media Lab* Canvas proposto aqui está estruturado em duas macro áreas:
- ▶ **Premissas de existência**
- ▶ **Elementos intrínsecos**

Cada uma dessas áreas é composta de cinco elementos. Os itens 1 a 5 representam as **premissas de existência**, que **descrevem as motivações, condições externas ao laboratório e pilares que sustentam a existência do *media lab*.** Já os itens de 6 a 10 se relacionam aos **elementos intrínsecos** que descrevem a **viabilidade, sustentam a existência do *media lab* e guiam toda a sua proposição de valor e cultura de inovação.**

No quadro, as **premissas de existência** são representadas pelos seguintes componentes:

141

1. **Objetivo interno/relação organizacional:** seja o *media lab* vinculado a uma organização (empresa, ONG, universidade etc.) ou uma estrutura independente, a sua existência parte de um objetivo maior, que pode estar conectado ao contexto organizacional a que o *lab* está vinculado ou ao contexto de inovação da cidade, estado ou país a que ele está direcionado. De fato, essa é a necessidade/oportunidade de mercado que justifica a existência do laboratório. Por isso, as perguntas-guia aqui são: **qual o papel do seu laboratório em relação à organização e/ou ao ecossistema de inovação local, regional ou nacional?**

2. **Fontes de inspiração:** trabalhar com temáticas que mudam a todo o momento é um desafio. Assim, o sucesso de um *media lab* também dependerá da observação de tendências de comportamento em diferentes escalas — no âmbito local, regional, nacional e internacional, ou, ainda, do acompanhamento dos direcionamentos de setores variados, de entretenimento, serviços, educação, mercado digital, tecnologia etc. As perguntas-guia aqui são: **quais as fontes de inspiração para os projetos? Quais problemas do mundo inspiram as inovações do *media lab*?**

Como renovamos e encontramos oportunidades para inovar/trabalhar?

3. **Público-alvo & parceiros principais:** as pessoas e a colaboração são a chave da inovação (inovação guiada por pessoas, lembra?). Em uma perspectiva centrada nelas, este componente questiona: **para quem eu inovo? Quem utiliza/usa/experimenta as minhas inovações? Quais são os parceiros principais do laboratório? Para quem e com quem eu existo?**

4. **Fontes de receita:** fundos públicos, privados, eventos, editais, cursos ou outras atividades que podem tornar o laboratório sustentável de alguma forma é essencial. Assim: **quais são as possíveis fontes de receita e estratégias de monetização?**

5. **Inovação:** a inovação dos *media labs* é diversa, com muitos tipos e materialidades. Por isso, definir o que a sua equipe considera inovação na sua indústria e considerando o objetivo do laboratório é um aspecto basilar. Este componente convida você a pensar: **o que é inovação para o meu laboratório?**

Depois de discutir as premissas de existência do laboratório, o quadro proposto aqui convida você a refletir sobre

Mãos à obra 143

MEDIA LABS CANVAS
Este quadro organiza os eixos mais importantes a serem considerados ao criar ou repensar a estratégia do seu laboratório, tanto no contexto externo quanto interno a laboratório.

Nome do Lab: _____ Data: _____

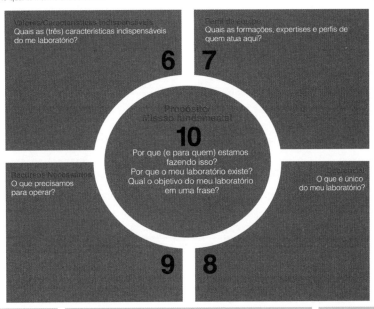

Inovação
O que é inovação para o meu laboratório?

Valores/Características Indispensáveis
Quais as (três) características indispensáveis do me laboratório?

Perfil da equipe
Quais as formações, expertises e perfis de quem atua aqui?

Objetivo interno/relação organizacional
Qual o papel do seu laboratório em relação à organização e/ou ao ecossistema de inovação local, regional ou nacional?

Propósito/Missão fundamental
Por que (e para quem) estamos fazendo isso?
Por que o meu laboratório existe?
Qual o objetivo do meu laboratório em uma frase?

Recursos Necessários
O que precisamos para operar?

Diferencial
O que é único do meu laboratório?

Fontes de Receita
Quais são as fontes de receita?

Público-alvo & Parceiros Principais
Para quem eu inovo?
Quem utiliza/usa/ experimenta as minhas inovações?
Quais são os parceiros principais do meu laboratório?
Para quem e com quem eu existo?

Fontes de Inspiração
Quais as fontes de inspiração para os meus projetos?
Quais problemas do mundo inspiram as minhas inovações?
Como renovamos e encontramos oportunidades para inovar/trabalhar?

os elementos intrínsecos que guiam a proposição de valor e cultura do *media lab*, representados pelos seguintes componentes:

6. **Valores/características indispensáveis:** este item endereça a cultura de inovação que você tem ou deseja construir. Este componente convida você a listar os valores explícitos/posicionamento do seu *media lab* em termos de valores e características indispensáveis desta estrutura. **Quais as três características indispensáveis do meu laboratório?**

7. **Perfil da equipe:** que equipes dos *media labs* são diversas nós já sabemos, mas é preciso entender características de saber técnico (*hard skills*) e comportamentais (*soft skills*) de quem trabalha aqui. Discuta aqui: **quais as formações, expertises e perfis de quem atua (ou vai atuar) aqui? Identifique também as *soft skills* desejadas.**

8. **Diferencial:** a popularização da inovação e de estruturas de inovação exige diferenciação. Busque determinar: **o que é único do meu laboratório?**

9. **Recursos necessários:** criar um *media lab* ou repensar a estrutura existente pode demandar recursos financeiros, intelectuais, físicos ou humanos.[1] A pergunta guia aqui é: **do que precisamos (é essencial) para operar?**

10. **Propósito/missão fundamental:** este é o elemento central. Agora que a equipe já discutiu as premissas de existência do *media lab* e os seus elementos intrínsecos, é hora de transformar isso em uma frase que descreve o propósito e a missão desse laboratório de inovação. Para tanto, reflita: **por que (e para quem) estamos fazendo isso? Por que o meu laboratório existe? A partir disso, escreva o objetivo do laboratório em uma frase (ou em um *tweet*).**

Agora que você já conhece cada um dos componentes desse quadro, vamos falar do processo.

Por onde começar?

▶ **Passo 1 — Preparação:** independentemente de você estar liderando a criação de um laboratório de inovação ou de estar propondo a revisão do modelo de um *media lab* já existente, lembre-se de ter clara a premissa estratégica que motiva esse projeto. **Pergunte-se: qual necessidade queremos suprir com este *media lab*? Se você estiver propondo a revisão da estratégia de um laboratório existente, a pergunta é: por que rever a estratégia** agora? Quais os desafios que nos motivam a repensar nosso *media lab*? Em ambos os casos, é importante coletar dados internos e externos que influenciam/caracterizam esse contexto. Além disso, lembre-se de **destacar uma pessoa para facilitar a dinâmica**. Se for você a fazer isso, revise muito bem as etapas seguintes e prepare um cronograma, com tempos (e pausas, se necessário) para que tudo saia conforme o esperado.

▶ **Passo 2 — Mobilização de pessoas:** você se lembra de que falamos que esse é um processo colaborativo? Por isso, é importante que você **convide e inclua pessoas de diferentes áreas e saberes nesse exercício de imaginar/construir a visão de futuro do seu laboratório. Além de fornecer diferentes insights, essa prática permite que todos os envolvidos tenham uma visão compartilhada do que será o *media lab*** e já possam visualizar formas de contribuir ou integrá-lo à organização a que estão vinculados (se for um *media lab* corporativo ou acadêmico) ou ao ecossistema de inovação a que pertencem (se independente ou consórcio). Neste sentido, é importante que as pessoas estejam mesmo presentes e atentas durante o processo de preenchimento do quadro. Para tanto,

recomendamos reservar um turno da agenda dos convidados, para evitar correrias e conflitos com compromissos sobrepostos.

▶ **Passo 3 — Preenchimento do quadro:** esta é a parte mais importante.

  ▷ *Prepare os materiais necessários:* quadro impresso ou projetado na parede, canetinhas e etiquetas adesivas coloridas são o mais recomendado se você estiver fazendo isso de maneira presencial. Se for um encontro remoto, você pode usar nosso template disponível como material extra.

  ▷ *Integre as pessoas e crie um ambiente amigável:* reserve alguns minutos antes de iniciar o preenchimento para propiciar uma integração entre quem vai participar da dinâmica. É importante fazer com que todos se conheçam e se sintam à vontade para contribuir em todos os momentos.

  ▷ *Antes de começar, apresente o contexto:* sabe aqueles dados que você coletou na etapa de preparação? Compartilhe com todos as premissas que trouxeram vocês até aqui, ou seja: por que estamos reunidos e realizando esta dinâmica? Contextualize os dados internos e externos que levam vocês a estarem planejando a criação de um *media lab* ou a revisão do modelo de um *media lab* existente.

▷ *Identifique e apresente o facilitador da dinâmica:* ter uma pessoa de referência é essencial para mediar a discussão e propiciar um ambiente colaborativo e organizado em termos de tempo e objetivos de cada etapa.

▷ *Quando iniciar o preenchimento, siga a ordem numérica proposta:* a ordem de preenchimento foi pensada para que cada elemento tenha uma conexão com o anterior. Por isso, a menos que você tenha uma estratégia muito clara de por que seguir uma ordem diferente, recomendamos que comece no ponto 1 e vá até o 10. Veja bem, cada item que você preencher e discutir em grupo irá ajudá-lo a chegar ao 10, o elemento final que descreve a missão/propósito do seu laboratório de forma sucinta e clara.

▷ *Garanta que cada item tenha uma construção colaborativa de sentido:* para que todos participem de cada discussão. Uma estratégia é dar um tempo para cada um preencher as etiquetas adesivas de forma individual e ir colando no quadro um a um, sem conversar/compartilhar ainda com os colegas. Isso pode ser feito por três a cinco minutos, ou até o facilitador perceber que as pessoas já colocaram suas ideias no quadro. Em um segundo momento, o facilitador pode olhar tudo o que tem ali, reunir os elementos por afinidade e propiciar uma discussão coletiva, para que o resultado de cada item seja fruto da visão do grupo.

▷ *Por fim, assegure que o quadro traz uma visão compartilhada para o* media lab: quando todos os itens estiverem preenchidos, reserve um momento com o grupo para discutir o resultado e fazer quaisquer ajustes que possam ser necessários. Como esse é um elemento visual, o fato de um item ter muitas ideias e outro estar pouco preenchido pode ser um sinal de alerta para retomar aquele ponto. O importante é que, ao final da dinâmica, você tenha em mãos um documento que possa ajudá-lo a dar os próximos passos na criação de um *media lab* ou na reformulação de estratégia do seu laboratório. No entanto, lembre-se de que este é um passo, e não a caminhada completa. A partir desse quadro, você se aprofundará em cada elemento e desdobrará a estratégia, mas já terá garantido um plano de voo inicial e colaborativo para guiar a sua empreitada.

Agora que você já conhece o quadro e seu processo de preenchimento, o convidamos a ler as entrevistas com os líderes de *media labs* que seguem. Para cada *media lab* dos capítulos seguintes, ao final, você encontrará esse quadro preenchido, o que pode ajudá-lo a visualizar tanto a estratégia do laboratório como entender melhor cada componente do *Media Lab* Canvas.

PARTE III

Entrevistas com líderes de *media labs*

O que você pode aprender com eles?

Você já sabe que *media labs* são variados e múltiplos. Nas próximas páginas, você encontrará relatos e experiências de líderes de *media labs* de organizações tão diversas quanto BBC, Deutsche Welle e OjoPúblico. Conhecer também mais sobre laboratórios acadêmicos que integram as pesquisas das universidades às empresas, assim como laboratórios que catalisam inovação a partir de fundos públicos, como o Media City Bergen, da Noruega, e o Media Lab Bayern, da Alemanha. Como enfatiza Lina Timm, líder deste último laboratório, "a inovação não é um golpe de gênio", mas fruto de melhoria contínua e aprendizados. Esperamos que essas entrevistas inspirem você a colaborar e inovar guiado por tendências e pessoas.

CAPÍTULO 14
BBC News Labs
História e aprendizados

Robert McKenzie foi editor do BBC News Labs e liderou a inovação em jornalismo para a British Broadcasting Corporation (BBC) por sete anos, até 2022. A carreira de Robert sempre esteve ligada ao que é novo. Isso porque ele tem mais de 25 anos de experiência em inovação em negócios, finanças pessoais e jornalismo de tecnologia. O BBC News Labs atuou, sob a liderança de Robert, como uma ponte entre o departamento de notícias, a pesquisa e desenvolvimento (P&D) interno da empresa e as melhores práticas do restante da indústria, fornecendo soluções para jornalistas e para as audiências. O BBC News Labs segue ativo, porém, desde 2022, sob nova liderança. Nesta entrevista, Robert nos conta o que aprendeu sobre inovação e experimentação durante seus anos à frente do laboratório.

"[Uma característica fundamental dos *media labs* que] parece bem óbvia, é a criatividade. Você precisa ter liberdade para dizer 'eu sei que esse é o jeito de fazer da organização, e eu vou deliberadamente não fazer desse jeito'. Então essa é uma liberdade bem-informada, não é ignorância. Você não está fazendo assim porque não conhece as regras. Você está fazendo uma escolha deliberada e tem permissão para fazê-la."

Como você acabou trabalhando com inovação?

Nunca pensei sobre isso dessa forma, mas refletindo agora, se eu olhar para trás além desses sete anos (no BBC News Lab), posso dizer que passei boa parte da minha carreira trabalhando dessa maneira (com inovação). Eu recentemente tive de limpar meu arquivo com toda a minha produção para a BBC, e há coisas de quase vinte anos atrás, onde eu estava trabalhando junto com pessoas para inovar e fazer mudanças. Eu fiz muitas mudanças na minha carreira, é o que eu gosto de fazer. Mudar redações de diferentes prédios, alterar as tecnologias que são usadas, eu até participei um pouco da transição do departamento de notícias da *BBC* da edição analógica para a digital. Mudei uma equipe de um prédio para outro e daquele prédio para um outro prédio. Lancei novos programas. Se eu pensar agora, exigia um trabalho interdisciplinar, mas na época, eu só pensava: *Quem eu preciso envolver para que isso seja um sucesso?*

Então, desse ponto de vista, posso ver de onde comecei nisso sete anos atrás, ou até nove anos atrás. Isso porque, na verdade, eu passei dois anos tentando me tornar o editor do BBC News Labs. Eu descobri sobre o News Labs logo depois que ele começou, porque o diretor do laboratório se levantou em uma reunião de gestão da *BBC* e disse para os líderes de notícias: "Oh, acabei de ver essa apresentação incrível, esses caras fantásticos na área de produto, que fizeram toda essa inovação fantástica, e acho ótimo, mas o que está faltando é um líder editorial." E ainda me lembro de estar sentado nessa grande sala na *New Broadcasting House*, pensando: *Sim, sou eu. Essa pessoa vai ser eu.* Então, eu passei dois anos tentando convencer as pessoas de que eu seria a pessoa perfeita para fazer esse trabalho, o que obviamente acabou dando certo.

Antes disso, o trabalho que eu estava fazendo era de editor do noticiário online da *BBC* para negócios e tecnologia. Então, eu estava muito por dentro do jornalismo feito sobre novos tipos de tecnologias e novas maneiras que as empresas as usavam, as oportunidades que existiam. Eu suponho que você possa dizer que eu tinha um modo ligeiramente não convencional de ver as coisas. Dessa forma, passei algum tempo trabalhando para o bbc.com, a parte comercial do site de notícias da *BBC*. Eu estava acostumado a sempre pensar em: *como podemos ganhar dinheiro com isso?* Ou *como podemos fazer algo diferente que as pessoas vão notar, para atrair a atenção?*, porque atenção equivale a visualizações de página, visualizações de página equivalem a dinheiro na arena comercial. Eu estava acostumado a pensar dessa forma.

Quando voltei ao jornalismo *per se* como o editor de negócios e tecnologia, eu trouxe muito desse pensamento para essa área. Fizemos muito trabalho comercial para o bbc.com. Eu estava sempre pensando: *Como podemos fazer as coisas de forma diferente? Como a tecnologia pode nos ajudar?* E essa oportunidade de, em vez de escrever sobre isso ou fazer vídeos sobre o assunto, mas de pesquisar e fazer eu mesmo foi maravilhosa. Fiquei muito empolgado com isso porque vi uma oportunidade incrível para a BBC e toda a indústria.

Você poderia contar brevemente a história do *media lab*? Quando foi fundado, quais eram os objetivos iniciais, se ainda permanecem, a trajetória até aqui e os diferenciais?

A primeira versão do BBC News Labs ocorreu em 2012 e foi chamada de *Summer Lab*, porque era verão. Ele foi criado porque um dos executivos de gestão de produtos de notícias queria fazer mais inovação e explorar outras maneiras de a tecnologia ajudar os jornalistas. Na época, a *BBC* era a emissora anfitriã das Olimpíadas. Assim, havia muitas pessoas que não podiam fazer seu trabalho rotineiro e estavam um pouco ociosas. Daí esse gerente executivo de produto sugeriu: "Bem, eu poderia passar o verão tentando inovar." E, assim, eles reuniram pessoas que normalmente trabalhavam em diferentes editorias de notícias, nas variadas áreas do produto e que noticiavam tecnologia, e as dividiram em equipes. Eles permitiram que cada equipe trabalhasse a partir de seus próprios desafios e criasse uma série de protótipos e experimentos. Quando o diretor da BBC News viu a apresentação, ele ficou muito animado e disse: "Isso é fantástico! É justamente do que precisamos. Isso vai realmente nos ajudar a acelerar as mudanças que a BBC precisa."

Então, quando tudo voltou ao normal, porque as Olimpíadas terminaram, e todos puderam voltar às suas rotinas, um orçamento muito, muito, muito pequeno foi encontrado para iniciar o News Labs, que começou com apenas duas pessoas em meio período: o gerente de produto que originalmente pensou nisso e um de seus colegas. Primeiro, eles pegaram algumas pessoas "emprestadas", e depois encontraram financiamento para contratar alguns freelancers, e, então, encontraram mais dinheiro para contratar alguns colaboradores. A partir disso, eventualmente, recebi uma oferta para um vínculo de seis meses no lab. Então, comecei a trabalhar para tornar o laboratório um pouco menos um espaço divertido para pessoas entusiasmadas e um pouco mais um *media lab*. Trabalhei para conseguir um orçamento adequado, para que tivéssemos permissão para recrutar funcionários, em vez de pegar pessoas emprestadas ou usar freelancers. Mudamos a forma de trabalhar: não era mais apenas as pessoas fazendo o que queriam e depois se reunindo a cada duas semanas para dizer "Bem, isso é o que eu tenho feito." Devidamente focados, passamos a fazer reuniões de ideias e decidir o que iríamos fazer quando estivéssemos empolgados com alguma coisa. Nós tínhamos hipóteses, testávamos aquelas hipóteses e escrevíamos relatórios.

Qual é o papel do BBC News Labs em relação à organização *BBC* como um todo? Há uma ligação com o futuro da sociedade?

Um *media lab* traz muitas coisas para uma organização. Em nenhuma ordem específica de benefícios, ele é uma ferramenta de motivação da equipe. As pessoas criativas e frustradas podem passar algum tempo no *media lab*, em vez de deixar a organização. E então você espera que elas possam levar esse conhecimento e essa emoção de volta para seus afazeres diários. Ou mesmo, se elas saírem, você manteve o talento delas dentro da organização por mais alguns meses ou anos.

Um *media lab* deve ser colaborativo. Ele deve reunir diferentes partes da organização. Ele é uma ponte. Por exemplo, eu sabia sobre o que outras pessoas e equipes estavam fazendo, e eu era capaz de dizer: "Espere. Eles estão fazendo isso. Então, se você mudar a maneira como está fazendo as coisas, poderá fazer as coisas em paralelo com eles." Porque todo mundo está em suas próprias caixas, todo mundo está muito ocupado, e nós (do News Labs) fazemos parte e ouvimos diferentes espaços da organização.

Uma das principais coisas que um *media lab* precisa fazer, na minha opinião, é inovar abertamente dizendo: "É isso que estamos fazendo, é aqui que achamos que estão as tendências. Esses são os passos que estamos dando para entregar essas tendências." Você está fazendo sua organização olhar para a frente. Está tentando torná-la líder naquele setor ou indústria. A partir do *media lab*, você deve entregar audiências maiores ou mais valiosas, dependendo de quais são as prioridades da organização. Você deve permitir que a empresa alcance seus objetivos mais rapidamente. Portanto, o trabalho de inovação que um *media lab* faz deve permitir que todos sejam mais rápidos. É sobre colaboração e mente aberta. A razão pela qual o News Labs funciona é porque se respeita a experiência do líder técnico e a experiência do líder de produto, e eles respeitavam minha experiência, e não tomávamos decisões como indivíduos.

Você poderia explicar o processo de inovação?

Começou com muitos hackathons e pessoas em busca das temáticas que achavam interessantes. Quando cheguei ao News Labs, acho que havia apenas duas pessoas trabalhando oficialmente no lab, mas, na realidade, eram cerca de oito colegas. As pessoas formavam pequenas equipes e faziam algo que achavam interessante. E, então, observávamos os aprendizados disso e tentávamos convencer alguém mais experiente (*sênior* na empresa) de que essa era uma ótima ideia. Depois, a equipe seguia em busca de outro objetivo, tudo bem informal. À medida que a equipe se tornou maior, houve a necessidade de se certificar de duas coisas: a primeira era a de que precisávamos ter certeza de que éramos eficazes, porque estávamos usando todos aqueles recursos, porque era uma equipe grande e era muito dinheiro da *BBC*. Eu queria ter certeza de que estávamos gastando de forma eficaz. E a outra coisa era sobre a velocidade. Uma das características pelas quais o News Labs sempre foi muito conhecido é pela rapidez com que fazíamos tudo. Então, o que eu queria fazer era, tanto pela eficiência quanto pela nossa reputação, colocar prazos (*time boxes*) para trabalhar em sprints de duas semanas e se tornar um pouco mais ágil, mesmo que eu soubesse que não era um processo *Agile* clássico. O gerente de projeto teve a ideia de criar um ciclo de, inicialmente, oito semanas. Então, estendemos para um ciclo de dez semanas, porque a equipe disse que era um tempo muito curto — e eles estavam certos.

Durante cada ciclo, havia reuniões abertas em que a equipe falava sobre diferentes ideias, e as pessoas viam se estavam interessadas ou não. Nós moldávamos as ideias: qual é a hipótese que vamos testar? Isso é uma mistura da visão dos gestores e das visões das pessoas que trabalharão no projeto. E essa é uma das grandes alegrias da forma como trabalhávamos, essas grandes reuniões abertas para toda a equipe. Quem quisesse vir e participar podia ter ideias. Conversávamos por uma hora. Alguém tomava notas, e, na verdade, muitas vezes, no final da reunião, eu pensava *Ok. O projeto não é o que eu imaginei. Este é um projeto melhor!* O que é ótimo, certo?

Todo o objetivo de ter uma equipe de inovação é que você está inovando na inovação. E posso falar por muito tempo sobre os diferentes tipos de projetos que fizemos e a maneira como registramos as coisas. Você faz toda uma discussão e, no início do ciclo, você tem uma semana para fazer a idealização ou pesquisa adequada. Uma semana em que as pessoas têm a chance de estabelecer o objetivo, o que eles devem fazer em relação ao projeto como um todo. Há uma semana para realmente definir isso, destilar e anotar/sistematizar. Então, qual é a hipótese? O que será definido como sucesso? Quais são as metas arriscadas/ambiciosas?[1] Aí há uma reunião no final daquela semana, com todo mundo daquela equipe e toda

a gestão, quando se chega a um acordo: tá, esse é o projeto. Isto é o que será feito. A partir daí, há três, duas semanas de sprints, seis semanas... E no final de cada sprint, há uma devolutiva para os stakeholders. As partes interessadas incluem a gestão do News Labs e quem mais esteja envolvido de fora do laboratório. Vemos como a equipe está progredindo, se tem impedimentos, se alguém descobriu algo crucial que não identificou na primeira semana, se isso significa que precisamos mudar. Ainda, se a equipe se empolga com um aspecto e está indo em uma direção diferente, é preciso trazê-los de volta à hipótese principal. Isso acontecia com bastante frequência porque a equipe é muito entusiasmada e criativa. "Ah, isso é realmente interessante." Sim, é muito interessante, mas não foi o que concordamos que investigaríamos.

Então, no final da semana sete, há uma apresentação. Na verdade, esse foi um dos poucos benefícios de todo o período de pandemia, confinamento e trabalho remoto, pois costumávamos fazer a apresentação pessoalmente e quase ninguém aparecia. Ao fazer isso no Zoom, reduzimos a barreira para qualquer pessoa interessada em participar. Chegamos a ter cerca de 140 pessoas de toda a *BBC* participando em uma apresentação, que tem duração de até uma hora, rigorosamente. Cada equipe tem quinze minutos, com uma pausa no meio. No final do tempo, abrimos as salas simultâneas. E então, durante a próxima meia hora, as equipes ficam nessas salas, para o caso de alguém querer entrar e conversar, seja o que for. Depois de apresentações presenciais, nós fazemos isso também.

Esse é o final da semana sete, e então eles têm mais uma semana, chamada "semana de encerramento". Trata-se de arrumar, compartilhar e escrever toda a documentação. Garantir que tudo o que não foi concluído a tempo para a apresentação seja realmente finalizado. E se houver algo simples que surgiu como feedback nas apresentações, que eles possam corrigir imediatamente, durante essa semana. Obviamente, também há um tempo para pensar no próximo projeto durante esse período. Então, naquela semana, muitas vezes fazíamos reuniões de uma hora. Essa é a oitava semana dos projetos.

Finalmente, para manter todos atualizados e focados, temos duas semanas para fazer um projeto pequeno. Pode ser sobre algo que não estava funcionando em um protótipo anterior. Pode ser relativo a algum feedback que foi recebido e carece de mudanças. Pode ser que se precise de tempo para escrever uma proposta de projeto, um *business case* ou algo assim. Assim, toda a equipe é liberada por cerca de duas semanas para fazer coisas que não são um projeto grande e longo. E, no final, espera-se que todos estejam renovados. Aí começa tudo de novo. Há cinco desses ciclos de dez semanas por ano, e, então, provavelmente, uma semana de folga no Natal e uma semana extra no ciclo de verão, porque há muitas pessoas ausentes. São 52 semanas no total.

Como você descreveria o perfil da equipe em termos de *soft* e *hard skills*? Existem pessoas de diferentes áreas do conhecimento/experiências?

Acho que a diversidade é a chave absoluta. Alguém me disse anos atrás: "Eu realmente quero trabalhar no News Labs. De quais qualificações eu preciso?" E eu disse que são habilidades e experiências que ninguém mais na equipe tem, porque se trata de uma gama de experiências. Há uma variedade de *backgrounds*, uma série de habilidades, uma gama de pessoas em diferentes pontos de suas carreiras. Há profissionais do programa de trainees da *BBC*, que estão no início de suas carreiras. Eles acabaram de sair da universidade, têm o pensamento mais recente, mas não têm muita experiência. Também nos certificamos de ter pessoas que estão na casa dos cinquenta, que têm trinta anos de experiência, que ainda são capazes de pensar com frescor, mas que podem dizer: "Olha, tentamos isso dez anos atrás, isso não funciona." E temos uma equipe muito internacional, muitos deles são tailandeses, alemães, chineses, italianos, americanos. Claro, há pessoas de todo o Reino Unido. Há diversidade de conhecimentos também. Algumas pessoas têm formação em jornalismo; outras, em tecnologia, design, arquitetura, engenheiros de software etc.

O que eu digo a eles é: "Ok, você está na *BBC*. Você tem uma descrição do seu cargo, porque é uma grande organização. Todo mundo precisa ter um cargo específico, mas, basicamente, ignore a descrição do seu trabalho, porque somos todos inovadores, estamos todos aqui para inovar, para descobrir as melhores maneiras de nosso público receber suas notícias e de nossos colegas fazerem seu trabalho."

É uma equipe grande, mas é bem pequena para ter essa diversidade nela. A maneira como você realmente molda isso está no recrutamento. Portanto, trata-se de procurar constantemente por diferentes tipos de pessoas. E quando alguém vai embora, você tem que ser realmente honesto consigo mesmo: quero substituir essa pessoa por alguém muito parecido com ela, ou esta é uma chance de tentar conseguir um tipo diferente de pessoa? Portanto, é um ato de equilíbrio, uma vez que você pode desacelerar bastante a equipe com muitas mudanças, porque eles estão constantemente tentando descobrir como trabalhar uns com os outros.

Quais são as fontes de inspiração para o BBC News Labs? Como surgem os projetos?

Há muitas portas de entrada. A mais óbvia é uma das prioridades estratégicas da *BBC*: como podemos inovar, como podemos ajudá-los nisso ou ajudá-los a fazer isso melhor, mais rápido e mais barato. É o lema geral do News Labs. Eu cunhei uma declaração de missão que é: melhores experiências de audiência a um custo menor. Tudo o que o News Labs faz deve ter como objetivo melhorar as experiências do público a um custo menor. Alguns projetos estarão mais relacionados a propiciar melhores experiências ao público, e outros serão mais sobre reduzir o custo, mas tudo deve ter como objetivo atingir essa meta geral. Outra fonte de inspiração é apenas bater papo com as pessoas. Ao entender quais práticas de trabalho não estão funcionando bem, por exemplo, ou quais estão causando frustração ou irritando as pessoas, você pode se perguntar: existe algum tipo de nova tecnologia que possa resolver isso, em oposição à tecnologia existente? Existe uma nova maneira de fazer isso? Você está tendo dificuldades para alcançar as audiências? Existem desafios específicos em relação a um público? Há uma nova tecnologia que possa ajudar a alcançar essas pessoas de forma mais eficaz ou a atingir uma fatia maior dessa audiência? Além disso, há insights a partir das novas tecnologias. Quando o *speech-to-text* era uma coisa nova, observamos e nos perguntamos: "Isso será útil para a *BBC News*? Oferecerá melhores experiências às audiências a um custo menor?" Não sei, vamos brincar e ver o que podemos fazer com isso. Essas são as três maneiras diferentes de obter inspiração.

Ainda, há três tipos de desenvolvimento de projetos. Há um tipo que é pura exploração: há uma nova tecnologia, detectamos um problema e não temos ideia de qual é a solução. No final das oito semanas, talvez a entrega seja apenas "nós analisamos isso". Talvez seja uma apresentação tradicional, em vez de mostrar algo concreto que criamos, ou seja, algo como "é isso que achamos que poderiam ser algumas das soluções para este problema". O próximo tipo de projeto é quando temos certeza de que essa tecnologia poderia ser útil. Existe uma maneira específica de resolver esse problema. Então, como faremos isso? No final, provavelmente haverá alguns *wireframes* ou talvez um protótipo bem básico. Há algo um pouco mais focado: aqui está o problema e aqui está o que achamos que pode ser a solução. O terceiro tipo de projeto é quando definitivamente sabemos que há um problema com o qual podemos ajudar e temos certeza de como faremos isso. Daí precisamos realmente entrar nos detalhes da construção de um protótipo. Fazer com que membros da audiência ou jornalistas o usem para vermos se estávamos certos. Um bom exemplo disso é também a tecnologia de *speech-to-text*. Fizemos muitos projetos diferentes, mas um deles foi acelerar a edição, permitindo obter uma transcrição automática e, em seguida, destacar uma seção de texto dessa transcrição e controlar na tela de áudio e do vídeo. Com isso, é possível montar um programa apenas juntando diferentes pedaços de texto. A terceira parte do projeto foi quando fizemos toda a experimentação e,

depois, precisávamos construir algo para ver se isso realmente economizaria tempo, ou se era apenas uma ideia adorável que nunca funcionaria ou nunca iria funcionar no contexto da *BBC*. Esse é um exemplo prático de como trabalhar as três etapas de diferentes tipos de projetos. Este último é, inclusive, um caso difícil, porque, para entender se é útil, é preciso fazer protótipos tão bons que sejam quase um produto. Você pode ir e conversar com muitos interessados e dizer: "Achamos que há algo interessante aqui. Se explorarmos isso, há alguma chance de que se transforme em um produto?" E se as pessoas dizem não, paramos por aí.

Acompanhar as tendências é importante para o seu laboratório? Poderia comentar alguns exemplos?

Esse é o quarto elemento para um *media lab* de sucesso. É preciso ter uma ideia sobre para onde a indústria está indo. Você precisa acreditar que entende, esteja certo ou não, mas precisa acreditar que identificou a direção que a indústria está tomando. Um dos melhores conselhos que recebi foi do antigo responsável pelo departamento de P&D da *BBC*, quando eu estava falando sobre equilibrar todas as diferentes visões (de longo, médio e curto prazo). Ele disse: "Eu entendo. O que você precisa fazer é ter uma visão de longo prazo e, em seguida, entregar pequenas vitórias. Cada passo é um na direção dessa visão de longo prazo. Então, para as pessoas focadas no curto prazo, é 'vamos trabalhar nesta questão específica', e para as pessoas de longo prazo, é 'eu estou indo para lá, e a primeira coisa que fiz nesta jornada é isso', e assim por diante." Para as pessoas de produto, é tipo um *roadmap* para os próximos doze meses. Se você não está ciente de para onde está indo, você simplesmente dá voltas, caminhando em círculos.

Qual é o maior exemplo de sucesso do seu laboratório? Poderia nos contar sobre um projeto do qual você se orgulha?

Tenho respostas diferentes para essa pergunta. Acho que, de algumas maneiras, e fico um pouco envergonhado, a coisa mais bem-sucedida que fiz foi a primeira coisa que fiz no News Labs. Quando eu cheguei no News Labs, eu disse: "Eu sei de um problema bem simples que nós poderíamos resolver rapidamente: há muitos jornalistas trabalhando em conteúdos que eles não conseguem de fato ver." Eles estão sentados em Londres e estão escrevendo para uma versão do site em Singapura, então, eles não podem ver. Assim, inventamos o que nós chamamos de "*news switcher*". É uma página na web que te permite ver o site da BBC News em uma caixa/janela, em um *iFrame*. De um lado, você escolhe a visualização preferida: você pode clicar na opção, por exemplo, 'quero ver a versão mobile'. No outro lado, você escolhe qual das quatro versões do site da *BBC News* o site exibe: a versão do Reino Unido, a versão da América do Norte, do Pacífico, ou do resto do mundo. Era supersimples, tão simples que os engenheiros de software começaram dizendo: "Isso é simples demais para eu fazer. Não consigo ver por que deveríamos fazer isso."

E era extraordinário. Eu mandei essa solução para sete pessoas na redação, dizendo: "Por favor, não compartilhe, isso é a versão Alfa. Eu só quero ver se a gente está indo na direção certa." Uns quarenta minutos depois, um dos desenvolvedores disse: "Robert, o que você fez? O tráfego disso aqui está ridículo!" E todo mundo tinha compartilhado, e então as pessoas com quem eles tinham compartilhado também estavam compartilhando. Economiza dezenas de horas de jornalistas da *BBC* toda semana. E o serviço vem fazendo isso há sete anos e é um código supersimples, que levou uma semana para ser feito por duas pessoas. Eu ainda tenho o e-mail do diretor de notícias da época dizendo: "Isso é genial. Eu estou tão feliz por você ter vindo para este emprego!" Essa é a coisa mais bem-sucedida que nós fizemos porque foi completamente viral.

Nós fizemos várias coisas de *speech-to-text*, como vocês notaram, mas nenhuma dessas decolou da forma como eu acho que poderiam ter decolado, mas estou confiante de que elas irão. Elas serão um grande sucesso.

Você poderia definir três características fundamentais que qualificam um *media lab*? Por quê?

Foco, porque você precisa saber o que todos estão fazendo. Isso parece bem óbvio, mais criatividade. Você precisa ter liberdade para dizer: "Eu sei que esse é o jeito de fazer da organização, e eu vou deliberadamente não fazer desse jeito." Não todas as vezes, mas ter a liberdade de poder dizer: "Vamos fazer do nosso jeito." Quando eu saí da *BBC*, uma das pessoas que trabalhava para mim me disse: "O que é legal no Robert é que ele conhece o jeito da *BBC* de fazer, e ele com frequência não faz desse jeito." Então essa é uma liberdade bem-informada, não é ignorância. Você não está fazendo assim porque não conhece as regras. Você está fazendo uma escolha deliberada e tem permissão para fazer essa escolha deliberada. E a terceira, talvez só porque eu sou jornalista, mas seria ter a velocidade apropriada. Se você realmente estiver querendo que os jornalistas acreditem que você é uma pessoa útil com quem conversar, você deve ser rápido, porque eles não entendem "por que eu estou esperando mais de um dia por isso?" Você precisa conseguir fazê-los entender que eles precisam esperar dois ou três meses porque é bem complicado. Acho que isso é uma parte essencial de ter sucesso em uma organização jornalística como um laboratório de inovação. E, claro, pessoas, produtos e tecnologia. E você precisa conseguir entender e lidar com todas essas coisas se você será um laboratório de inovação bem-sucedido. É a habilidade de entender todas essas coisas, e fazer com que elas trabalhem para você.

Na sua trajetória no News Labs, quais foram os principais desafios e as lições aprendidas?

O problema com a inovação é que a organização ainda não está se concentrando nela. Se você parar para pensar, esse é o problema fundamental. Nós fizemos todos aqueles três tipos [de projetos], fizemos tudo que é tipo de coisa. Nós inventamos uma ferramenta de transcrição. Criamos tudo que é tipo de coisa para fazer um serviço de *speech-to-text*. Mas é uma área bem concorrida, e o problema é que não tem um time dentro da *BBC* que seja responsável por *speech-to-text* por que a *BBC* não faz *speech-to-text*. E então, com quem você fala? Esse é o maior problema com a inovação, você vai sempre ter que falar com gente que ainda não tem aquela função. Faz sentido? Você diz: "Acho que tem uma grande oportunidade aqui. Acho que a gente devia ter um time que fizesse isso. Acho que a gente deveria gastar algum tempo nisso." E então você também entra em: "O que a gente vai parar de fazer para encontrar dinheiro para fazer essa outra coisa?"

É particularmente difícil em uma organização tipo a *BBC*, porque não é uma organização comercial. Então, na maioria dos lugares, você poderia construir um argumento de negócios e dizer: "Se investirmos nisso, vamos pegar o retorno e economizar essa quantidade de dinheiro." E se você investiu no início, terá esse retorno aqui. Você poderia pegar fundos de acionistas ou aumentá-los para encontrar o dinheiro para fazer. A *BBC* tem, em geral, uma receita fixa, que já está toda alocada. Assim, se você quiser fazer algo novo, precisa parar de fazer alguma outra coisa. E, claro, as pessoas que estão fazendo aquilo que precisa ser parado não estão felizes. Existe muita política com "p" minúsculo envolvida em tentar se construir uma coalizão, um grupo de pessoas que digam que essa é uma grande ideia. E isso leva tempo.

A *BBC* é uma organização fantástica que tem um nível de qualidade altíssimo. As audiências têm expectativas muito mais altas da *BBC* do que de qualquer um dos nossos concorrentes. Diversas pesquisas mostram que alguma coisa menos do que perfeita que aconteça em uma televisão ou rádio comercial de outro concorrente é tipo "hummf", mas se a *BBC* fizesse isso, seria terrível. É bem difícil, porque é bem complicado de testar com as audiências: não há muito que se possa fazer por trás, nos bastidores, antes de chegar ao público.

É um grande problema, e tenho muita simpatia pelos gestores *seniores* que estão dizendo: "Não sei se podemos fazer isso." São os dois grandes desafios da inovação: fazer algo que você ainda não está fazendo e o fato de que a inovação pode ser arriscada. E algumas organizações têm uma tolerância baixa para riscos. Não é especialmente uma escolha da *BBC* ter uma tolerância baixa para risco, mas é algo que ela precisa ter. Se você quiser tentar uma coisa nova em uma grande reportagem, essa página pode ter 10, 12 ou 15 milhões de visualizações, né? Você precisa ter certeza de que a sua inovação funcionará antes de colocá-la na frente dessa quantidade de gente. Acho que os aprendizados estão em torno de criar essa coalizão, se certificar de que você está levando todos os stakeholders com você. Ainda, que você realmente olhe para quem são os seus stakeholders, que podem não ser as pessoas óbvias que estão próximas a você. Pode ser que exista um stakeholder em algum lugar diferente da organização, ou fora da organização.

Voltando para a questão do *speech-to-text*, ali há uma questão de equilíbrio. A *BBC* quer sempre ser 100% precisa. Máquinas não são sempre 100% precisas. Então esse é um problema. Um dos seus stakeholders desse projeto é a comunidade de surdos, certo? Eles não conseguem acessar um monte de materiais atualmente porque não estão transcritos. Você precisa conversar com representantes desse grupo para discutir "qual é o equilíbrio". Precisa estar perfeito, porque é a *BBC*, ou você estaria aberto a aceitar algo um pouco menos do que perfeito? Nós nunca fomos até o fundo dessa discussão, mas o que eu estava tentando fazer lá, como digo, era repensar quem são os nossos stakeholders. Eles podem não estar apenas dentro da organização.

Repense de maneira bem ampla como você entende o que é o problema e, a partir disso, estabeleça o que é uma solução realista. Há diversas formas de fazer isso. Eu estava bem interessado no processo de uma televisão estatal da França. No começo de um projeto, eles podem fazer alguma pesquisa inicial, mas eles não fazem nada mais do que isso, pois precisam ter alguém sênior que concorde em colocar dinheiro. Pode ser algumas centenas ou alguns milhares de euros, mas alguém na organização precisa dizer: "Eu acredito o suficiente nesse projeto de modo a colocar uma parte do meu orçamento nele." Porque é muito fácil para eles dizerem que algo parece ótimo, mas aí você volta, e eles dizem: "Bom... na verdade, é muito ruim." Se você consegue alguém para colocar algum orçamento, é preciso evidenciar o potencial de retorno do dinheiro gasto. As pessoas precisam estar mais alinhadas.

Um dos maiores problemas é que inovação é, por definição, algo novo. Então, o que eu estava tentando organizar logo antes de sair da *BBC* era tentar criar um grupo de stakeholders "imediatos" ou "próximos" para quem pudéssemos nos reportar a cada, seis ou quatro meses, e eles teriam três possíveis coisas a dizer: 1) Isso não está funcionando ou isso não é uma prioridade, pare de fazer agora; 2) A gente pode ver que você está indo na direção certa, mas não achamos que você tenha solucionado isso ainda. Volte, trabalhe mais e depois retorne aqui; e 3) Você solucionou o problema. Isso é brilhante. Mas, então, a responsabilidade deles, se eles dizem isso, é que eles precisam identificar e nomear indivíduos e os recursos para tirar o projeto do laboratório e levar para a produção, porque, de outra maneira, poderia levar anos. Assim, você precisa que um grupo de stakeholders sênior se reúna e diga coletivamente: "Ok, esse indivíduo será o responsável por trabalhar com essas pessoas no News Labs e estes são os recursos com os quais eles terão que trabalhar para tornar isso realidade." Eu não consegui fazer isso acontecer, mas é o que eu teria feito.

Como você definiria o BBC News Lab em uma frase?

Há um ditado em inglês que diz: "A maré alta levanta todos os barcos." A mídia agora é a maré alta, todos devem ser ajudados pelo trabalho que o *media lab* está fazendo.

Desafios & Aprendizados

» Repensar como os problemas podem ser compreendidos e, assim, estabelecer uma solução realista.
» Considerar todas as diferentes maneiras de resolver um problema em diferentes processos de inovação e culturas organizacionais.
» Equilibrar pessoas, produtos e tecnologias. Um laboratório de sucesso precisa compreender todos esses elementos e fazê-los funcionar.
» Fazer algo realmente novo, e algo que não se está fazendo ainda, assim como entender que a inovação pode ser arriscada.

Sobre o BBC News Labs

Fundação: 2012
Website: bbcnewslabs.co.uk

MEDIA LABS CANVAS

Este quadro organiza os eixos mais importantes a serem considerados ao criar ou repensar a estratégia do seu laboratório, tanto no contexto externo quanto interno ao laboratório.

Nome do Lab: BBC News Labs **Data:** 10.06.2022

Inovação
O que é inovação para o meu laboratório?

- 3 tipos de projeto de inovação
- 1) Pura exploração: há uma nova tecnologia ou problema que não temos ideia de qual é a solução
- 2) Projetos um pouco mais focados: "aqui está o problema e aqui está o que achamos que pode ser a solução"
- 3) Projetos em que sabemos que há um problema com o qual podemos ajudar e temos certeza de como faremos isso.

Valores/Características indispensáveis
Quais as (três) características indispensáveis do meu laboratório?

- Foco (você tem que saber o que todos estão fazendo)
- Criatividade
- velocidade adequada

Perfil da equipe
Quais as formações, expertises e perfis de quem atua aqui?

- Pessoas em variados momentos de carreira e com diferentes idades
- Diversidade
- As qualificações precisam ser habilidades e experiência que ninguém mais na equipe já possui
- Formação em jornalismo, tecnologia, design, engenharia, software
- Flexibilidade para aceitar diferentes desafios e tarefas

Objetivo interno/relação organizacional
Qual o papel do seu laboratório em relação à organização e/ou ao ecossistema de inovação local, regional ou nacional?

- Inovar abertamente: "é isso que estamos fazendo, é onde achamos que estão as tendências".
- Reunir diferentes partes da organização. Ser uma ponte
- Promover a colaboração
- Ajudar a organização a ser líder da indústria
- Ajudar a organização a "Olhar para frente", para o futuro
- Possibilitar que todos sejam mais "rápidos"
- Estratégia para motivar as pessoas

Propósito/Missão fundamental
Há um ditado em inglês que diz: "A maré alta levanta todos os barcos". A mídia agora é a maré alta, todos devem ser ajudados pelo trabalho que o laboratório de mídia está fazendo.

Recursos Necessários
O que precisamos para operar?

- Equipe interdisciplinar
- Espaço físico para trabalhar
- Ferramentas tecnológicas com base em cada projeto

Diferencial
O que é único do meu laboratório?

- Acreditar que descobrimos a direção que a indústria está tomando
- Ter uma visão de longo prazo e entregar pequenas vitórias a curto prazo

Fontes de Receita
Quais são as fontes de receita?

- Fundos internos / fundos públicos

Público-alvo & Parceiros Principais
Para quem eu inovo?
Quem utiliza/usa/ experimenta as minhas inovações?
Quais são os parceiros principais do meu laboratório?
Para quem e com quem eu existo?

- Jornalistas da BBC
- Audiências da BBC

Fontes de Inspiração
Quais as fontes de inspiração para os meus projetos?
Quais problemas do mundo inspiram as minhas inovações?
Como renovamos e encontramos oportunidades para inovar/trabalhar?

- Prioridades estratégicas da BBC
- Estar atualizado sobre as novas tecnologias
- Conversar com as pessoas
- Como podemos fazer algo melhor, mais rápido, mais barato?

CAPÍTULO 15
iNOVA Media Lab
Catalisando inovações de fronteira
entre o social, a tecnologia e a cultura

Paulo Nuno Vicente é professor na Universidade NOVA de Lisboa, onde fundou, em 2016, o iNOVA Media Lab, um laboratório de investigação e desenvolvimento dedicado ao estudo da narrativa imersiva e interativa, tecnologias de interface humana, inovação e transformação digital, novas literacias midiáticas, comunicação científica, redes sociais e visualização de informação. Começou sua carreira como multimídia *storyteller* de não ficção, depois, atuou como jornalista, documentarista multimídia, produtor e diretor, trabalhando extensivamente na África Subsaariana, no Oriente Médio e na América Latina. Como empreendedor digital, em 2013, fundou a Bagabaga Studios, uma cooperativa interdisciplinar dedicada à produção de mídia digital e treinamento avançado. Paulo tem doutorado em Digital Media (UT Austin Portugal) e foi agraciado com o reconhecimento German Marshall Fund of the United States Fellowship (2016) e com o Prémio Calouste Gulbenkian — Conhecimento (2019).

"Há uma palavra que é 'Hackademic', uma mistura de acadêmicos com hackers. O iNOVA procura ser uma cultura de intersecção e de fronteira. Não importa com o que estejamos trabalhando, se é realidade aumentada, inteligência artificial ou etc., o que nos interessa é criar essa sinergia entre o social, a tecnologia e a cultura."

Paulo Nuno Vicente

Você poderia contar resumidamente a história do *media lab*? Quando foi fundado, os objetivos iniciais e se ainda se mantêm, a sua trajetória aqui, algum detalhe que diferencie o seu *lab*?

O iNOVA Media Lab foi criado em 2016 por iniciativa minha, em um edital lançado para contratação de professor auxiliar em mídias digitais, que foi o primeiro que abriu na Faculdade de Ciências Sociais e Humanas da Universidade Nova de Lisboa. Um dos requisitos era a proposta de criação de um laboratório de mídias digitais. O ano anterior (2015) foi um ano de "trabalho invisível" de organização de ideias e diagnóstico. O iNOVA tem uma via inter e transdisciplinar de meios digitais, essa foi a ideia da fundação — e que se mantém até hoje.

O objetivo é articular, no contexto das ciências sociais, as artes, as ciências e as tecnologias das mídias. Vivemos essa estranheza de uma espécie de objeto científico e tecnológico não identificado no contexto das ciências sociais e humanas, porque nós somos um laboratório de criação e inovação digital, que não apenas trabalha sobre tecnologia, mas trabalha com tecnologia. Isso significa uma infraestrutura digital e de equipamentos com capacidade de trabalhar com mídias digitais. Introduzimos essa noção de laboratório em 2015,

um laboratório digital, enquanto infraestrutura e enquanto equipamentos. Foi sempre muito estranho na perspectiva de uma tradição fundacional da área de ciências da comunicação, vinda da filosofia, da sociologia. Não podemos esquecer que foi na NOVA FCSH que nasceu a primeira licenciatura de comunicação de Portugal, e, portanto, a criação do laboratório foi um "choque" sentido em vários níveis. Nós éramos vistos como os técnicos, os informáticos, a estrutura que poderia dar apoio aos docentes, até que, em 2018, houve uma grande evolução, e nós fomos incorporados a uma unidade de investigação. Somos um laboratório de investigação e desenvolvimento formalmente integrados a uma unidade de investigação da Fundação para a Ciência e Tecnologia (FCT). O objetivo inicial era o de não ter uma visão disciplinar sobre nossas atividades, não nos limitarmos à investigação do que outros criadores digitais fazem ou faziam.

Desde o início, procuramos operar em um triângulo. O primeiro vértice é o da investigação puramente científica, seja fundamental ou aplicada: temos projetos de investigação e artigos científicos. O segundo vértice é o da formação avançada. O laboratório tem uma relação com o mestrado e doutorado em "Novos *Media*", sempre nessa lógica de um ecossistema de meios digitais da Faculdade. Temos, em associação ao laboratório, os cursos que oferecem grau, como licenciatura, mestrado e doutorado, mas também temos outras iniciativas, como workshops e *masterclasses*. O terceiro vértice é a questão da sustentabilidade, diversificação dos modelos de financiamento. No contexto acadêmico, isso passa pela ligação à sociedade, transferência de conhecimento, prestação de serviços e consultoria.

Então seriam os três pilares do iNOVA: não disciplinar (digital é mais amplo), formação avançada e sustentabilidade da inovação digital?

Nós não nos limitamos a trabalhar nos *media*[1] no sentido de rádio, televisão, imprensa, etc. Perseguimos mais a inovação digital. Por exemplo, o projeto de quatro anos que eu comentei, foi o grande projeto até agora do iNOVA media lab, feito em parceria com outras três universidades e com o Ministério da Educação. Nosso papel foi pensar e prototipar recursos educativos digitais. Produzimos jogos digitais interativos, vídeos de animação. Nesse caso, em particular, haveria a noção de criação digital, e não meramente a interpretação de mídia, no sentido de meios de comunicação.

A estrutura de recursos (seja humanos, seja de materiais/equipamentos) é fixa no seu laboratório? Você poderia explicar como está atualmente organizada a lógica do *lab*? Como o laboratório se mantém financeiramente?

Em 2020, nós mudamos de espaços e fizemos um grande investimento próprio na estrutura do estúdio: temos estúdio de *chroma key*, estúdio de produção, equipamentos. Temos vários projetos, mas também há prestações de serviço. Essa foi sempre uma das preocupações e, simultaneamente, uma das inovações que nós trouxemos: a diversificação das fontes de financiamento, da investigação e das atividades desenvolvidas. O governo português limita o que ele pode apoiar financeiramente, com as verbas da Fundação para a Ciência e Tecnologia (FCT). As prestações de serviço são os trabalhos de consultoria especializada.

O iNOVA tenta não separar o componente intelectual do tecnológico, não separar a questão do trabalho teórico e conceitual do trabalho aplicado e técnico. É um certo renascimento digital, não no sentido de fazer renascer o digital, mas literalmente a noção de estúdio renascentista. Nós conhecemos o trabalho de Leonardo Da Vinci e de outros artistas. É aquela noção de estúdio que nós tentamos recuperar. Na prática, essa cultura do estúdio de criação, estúdio de pensamento e de criar soluções e não limitar o trabalho acadêmico à produção de diagnósticos. Além disso, nós também fazemos eventos cruzando o artístico, o científico e o tecnológico. Eu próprio, individualmente, tenho um trabalho mais aplicado, um trabalho mais experimental, mas o trabalho que nos diferencia no contexto de português é a perspectiva de intervenção cívica nos problemas contemporâneos, mas por meio da criação de dinâmicas relacionadas aos *media* digitais.

Quantas pessoas fazem parte do laboratório?

É algo muito fluido e depende dos óculos que nós vamos pôr. Na ótica da FCT, apenas são contabilizados os investigadores doutorados. No projeto RED — Recursos Educativos Digitais, em quatro anos, tivemos mais de vinte membros da equipe só neste projeto. Nós temos pessoas que estão fazendo doutorado, outras são mestres, especialistas em determinadas áreas. E depois, temos o staff, os colaboradores que são mais ocasionais. Assim, depende das necessidades de cada projeto, de cada iniciativa. Eu diria que somos 20 ou 25 pessoas ao todo, com vínculos de diferentes naturezas.

Quais as fontes de inspiração para o seu *media lab*? De que *inputs* partem os seus projetos?

Nós temos projetos grandes e médios. Alguns desses são eventos. Alguns são oriundos das nossas ideias, e aí vamos procurar financiamento privado. Fomos procurados pela Direção Geral de Educação para sermos a entidade responsável pela criação digital, e há iniciativas relacionadas a isso. Depois, há os projetos pequenos e médios, que estão na fase de protótipo ou prova de conceito. São dois exemplos: o geoparque da Serra da Estrela nos contatou para desenvolver um protótipo de uma visita virtual. Neste caso, nós fomos procurados, mas nós também usamos meios próprios. Nós colaboramos para desenvolver um projeto, um protótipo que depois pudesse escalar em termos de financiamento, para desenvolvimento futuro. Estamos na fase de reformulação do próprio website do laboratório porque precisamos ter mais visibilidade. Também somos procurados para aluguel do estúdio, prestação de pequenos serviços e editais. Eu diria que prestamos serviços para todo tipo de organizações, não apenas empresas, desde ONGs, associações, outras universidades, outros institutos.

Quanto aos *inputs*, depende muito, acontece de outras organizações nos procurarem. Em 2017, fomos convidados pela

Direção Geral de Educação para avaliarem a relevância do que é que nós poderíamos fazer, se seríamos um bom parceiro para um projeto que seria lançado. Mas já aconteceu o oposto: nós irmos à procura de parceiros privados ou públicos, ou empresas de tecnologia, desde Sony, Samsung, estações de rádio e televisão, com quem queríamos desenvolver um protótipo em parceria. Nós produzimos duas reportagens com a Antena 1 do Grupo RTP — Rádio e Televisão de Portugal. Não tivemos qualquer intervenção editorial, ficamos responsáveis pela parte mais digital e da tecnologia do sistema. Temos projetos que batem à nossa porta, outros em que nós vamos bater à porta para a procura de parceiros mais adequados.

Embora a gente queira continuar a ter várias parcerias com o setor privado e público, não deixamos de ter um cuidado quanto a "privatizar o ensino". Não no sentido de vender a universidade, e sim no sentido de privatizar, de transformar o iNOVA em uma pequena empresa. Nós não queremos ser empresa nenhuma. Se quiséssemos, teríamos criado uma empresa "fora" [da universidade]. Temos sempre a preocupação da sustentabilidade, mas isso não quer dizer que fazemos projetos apenas para dar lucro. Para nós, o projeto tem que fazer sentido para os nossos valores, e isso passa pela relevância social dos projetos. Pode ser um projeto de comunicação, de ciências, de disseminação do conhecimento, projeto associado à cultura e à transmissão da cultura, criar novos formatos de recursos educativos para as crianças e professores, por exemplo. Se nós quiséssemos replicar dentro de um laboratório universitário uma abordagem comercial, só alavancaríamos a lógica de produção industrial, sem grande preocupação com "por que estamos a fazer isto".

Sempre buscamos o equilíbrio, e eu sou o encarregado disso. Temos que manter essa visão integrada e colocar pessoas diversas dentro do laboratório. No projeto com a Antena 1 [de Portugal], após a reportagem estar pronta, nós produzimos, no laboratório, um estudo experimental sobre a sensação de imersão e de presença. Esse artigo será publicado em uma revista científica. Ou seja, nós sabemos muito bem que se só publicarmos conhecimento em revistas científicas, só chega a um determinado público. Ao mesmo tempo, se só existirmos em uma via mais de contato com as parcerias externas e *fundraising*, rapidamente nos encaminhamos mais para uma via quase de pequena e média empresa. Na verdade, temos uma lógica aberta de gestão, com o cuidado da diversificação financeira e de fazer projetos que tenham um valor acrescentado. Mas não queremos apenas fazer por fazer, nós temos capacidade humana, técnica e equipamentos para fazer várias coisas que não temos grande interesse em fazer, porque sabemos que eles têm pouco ou nada de inovação. E nós sempre queremos trazer alguma inovação. Às vezes é mais, outras vezes é menos, e às vezes, inclusive, a inovação passa por fazer algo que é muito simples e não necessariamente com alta tecnologia.

Se você tivesse que escolher três características essenciais ou indispensáveis que definem o iNOVA Media Lab, quais seriam? Por quê?

A primeira é a inter e transdisciplinaridade. O iNOVA não é um laboratório de ciência da computação, mas nós temos que ter pessoas da ciência da computação. Não é um estúdio de design, mas temos que ter pessoas do design. Não é uma produtora de cinema, mas precisamos desses profissionais. A lógica de funcionamento é por projeto e por tema, e aí existe o desafio de fazer convergir vários talentos, vários tipos de conhecimento, vários tipos de capacidade. Portanto, essa palavra-chave seria transdisciplinaridade. As disciplinas científicas são muito importantes na "amarração" do conhecimento, mas nós estamos mais a convocar as disciplinas aos espaços de encontro, para questões ou programas sociais.

A segunda é o *boundary work* ou perfil de fronteira: o próprio perfil de pessoas que se sentem confortáveis no iNOVA são pessoas com perfis de fronteira — pessoas que não se sentem bem em apenas "um compartimento". As pessoas que são a base do iNOVA "gostam de sujar as mãos" com tecnologia, trabalhar com o digital, e não apenas sobre o digital. Nós não estudamos sobre *media*, estudamos em e dentro dos *media*. Há muitos projetos e iniciativas que não seriam possíveis se a visão fosse meramente multidisciplinar. São pessoas que não querem "repetir" as receitas.

Inevitavelmente, tudo tem que estar ancorado em uma cultura de colaboração. E isso é, talvez, o mais difícil, pois nas áreas das ciências sociais e humanas de forma geral, há uma grande tradição do trabalho autoral individual e isolado. O autor, na sua torre de marfim, escreve o seu livro, a sua obra. Muitos de nós fazemos isso, mas não queremos apenas fazer isso. Se pensar sozinho, um projeto será de uma certa forma, mas a partir do momento em que trago para dentro três, quatro outras pessoas, o projeto se transforma. É muito fácil escrever projetos de "lugar comum" para editais. Temos que fazer isso de alguma forma para agradar aos financiadores, mas, ao mesmo tempo, não podemos deixar de ser quem somos. É importante ter uma abordagem sob a perspectiva de colaboração. A diversidade das pessoas acaba sendo uma variável nos resultados que obtemos. Temos uma considerável mescla de nacionalidades, mesmo dentro do contexto nacional e internacional, são todas pessoas que tiveram outro tipo de experiências profissionais e também de vida. Além disso, há uma questão geracional. Nós temos pessoas com 60 anos de idade e também pessoas com 20 e poucos anos. Dentro da hierarquia acadêmica, eu sei que somos disruptivos. Nós colocamos doutorandos, mestrandos e mestres para coordenar atividades que, segundo uma certa filosofia, seria só o coordenador a coordenar.

A inovação é um termo já um tanto desgastado pelo uso recorrente e, algumas vezes, um tanto fora de contexto. Na sua opinião e na visão do seu laboratório, o que é inovação?

O tipo de inovação que desenvolvemos se encaixa perfeitamente na noção de inovação social. Nós, por meio de uma intervenção em mídias digitais, contribuímos para uma lógica de diagnóstico, de intervenção ou de criação de um sistema, ou de produção de artefatos que ajudem a resolver um problema de natureza sociocultural, como a inclusão social por meio dos recursos educativos digitais, ou a disseminação de conhecimento. A inovação com que mais nos identificamos seria uma inovação social operada por meio das tecnologias emergentes. Nós, pela visão de nossos colegas mais tradicionais ou

conservadores, seríamos claramente deterministas tecnológicos. Da perspectiva de colegas da engenharia da computação, nós somos uma espécie híbrida social que sabe trabalhar com computadores. Procuramos aliar o trabalho intelectual e social com conhecimento tecnológico digital. Tentar aliar inovação social à inovação dos *media*.

Trabalhar com temáticas que mudam a todo o momento, como a conhecida metáfora do alvo em movimento, certamente é um grande desafio. No seu percurso particular no *media lab*, quais os principais desafios e lições aprendidas até agora?

Uma lição aprendida é que uma equipe de inovação precisa de tempo para criar, não se cria em dois ou três anos. Leva tempo, e só é possível fazê-la "dentro do campo", ou seja, não se faz em uma mesa de reunião. Quando estamos dentro de um projeto, com prazos, tomadas de decisão... essa é a grande lição: a inovação não se faz por decreto. Usando uma analogia futebolística, não adianta ter onze grandes estrelas e não funcionar como uma equipe.

Outra lição é não ter a expectativa de que a contribuição de todos seja na mesma medida. Há funções para todos, há perfis que são mais de gestão, há perfis que são mais visionários, há perfis que são altamente desorganizados na planilha de Excel. Há pessoas que não são grandes criativos, mas são altamente técnicos. Em um organismo vivo de um laboratório de inovação, as pessoas não vivem à mesma velocidade. É necessário criar algum equilíbrio homeostático e zelar por ele.

E tem o aprendizado de que isso não é para os fracos de coração, porque o mais fácil, e até o mais razoável, é não fazer e desistir. Há vários âmbitos de resistência à inovação: o nível sistêmico, ou seja, "as caixinhas das disciplinas", a estrutura e o organograma das universidades não estarem preparados para estruturas como o iNOVA media lab etc.

E também tem uma questão da inovação: quem quer trabalhar com ela tem que ter um perfil de resiliência. Alguns resultados serão muito imediatos. Alguns aparecem sem nós esperarmos. Outros, por mais que nós trabalhemos, só aparecem dez anos depois. É estar preparado para viver com esse tipo de situação. Tudo seria muito melhor se fosse como nós achamos que deveria ser. Mas o fato é que não é. Não é nos conformarmos com como as coisas são; é tentarmos dar a nossa contribuição para ajudar na superestrutura da instituição, mas também aprender, trabalhar com o tabuleiro do jogo que temos. Muitas vezes, é encontrar soluções criativas.

Observar tendências de comportamento em diferentes escalas — no âmbito local, regional, nacional e internacional ou, ainda, em setores variados, de entretenimento, serviços, educação, mercado digital etc. — é importante para o processo de trabalho do seu *lab*? Poderia comentar alguns exemplos?

Isso faz parte do perfil das pessoas do iNOVA, sem nenhum tipo de formalização. São pessoas que estão com as antenas sempre ligadas, observando o que está acontecendo internacional e nacionalmente na área do digital e da inovação. Até agora, não tivemos a necessidade de formalizar um encontro trimestral ou semestral para definir os projetos dos próximos seis meses — isso acaba surgindo de maneira orgânica e horizontal. São pessoas muito interessadas em cada uma das áreas em que trabalham, portanto, há um levantamento quase que natural, de acompanhamento e de realização dessas tendências, seja por meio de eventos ou de projetos.

Qual o maior exemplo de sucesso do seu laboratório? Poderia contar sobre um projeto de que você se orgulha?

Nossa grande vitória, enquanto projeto de investigação aplicada, foi o projeto "RED", um convênio de quatro anos com a Direção Geral de Educação e com uma grande responsabilidade social. Nós éramos a entidade coordenadora da criação digital, mas respondíamos a um órgão do Ministério. O objetivo do projeto era a produção de recursos educativos digitais para crianças do primeiro ciclo e professores. Do ponto de vista de um projeto, seria esse.

Nós ainda não completamos uma década, embora na teoria das startups já tenhamos passado do *valley of death*.[2] E por não termos ainda passado essa década, eu acho que o projeto de que mais me orgulho é o próprio iNOVA media lab. É o fato de o laboratório em si ter sido capaz de afirmar-se no contexto português. Além disso, fomos copiados (não no nome), o que é a melhor forma de elogio. Desde 2015, quando da criação do iNOVA, outros dois laboratórios surgiram. A ideia, o conceito de laboratório foi replicada, e eu acho que isso é o melhor. Não é uma obra do iNOVA, mas quer dizer que aquilo que o laboratório veio fazer trouxe uma inovação.

O que é único do trabalho do seu laboratório?

É difícil dar respostas fechadas, pois, na verdade, nós não queremos fechar nada, mas eu diria equilíbrio de visão e de posicionamentos entre as ciências sociais, artes, humanidades e a tecnologia. Essa quádrupla hélice provoca o equilíbrio, fazendo com que essas partes "vivam no mesmo quarto", e não em "áreas separadas da casa".

Qual o papel do seu laboratório em relação à organização a que ele está vinculado?

Há duas possibilidades de resposta: uma prospectiva e outra factual, daquilo que já aconteceu. Nós, no contexto geral da Universidade NOVA de Lisboa, temos sido muito procurados, formalizando diversas parcerias e acordos de colaboração. A própria reitoria sabe que não existe outra subestrutura que reúne a capacidade computacional, artística, intelectual, sociológica como a nossa. Eu acho que é a singularidade do iNOVA para a Universidade. E isso nos dá uma espécie de versatilidade, podemos ser técnicos, tecnólogos, temos uma flexibilidade interna para atender às demandas da universidade. Não somos um centro interdisciplinar de sociologia, com quem partilhamos, por exemplo, interesses da agenda de investigação, porque temos uma agenda tecnológica também. E, ao mesmo tempo, não somos o centro multimídia das ciências da computação, porque temos um componente sociológico e antropológico. É essa singularidade, esse lugar de convergência que nos torna únicos também no contexto da Universidade NOVA de Lisboa.

Qual o papel do seu laboratório em relação ao futuro da sociedade?

Contribuir para a transformação digital centrada no humano em uma perspectiva social, contribuir para que haja uma conscientização social dos sistemas sociotécnicos, as chamadas "caixas pretas". Contribuímos para uma intervenção, em uma lógica de ligação das comunidades locais, isso por meio dos projetos, que podem durar muitos anos ou não, trabalhos de intervenção junto à comunidades com risco de exclusão, de abandono escolar, com workshops e etc. Seria uma frente dupla, pois queremos transferir competências, mas não é um ambiente formal, e em um ambiente informal de colaboração. É um ato cívico trazer pessoas que nunca entraram em uma universidade para conhecê-la. Muitas universidades hoje não têm muros físicos, mas existem muros sociais. O peso da palavra universidade já é suficiente para criar uma separação. Eu acredito pessoalmente que esse é o papel que o iNOVA tem: trabalhar com comunidades, tentar diminuir essas barreiras de ligação entre a sociedade e a universidade, o conhecimento científico.

Como você definiria seu *media lab* em uma frase?

Há uma palavra que é "Hackademic", uma mistura de acadêmicos com hackers. O iNOVA procura ser uma cultura de intersecção e de fronteira. Não importa com o que estejamos trabalhando, se é realidade aumentada, inteligência artificial ou etc., o que nos interessa é criar essa sinergia entre o social, a tecnologia e a cultura. Somos um espaço de intersecção ou fronteira, com sinergias entre o social, tecnologia e cultura, independente da materialidade tecnológica.

iNOVA Media Lab | 175

Desafios & Aprendizados

» A equipe de inovação precisa de tempo para criar, e esse tempo pode ser maior do que se espera.
» As pessoas são diferentes, e suas contribuições também serão diferentes. Em um organismo vivo de um laboratório de inovação, as pessoas não vivem à mesma velocidade. É necessário criar algum equilíbrio homeostático e zelar por ele.
» O lugar de convergência é o que torna o *media lab* único, com compromisso social.

Sobre o iNOVA Media Lab
Fundação: 2016
Número de colaboradores: 20 a 25
Website: www.inovamedialab.fcsh.unl.pt

MEDIA LABS CANVAS

Este quadro organiza os eixos mais importantes a serem considerados ao criar ou repensar a estratégia do seu laboratório, tanto no contexto externo quanto interno a laboratório.

Nome do Lab: iNOVA media lab   **Data:** 13.05.2022

Inovação
O que é inovação para o meu laboratório?

- Inovação Social
- Através das mídias digitais, contribuímos para uma lógica de diagnóstico, de intervenção ou de criação de um sistema, ou de produção de artefatos que ajudem a resolver um problema de natureza social cultura
- inovação social operada através das tecnologias emergentes
- Às vezes a inovação passa por fazer algo que é simples e não necessariamente com alta tecnologia
- aliar inovação social à inovação dos *media*

5

Valores/Características indispensáveis
Quais as (três) características indispensáveis do meu laboratório?

- inter- e trans-disciplinaridade
- Perfil de fronteira (*boundary work*)
- cultura de colaboração

6

Perfil da equipe
Quais as formações, expertises e perfis de quem atua aqui?

- perfis de fronteira - pessoas que não se sentem bem em apenas "um compartimento"
- Diversidade geracional e de titulações

7

Objetivo interno/relação organizacional
Qual o papel do seu laboratório em relação à organização e/ou ao ecossistema de inovação local, regional ou nacional?

- Articular artes, ciências e tecnologia das mídias, no contexto das Ciências Sociais
- Lab. de investigação e desenvolvimento formalmente integrados a Fundação para a Ciência e Tecnologia (FCT)
- Promover visão não disciplinar

3 pilares
- Investigação científica (1)
- Sustentabilidade: transferência de conhecimento, prest. de serviços, consultoria,... (3)
- Formação avançada (mestrado e doutorado) (2)

1

Propósito/Missão fundamental
Espaço de intersecção ou fronteira, com sinergias entre o social, a tecnologia e a cultura, independente da materialidade tecnológica

10

Recursos Necessários
O que precisamos para operar?

- Espaço de trabalho: chroma key, estúdio de produção, equipamentos
- Recursos intelectuais/ pessoas

9

Diferencial
O que é único do meu laboratório?

- Perspectiva de intervenção cívica nos problemas contemporâneos, através das mídias digitais
- Equilíbrio entre as ciências sociais, artes, humanidades e a tecnologia

8

Fontes de Receita
Quais são as fontes de receita?

- Editais públicos de pesquisa
- Transferência de conhecimento
- Prestação de serviço
- Consultoria

4

Público-alvo & Parceiros Principais
Para quem eu inovo?
Quem utiliza/usa/ experimenta as minhas inovações?
Quais são os parceiros principais do meu laboratório?
Para quem e com quem eu existo?

- Governo
- Empresas
- ONGs
- Institutos
- Sociedade/ comunidades locais
- Universidades
- Associações

3

Fontes de Inspiração
Quais as fontes de inspiração para os meus projetos?
Quais problemas do mundo inspiram as minhas inovações?
Como renovamos e encontramos oportunidades para inovar/trabalhar?

- Solicitações de parceiros e clientes
- Oportunidades de contribuir com a sociedade
- Oportunidades identificadas pela equipe
- Investigações e pesquisas acadêmicas dos membros do lab

2

CAPÍTULO 16

Media Lab Bayern

Construindo o futuro da mídia por meio da aceleração de startups e da cultura de inovação

Lina Timm fundou o Media Lab Bayern em 2015 para ajudar profissionais a iniciar seus próprios projetos inovadores em mídia digital. Em 2019, ela levou sua expertise para uma escala maior como CEO do Medien.Bayern, assumindo também a liderança do Media Lab Bayern, Media Lab Ansbach, Start into Media and Games/Bavaria. Lina está empenhada em trazer inovação e talento inovador para o cenário da mídia na região da Baviera, na Alemanha. Ela também é membro do Conselho Consultivo da WAN-IFRA *Global Alliance for Media Innovation* (GAMI). Para ela, o primeiro trabalho de uma líder é motivar suas equipes a construir produtos excepcionais que os usuários adorem. Para conseguir isso, é preciso incentivar experiências destemidas, desenvolver uma mentalidade inovadora e cultivar uma cultura de aprendizado constante, as premissas que também defende no Medien.Bayern.

"O principal aprendizado que tive durante esses sete anos de experiência neste ambiente e em tentar definir inovação é que inovação não é um golpe de gênio em que alguém acorda pela manhã e pensa 'Bem, essa é a minha ideia e agora vou me tornar um unicórnio com ela.' (...) Para nós, e eu pessoalmente acredito, que o que é realmente verdade sobre a inovação é que ela é uma iteração constante."

Você poderia contar brevemente a história do *media lab*? Quando foi fundado, quais foram os objetivos iniciais? Eles ainda permanecem?

A ideia inicial surgiu da autoridade reguladora bávara para novas mídias (*Bayerische Landeszentrale für neue Medien — BLM*), que queria apoiar a inovação em mídia. Ela regulamenta a mídia privada, como o rádio e a televisão na Alemanha. Eles viram uma falta de inovação nessas estações de televisão e rádio, especialmente em nível local. Nosso diretor, então, pensou que havia também algo a fazer para que a BLM apoiasse a inovação. Foi quando eu entrei e tivemos uma ideia relacionada à do Ministério da Economia aqui na Baviera para apoiar startups e para construir um cenário inicial.

Nós desenvolvemos o primeiro conceito de apoio a startups de mídia, que era algo muito novo em 2015. Porque, na verdade, não havia muitos casos desse tipo, nem de conteúdo, nem software ou de startups de serviços. Porém, havia como que um pequeno e minúsculo ecossistema de projetos de conteúdo em torno de notícias no jornalismo. Essa era a ideia inicial: apenas apoiar novos projetos de mídia e apoiar a inovação. Portanto, esse foi o foco principal no início. E ainda é, embora, tenhamos ampliado esse enfoque com o tempo.

Vinda do jornalismo, eu mesma sabia que é muito difícil conhecer desenvolvedores e designers UX, gerentes de projetos ou empresários, porque você está sempre na bolha do jornalismo. Mesmo quando se está em grandes empresas de mídia, não se fala com o lado comercial "porque se é jornalista". Isso não funciona para inovação porque você precisa de todas essas habilidades para novos projetos. Portanto, a ideia inicial era reunir essas pessoas, seja por meio de eventos, de uma rede, de um espaço de coworking, que fica em Munique, e a partir daí, tudo evoluiu. Começamos com um primeiro grupo em 2015, quando recebemos quatro startups.

A oferta inicial foi: você pode usufruir do espaço no escritório e receber 10 mil euros. Você pode aplicar/usar isso em um período de seis meses. O programa de mentoria (de startups) tem sido desenvolvido desde então. Inicialmente, tivemos os primeiros programas, que não foram tão bons quanto são hoje. Mas nós começamos mesmo como mentores para as equipes. Foi quando procurei as pessoas e questionei: "Do que você precisa? Quais são os seus problemas?" E então tentei encontrar alguém que pudesse ajudá-las com essas questões. E a partir disso, criamos um programa muito estruturado. Porque, desde as primeiras equipes, aprendemos que, como uma empresa iniciante, você não sabe qual é seu problema. Você não pode pedir algo se não souber qual é o problema que está resolvendo. Temos agora uma abordagem muito estruturada, e as startups simplesmente seguem o programa. Essa ideia de apoiarmos a inovação na mídia, por intermédio de startups e com startups, ainda é o nosso pilar principal.

A primeira iteração que fizemos foi porque vimos muitas pessoas se interessando pelo nosso programa, mas que ainda não tinham a equipe para iniciar uma startup ou a ideia estava muito embaçada. Então, criamos algo antes do programa de startups para obter essas ideias bem cedo e construir um programa em torno disso. Até agora, iteramos isso uma dúzia de vezes, porque é difícil trabalhar nesse âmbito.

Em algum momento, a própria indústria de mídia e as grandes empresas de mídia se interessaram por nós e pelo talento que tínhamos e nos perguntaram se poderíamos ajudá-los a se tornar mais inovadores também. Assim, por outro lado, construímos um pilar em torno do apoio às empresas de mídia estabelecidas e criamos programas para elas. Agora temos programas para cada estágio e programas para diferentes tipos de "camadas". Há um programa para o jornalismo focado em paz, há um programa que fazemos com um parceiro, há um programa especialmente para startups de conteúdo. E ainda temos a camada principal: inovação tecnológica e de conteúdo.

Na sua opinião e na visão de seu laboratório, o que é inovação?

O principal aprendizado que tive durante esses sete anos de experiência neste ambiente e em tentar definir inovação é que inovação não é um único golpe de gênio em que alguém acorda pela manhã e pensa: *"Bem, essa é a ideia e agora vou me tornar um unicórnio com isso."* Um colega meu uma vez definiu como sendo inovação de 10%. Para nós, e eu pessoalmente acredito que o que é realmente verdade sobre a inovação, é que ela é uma constante iteração. Você pega o que está funcionando e olha para algo que não está e tenta melhorar. E, então, você coloca inovação sobre inovação, sobre inovação... e em algum momento isso se torna uma coisa nova muito disruptiva. Mas se você olhar as camadas, na verdade não é. E se você olhar para a história, não é, porque foi construída uma experiência

sobre a outra. Meu exemplo favorito para isso é a Netflix, porque todos dizem que a Netflix revolucionou a indústria, mas não o fizeram desde o início: eles literalmente enviavam DVDs de filmes pelos correios. Isso não é o streaming *que conhecemos hoje e* isso não é nada inovador.

Como você descreveria o perfil daqueles públicos que trabalham com você ou estão engajados com você em termos de *soft skills*?

Nunca me fizeram essa pergunta antes. Isso é interessante. Em termos de habilidades, eles são incrivelmente curiosos. Todos querem descobrir algo, e se têm uma questão-problema, querem aprender. Contrato pessoas que trazem consigo uma mentalidade de aprendizagem "bem, ainda não sei como fazê-lo, mas posso descobrir de alguma forma". É engraçado, porque não temos aqui ninguém que seja do tipo "eu sei tudo e sei como funciona". Realmente vem junto com a inovação, porque com inovação, você não sabe antes o que vem, você tem que explorá-la. E todos eles se sentem confortáveis em não saber o resultado. Se você não se sente confortável em não saber qual pode ser o resultado, ou pelo menos algumas peças que são desconhecidas ou algo que você ainda tem que explorar, então você não funciona no espaço da inovação.

Acho que outra característica é que são pessoas muito motivadas. Os fundadores [das startups], é claro, são muito motivados por suas próprias ideias e por quererem ser independentes e construir suas próprias coisas. Aqueles que vêm de empresas de mídia também são motivados, não tanto quanto os fundadores [empreendedores das startups], porque ainda têm essa falta de segurança. Eu estou em uma posição segura e posso inovar com isso. Mas ainda estou motivada a fazer algo a mais do que exclusivamente o meu trabalho diário. E as pessoas aqui no laboratório também têm isso. Eu diria que há até uma parte impulsionada por um propósito, porque estamos em um espaço de mídia e de inovação, todos eles querem fazer algo positivo para a sociedade.

Quantas pessoas fazem hoje parte do *media lab* e quais são as principais áreas em que atuam?

Há cerca de vinte funcionários no laboratório. Temos um laboratório em uma pequena cidade no norte da Baviera, onde há cinco pessoas trabalhando, e no laboratório principal, em Munique, há quinze pessoas. Eu tento ser bastante consciente em termos de diversidade para contratação e diversidade etária. Não somos tão bons nisso no momento, apesar de estarmos ficando melhores. Nosso pessoal tem entre 20 e 50 anos.

À medida que crescemos, alguns deles cresceram conosco ao longo dos anos, como eu. As pessoas se encaixam no laboratório independentemente de sua idade, mas por causa de sua mentalidade. Você tem que ter essa mentalidade específica, como a da experimentação.

Em termos de *background* e áreas em que atuam, os mais evidentes são os de marketing. Normalmente, estamos divididos entre os programas e o marketing. Estes são os que trabalham em conjunto com as equipes, com as startups, montam os programas, e administram isso. Poderíamos chamá-los de gerentes de projeto e gerentes de marketing. Muitos dos gerentes de marketing trabalhavam em agências, alguns deles trabalhavam em empresas de mídia, tinham alguma experiência anterior com diferentes abordagens do marketing, mas nós também contratamos alguns ex-estagiários.

Para os gerentes dos programas, o histórico é, na verdade, muito diversificado, porque não é um trabalho que você possa aprender em algum lugar. E é engraçado porque um colega meu disse certa vez: "Bem, se eu não fizer isso, em que sou realmente bom?" Então, qual seria o próximo trabalho? Eu diria que é a gestão de projetos, mas é uma parte tão específica porque eles também são consultores para as startups. Eles são formadores de redes de contatos incríveis com todos os mentores. Eles são planejadores incríveis e, na verdade, gerentes de projetos, porque eles têm que manter tudo funcionando.

Mas é um espectro amplo e, ao mesmo tempo, um nicho. Portanto, é uma descrição muito engraçada, na verdade. Alguns deles já tinham trabalhos de inovação antes, outros estavam na mídia e depois viraram gerentes de projeto em uma agência e daí vieram até nós. Eles geralmente já tiveram algum contato com a inovação antes, mas não necessariamente com startups.

Você poderia falar um pouco mais sobre o processo de inovação? Como as pessoas podem entrar para o laboratório?

É possível se inscrever em nossos diversos programas, a depender do interesse de cada um. Para a fase de ideação, temos a fase mais básica, a escola de verão, onde é possível desenvolver uma primeira ideia. Depois, para profissionais ou pessoas mais experientes, temos a bolsa de pesquisa e desenvolvimento, um trabalho de seis meses na sua ideia. Dali pode sair para a *Media Startup Fellowship*, um programa de nove meses para construir uma startup. A partir disso, há o programa de aceleração que investe 50 mil euros em um ano para o crescimento da startup. E isso é o principal caminho desde a primeira ideia até, com sorte, uma organização no futuro.

Se você vier de uma empresa de mídia, pode participar das oportunidades de financiamento dirigidas a esse tipo de organização, que se concentram na cultura da inovação. Aprendemos que ajudar as empresas de mídia a construir produtos não resulta em nada se a cultura da inovação não estiver presente. É por isso que modificamos o programa para a cultura da empresa. Mas a organização inteira tem que se inscrever, e depois nos encaminhar/ceder tempo dos principais envolvidos com quem formos trabalhar.

Ainda, temos alguns programas específicos, como o *Media Tech Lab*, que é especialmente para desenvolvedores que querem trabalhar em um projeto de código aberto ou querem fazer algo com a mídia, ou ainda não pensaram na mídia até agora, mas têm uma ideia bacana. Eles recebem 50 mil euros por seis meses para construir um projeto. Temos também um programa muito especial, o projeto *Media for Peace*, onde você pode se candidatar para levar o jornalismo ao Líbano e ao Afeganistão.

Como o laboratório se sustenta financeiramente?

Nosso principal financiador é o governo, que é responsável por cerca de 70% da nossa receita. Depois, temos a indústria da mídia e vários parceiros. Por exemplo, o projeto *Media for Peace* estamos fazendo em conjunto com a *Universität der Bundeswehr* aqui na Alemanha.

Quais são as fontes de inspiração para o laboratório?

Acho que, na verdade, só há uma resposta para isso e é a pesquisa com o usuário. Desde os primeiros mentores, aprendemos muito sobre os métodos de inovação em torno do Design Thinking, da Lean Startup e de tudo o que deve ou pode vir do usuário. Mas não como o que o usuário quer, mas o que ele precisa e o que é preciso descobrir para produzir.

O que estamos fazendo como equipe é ouvir nossa indústria, ouvir nossos parceiros, ouvir nossas startups. Somos grandes fãs de retrospectivas. Após cada etapa importante do programa ou sempre que ele termina, fazemos retrospectivas, coletamos feedback, por exemplo, das startups. Essa é a principal fonte de inspiração sobre o que mudar no programa. Pegamos esse feedback e encontramos o padrão nele e experimentamos algo a mais. É, literalmente, experimentar outra coisa. E se isso não funcionar, experimente a próxima coisa.

Tenho sempre um feeling, um feeling informado, de que algo está mudando no setor e que normalmente está mudando a cada seis meses mais ou menos. Mas esse sentimento instintivo, na verdade, é algo fundamentado, porque se ouve algo aqui e se ouve algo ali. Estou falando muito com os parceiros e tento absorver tudo, como uma esponja, e em algum momento isso apenas se forma. Minha pergunta favorita é: "Qual é o seu maior obstáculo neste momento? Ou o seu maior problema? Ou o que o mantém acordado à noite?" Eu nunca perguntei isso dessa maneira, mas essa é a ideia por trás disso. Acho que conversar com pessoas que são parceiras no setor é nossa principal inspiração.

O que há de único no Media Lab Bayern?

Nós constantemente questionamos o que fazemos e nunca achamos que é tarde demais para mudar alguma coisa. Você pode ver isso em eventos, e há um momento específico: nossas melhores ideias costumam vir três dias antes de o evento acontecer. Simplesmente fazemos algo para reunir tudo isso, porque faz muito sentido, mas nunca dizemos: "Agora é tarde demais. Vamos fazer isso da próxima vez." A qualquer momento que você tiver uma ideia, nós iremos fazer isso. A outra característica única é que todos se sentem confortáveis com a inovação, mas também são apaixonados por experimentar suas próprias ideias. Eu realmente acredito que essa é uma cultura que você tem que fomentar, as pessoas se sentindo confortáveis em simplesmente experimentar e trazer seus próprios insights. Todos são muito dedicados ao projeto, pensam muito nisso, porque é totalmente deles e eles próprios querem fazer o seu melhor. E também o tempo todo com o usuário em mente, porque nós o enfatizamos muito.

Quais são as três características que qualificam seu *media lab*? Por quê?

Experimentação constante e destemida, "obsessão" pelo usuário e um equilíbrio saudável entre o trabalho administrativo e o foco em fazer algo por nosso público-alvo. Nós colocamos nossos processos e nós mesmos à disposição para fazer o que melhor funcionar para a sua ideia, nós buscamos talentos para suas equipes, o que você precisar... Então, talvez algo em torno de disponibilidade para ajudar.

Em sua jornada particular no *media lab*, quais são os principais desafios e lições aprendidas até agora?

O principal fator de sucesso do *media lab* é que nós também vivemos nossa cultura de inovação. Manter isso enquanto crescíamos como lab foi um desafio enorme, onde aprendi muito, onde experimentamos muito, onde cometemos erros até encontrarmos alguns processos e procedimentos que funcionassem. Era muito sobre ajudar as pessoas a se situarem, mas também sobre mudar junto com as pessoas que entravam. É importante continuar sendo inovador, mas também dar a todos o espaço para serem inovadores, enquanto você como equipe e você como empresa cresce e seus projetos crescem.

No início, era um momento muito divertido, onde, se algo não funcionava, não importava, nós apenas seguíamos para o próximo desafio. Ninguém está esperando nada de nós, de qualquer maneira. Foi um momento divertido. Então, depois de três anos, isso realmente mudou, porque então eu senti que agora temos algum sucesso com isso, então precisamos manter esse sucesso. E isso nem sempre acontece ao ser inovador. Era algo ao qual eu precisava me ajustar, e tive que perceber que o fator de sucesso não é que o projeto funcionou, mas que nós experimentamos. A experimentação e o questionamento constante das coisas, esse é o nosso fator de sucesso. Nós podemos nos adaptar constantemente ao mercado lá fora, aos nossos stakeholders, somos mutáveis, podemos construir outra empresa amanhã.

Em resumo, como continuar sendo inovador e, então, saber superar a armadilha? Eu realmente digo "armadilha" porque, ao ter resultados bem-sucedidos, é comum não mudar mais nada. E acho que esse é o maior equívoco. "Se for bem-sucedido, simplesmente não mude nada porque então continuará a ser bem-sucedido?" Bem, isso é impossível, porque tudo ao redor está mudando o tempo todo.

O *lab* tem muitos tipos diferentes de startups. Qual seria o maior exemplo de sucesso no laboratório?

Como você define sucesso? Se é por dinheiro, então há uma startup que tem um maior investimento. Depois há outra startup que tem a maior receita. Ou é uma ideia nova muito interessante que traz impacto na sociedade, porque mais pessoas são informadas sobre os tópicos de política democrática? Para mim, todos esses são fatores de sucesso, e eu não conseguiria classificá-los na totalidade.

A ideia é construir startups saudáveis que possam ser financeiramente sustentáveis por si mesmas sem nenhum outro financiamento externo, e ter um modelo de negócio que funcione no mercado. Esse é o objetivo. Quase sempre, conseguimos isso. E o quanto elas crescem depende realmente da indústria e da ideia, e de tudo em que elas estão envolvidas. Se você pode sustentar a empresa e a que ritmo ela consegue crescer. Considerando as empresas com as quais trabalhamos, esse é outro fator de sucesso. Mas para mim, trata-se realmente de: nós temos como ajudá-las a se tornarem mais inovadoras por si mesmas? Conseguiremos ajudá-las a transformar sua cultura? Seus próprios recursos podem construir novos produtos no futuro e trazer receita por si próprios? Trazemos a eles a metodologia, a mentalidade, o que quer que seja que seu pessoal e sua empresa possam transformar.

E você poderia citar alguns exemplos de projetos que já passaram pelo laboratório?

Considerando as startups, há a *Rosamag*, que é uma revista online para mulheres negras alemãs. Outra startup é a *Plantura*, que é uma revista digital de jardinagem rentabilizada via e-commerce e que funciona incrivelmente bem. O projeto ainda recebeu financiamento de *venture capital* [capital de risco], o que mostra que ele funciona tanto em termos de conteúdo quanto de startup. Há também a Fusionbase, que coleta dados para o jornalismo de dados e também para outros usos. Eles limpam os dados para que seja possível usá-los mais facilmente, além dos *datasets* que permitem aos jornalistas acessar os dados públicos da melhor forma. Há, ainda, uma empresa de mídia que desenvolveu uma nova forma de receber as pessoas na organização (para a estratégia de boas-vindas, *onboarding*). Eles construíram um programa totalmente novo sobre como recrutar/receber novas pessoas na organização, como ajudá-las a conhecer a empresa, a conhecer seu trabalho e a aprender como podem ser mais inovadoras.

Qual seria o papel de seu laboratório no que diz respeito ao futuro da sociedade?

O papel geral, ou a missão como um *media lab*, é permitir a inovação. Não conseguimos decidir entre facilitadores e encorajadores, por isso chamamos a nós mesmos de "facilitadores de encorajamento" [*empowering enablers*], mas o que isso significa é que queremos ajudar outras pessoas a construir o futuro da mídia.

Minha ideia muito pessoal por trás disso é que o jornalismo precisa chegar a todos. O jornalismo de qualidade precisa chegar a todo mundo, e nós perdemos esse aspecto se não nos mantivermos inovadores como indústria e se não seguirmos com novos canais, novas tendências e adaptando nosso jornalismo para ajudar as pessoas a usar a mídia, que está em constante mudança e evolução. Há tanto talento lá fora, há grandes ideias, e queremos ajudá-los a descobrir qual poderia ser a melhor alternativa.

Como você definiria o Media Lab Bayern?

O *media lab* apoia a todos que querem construir o futuro da mídia enquanto descobrem como isso pode funcionar.

Desafios & Aprendizados

» O fator de sucesso não é que este projeto tenha funcionado, mas que tenhamos experimentado e aprendido com isso.
» É importante continuar sendo inovador, mas também dar a todos o espaço para serem inovadores, enquanto você como equipe e você como empresa cresce e seus projetos crescem.
» Superar a concepção equivocada de que se algo é bem-sucedido, você não precisa mudar nada. Tudo ao redor está mudando o tempo todo, portanto, você não terá sucesso se apenas se mantiver o mesmo.

Sobre o Media Lab Bayern
Fundação: 2015
Número de colaboradores: 20
Website: https://www.media-lab.de/

Media Lab Bayern 187

MEDIA LABS CANVAS
Este quadro organiza os eixos mais importantes a serem considerados ao criar ou repensar a estratégia do seu laboratório, tanto no contexto externo quanto interno a laboratório.

Nome do Lab: Media Lab Bayern **Data:** 14.09.2022

Inovação
O que é inovação para o meu laboratório?
- A inovação não é um golpe de gênio
- Inovação é iteração constante
- A inovação em cima de inovação leva você a algo disruptivo

Valores/Características indispensáveis
Quais as (três) características indispensáveis do meu laboratório?
- "Obsessão" pelo usuário
- Equilíbrio entre o trabalho administrativo e o foco em fazer algo pelo público-alvo
- Experimentação constante e destemida

Perfil da equipe
Quais as formações, expertises e perfis de quem atua aqui?
- Incrivelmente curioso
- Impulsionado para trazer 110% para a mesa
- Mentalidade de aprendizado constante
- Formações e experiências mais comuns são em marketing e/ou inovação e/ou mídia

Objetivo interno/relação organizacional
Qual o papel do seu laboratório em relação à organização e/ou ao ecossistema de inovação local, regional ou nacional?
- facilitar e encorajar a inovação
- Apoiar startups e construir o cenário de startups na Baviera
- Ajudar empresas de mídia a se tornarem mais inovadoras
- Ajudar outras pessoas a construir o futuro da mídia
- O jornalismo precisa chegar a todos

Propósito/Missão fundamental
Por que (e para quem) estamos fazendo isso?
O media lab apoia a todos que querem construir o futuro da mídia enquanto descobrem como isso pode funcionar

Recursos Necessários
O que precisamos para operar?
- Espaço colaborativo
- Equipe interdisciplinar e motivada

Diferencial
O que é único do meu laboratório?
- Questionamos constantemente o que fazemos e nunca pensamos que é tarde demais para mudar alguma coisa
- Todos se sentem à vontade com a inovação e são apaixonados por experimentar também suas próprias ideias

5   6   7   10   9   8   1

Fontes de Receita
Quais são as fontes de receita?
- Indústria da mídia
- Fundos públicos: Nosso principal patrocinador e financiador é o governo (70%)
- Outros parceiros (universidades, etc)

4

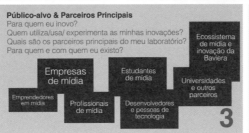

Público-alvo & Parceiros Principais
Para quem eu inovo?
Quem utiliza/usa/ experimenta as minhas inovações?
Quais são os parceiros principais do meu laboratório?
Para quem e com quem eu existo?
- Empresas de mídia
- Estudantes de mídia
- Ecossistema de mídia e inovação da Baviera
- Universidades e outros parceiros
- Empreendedores em mídia
- Profissionais de mídia
- Desenvolvedores e pessoas de tecnologia

3

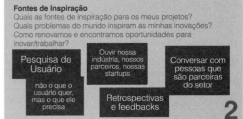

Fontes de Inspiração
Quais as fontes de inspiração para os meus projetos?
Quais problemas do mundo inspiram as minhas inovações?
Como renovamos e encontramos oportunidades para inovar/trabalhar?
- Pesquisa de Usuário — não o que o usuário quer, mas o que ele precisa
- Ouvir nossa indústria, nossos parceiros, nossas startups
- Conversar com pessoas que são parceiras do setor
- Retrospectivas e feedbacks

2

CAPÍTULO 17

IdeiaGlobo | PUC-Rio
Cocriação entre universitários e
Grupo Globo para a inovação digital

O IdeiaGlobo aproxima a academia e o mercado de trabalho por meio de projetos experimentais. Nesta entrevista, Rafael Nasser, Eliseu Barreira e Victor Dueire contam como um único ambiente pode desafiar e formar profissionais mais inovadores unindo prática e aprendizagem. O professor **Rafael Nasser** é doutor em ciência da computação e coordenador do ECOA, ecossistema de inovação aberta da Pontifícia Universidade Católica do Rio de Janeiro (PUC-Rio), responsável pelos Programas de Inovação Tecnológica (PIT) da universidade, como o IdeiaGlobo, atuando com especial olhar para o fortalecimento da cooperação Universidade–Empresa e da multidisciplinaridade. **Eliseu Barreira** é graduado em jornalismo pela Universidade de São Paulo (USP), com especialização em gestão de negócios na Fundação Dom Cabral (FDC), gestão de marketing na Fundação Getúlio Vargas (FGV) e negócios de assinaturas digitais na Stanford University (SU). Apaixonado por internet, tecnologia e novas mídias, atua desde 2009 com comunicação e marketing digital. Atualmente, é gerente de Portfólio de Produtos e Serviços Digitais, Tendências & Experimentações da Globo, a maior empresa de mídia do Brasil e da América Latina. **Victor Dueire** é especialista em portfólio & trends na Globo. Trabalhou como consultor de negócios no Porto Digital. Tem experiência em gestão de projetos, produtos digitais, modelos de negócios, design thinking e criatividade.

> "O processo ajuda a Globo a atrair talentos, gerar insights para seus diferentes produtos e propõe projetos que podem ser absorvidos pela empresa. Para nós, como universidade, é uma forma de proporcionar uma experiência de aprendizado diferenciada e fazer acontecer a inovação na prática (...) A universidade não possui todos os conhecimentos. Esse ambiente de cocriação coloca junto o conhecimento da empresa na sua área de atuação, a energia e desprendimento dos alunos e os conhecimentos e metodologias que a universidade domina."
>
> Rafael Nasser

> "Eu, enquanto estudante universitário, não aprendi a vender ideias para um executivo, pensar sobre problemas de negócio, receber feedbacks negativos muito diretos. São coisas que tradicionalmente não existem muito na universidade. Neste programa, os estudantes vivem isso. É uma exposição que faz com que esses estudantes amadureçam muito rápido — e tem a ver com o próprio formato do programa."
>
> Eliseu Barreira

Quando o laboratório foi fundado? Quais eram os objetivos iniciais? Poderiam contar um pouco da trajetória de vocês como *media lab*?

Eliseu Barreira: A parceria começou em 2018, em um contexto em que a Globo estava passando por movimentos de transformação digital. Foi aí que começou o projeto "Uma só Globo". A ideia era reunir todas as diferentes unidades de negócios embaixo de um único guarda-chuva, com um grande objetivo de fazer a transformação digital da Globo, para continuar sendo relevante para a vida e para o dia a dia do consumidor.

Quando tivemos o primeiro encontro com a PUC-Rio, estávamos ainda no momento de unificação de empresas. Uma das frentes em que a gente tinha começado a atuar era a de dados, no sentido de gerar oportunidades de novos negócios.

Começamos as discussões com a PUC-Rio, que nos apresentou um modelo de ensino focado em desafios, e nós decidimos começar o projeto, com foco em dados. Fizemos uma primeira reunião na PUC-Rio com diferentes lideranças da empresa, que eram responsáveis pelo braço digital, para levar as nossas dores, os nossos desafios para eles — e tudo isso foi convertido nos temas que a gente trabalhou no primeiro ano de programa.

O objetivo principal era o de estar conectado com a academia e com os mais jovens, no sentido de conseguir ter provocações e de conseguir pensar sobre uma série de assuntos que a equipe da Globo, no modo automático do cotidiano, não tinha tempo ou foco para pensar. Então, era muito um momento de respiro, de ser provocado pelos excelentes professores, mas também pelos estudantes, que, no final do dia, são os consumidores potenciais dos produtos que queremos colocar no mercado. Então, era (e é ainda) quase como um grupo focal que vai pensar ideais, desafios de negócios e vai atuar conosco de forma propositiva.

O segundo objetivo era o da formação de talentos. A seleção dos estudantes do programa busca estudantes de outras universidades, perfis diversos e, durante a pandemia, passou a selecionar participantes de outras regiões do Brasil. São estudantes que passam um ano trabalhando nos nossos desafios de negócio (da Globo), interagindo com os executivos da empresa, entendendo o *mindset*, a cultura, enfim, como que as coisas funcionam. Ao final desse programa, temos profissionais muito preparados para entrar no dia a dia da organização. Um dos KPIs[1] de sucesso desse projeto é conseguir aproveitar quase 100% dos talentos. Em 2021, foram 23 estudantes contratados ao final do programa.

O terceiro objetivo era o de aplicar as ideias propostas pelos estudantes durante o ciclo do programa. Queríamos ter uma alta taxa de implementação dos projetos dentro da empresa. Ao longo do tempo, entendemos que talvez não fosse necessariamente aquilo que a gente deveria buscar. Por uma série de razões internas da Globo, existia uma dificuldade de implementar. Então entendemos que o grande valor não era implementar algo de fora para dentro, e sim provocar algo dentro da empresa.

Quais as fontes de inspiração para o *lab*? De que *inputs* partem os seus projetos?

Eliseu Barreira: O projeto nasceu dentro da TV Globo no contexto da unificação das empresas. Em 2020, surge a área de mídias digitais do Grupo Globo, com uma estratégia *crossmedia*. Quando tem essa virada, o programa, que antes estava circunscrito a questões da TV Globo, passa a ter um olhar para todos os desafios do negócio digital. Nesse processo, nós

fizemos o *rebranding* do programa. Ele deixa de se chamar Globo Lab Dados e passa a se chamar IdeiaGlobo.

Os *inputs* vêm das dores da área digital da Globo. Nós conseguimos, junto à PUC-Rio, testar diferentes abordagens, problemas do hoje, do amanhã, do que vai acontecer daqui a cinco, dez anos. Aí são provocações para os estudantes, de imaginar um futuro em que todos os produtos de hoje não existem mais. Foi bem desafiador. Hoje estamos em um terceiro momento, que é o de combinar um pouco das duas coisas (o hoje e o futuro). O *rebranding* não foi sem motivo, passamos a chamar o programa de IdeiaGlobo por esse motivo.

A estrutura de recursos (seja humanos, seja de materiais/equipamentos) é fixa no laboratório? Vocês poderiam explicar como está atualmente organizada a lógica do *lab*? Como o laboratório se mantém financeiramente?

Rafael Nasser: Trabalhamos por edições de 12 meses, e em cada edição, são selecionados 24 estudantes. O único requisito é ser estudante de graduação, então temos pessoas de diversos cursos e universidades. Os participantes são divididos em oito times, e esse agrupamento acontece a cada três ou quatro meses. Ao longo de uma edição, um estudante participa de três times diferentes, o que potencializa a sua formação para trabalhar em equipe e o olhar por diferentes perspectivas.

Propomos para eles o que chamamos de "Big Idea", que tem origem na metodologia de Aprendizagem Baseada em Desafio, que podemos traduzir não como "grande ideia", mas é mais próximo ao que poderíamos entender como uma inspiração/provocação. A gente debate muito sobre quais serão essas inspirações, os *inputs* de cada ciclo, que é esse período de três a quatro meses. As atividades vão desde receberem um monte de provocação: palestras que a Globo faz, palestras que a PUC-Rio faz, convidados, dinâmicas e etc. Então, eles começam o processo investigativo porque, por mais que se tenha gerado muita provocação, cada time foi sensibilizado de uma forma em relação à grande ideia e todo seu contorno.

Os estudantes começam a convergir, encarar o problema que eles querem resolver e aí defender isso, a partir de um processo de mentoria. Depois, começa-se a discutir a solução, sobre como o grupo vai entregar valor para a Globo. Quando isso está claro, marcamos o *Pitch Day*, que é o dia de lançar as propostas para um fórum ampliado, em que a Globo traz executivos, especialistas de áreas afins à proposta que está sendo discutida. Esse é o momento de receber o feedback, e pode acontecer de tudo: destruir a ideia e ter que recomeçar ou potencializar a ideia. Cada grupo trabalha em cima desses feedbacks a fim de construir uma tangibilização que permita a demonstração da ideia, e isso pode ser um protótipo ou um mínimo produto viável (MVP). No final, tudo converge para o *Demo Day*, o momento de mostrar aquilo que foi desenvolvido, que permite um retorno muito mais qualificado. É aquela visão do "vamos falhar rápido", pois são três estudantes durante quatro meses. As coisas são aceleradas, mas isso traz diversidade, possibilidade de vivenciar experiências. Tudo isso acontece em quatro meses, e aí zeramos tudo e começa de novo: trazemos uma inspiração nova, organizamos os grupos e começamos novamente o trabalho em grupo.

O processo ajuda a Globo a atrair talentos, gerar insights para seus diferentes produtos e propõe projetos que podem ser absorvidos pela empresa. Para nós, como universidade, é uma forma de proporcionar uma experiência de aprendizado diferenciada e fazer acontecer a inovação na prática. Eu brinco com os estudantes que eu não tenho o gabarito, pois se eu soubesse a resposta, era só eu falar "faz assim". O programa gera muito valor para os estudantes, que são diferenciados no mercado de trabalho, pois eles experimentaram, falaram com executivos, viveram uma experiência de trabalho e inovação, aprenderam um monte de ferramentas, de tecnologia, algo que levaria dez ou vinte anos em outro cenário.

Eliseu Barreira: Eu, enquanto estudante universitário, não aprendi a vender ideias para um executivo, pensar sobre problemas de negócio, receber feedbacks negativos muito diretos. São coisas que tradicionalmente não existem muito na universidade. E neste programa, os estudantes vivem muito isso. É uma exposição que faz com que esses estudantes amadureçam muito rápido — e tem a ver com o próprio formato do programa. A metodologia nos permite fazer adaptações, para testar diferentes temas: desde como aumentar a audiência até como as pessoas consumirão notícias daqui a dez anos. Os times de estudantes têm padrinhos dentro da empresa, pessoas que orientam sobre as ideias que aquele grupo está tendo, indicando outras pessoas com as quais conversar e pedir orientação. Ter a participação dos padrinhos da Globo é muito importante, porque os grupos têm a oportunidade de troca com esses profissionais, mas esses profissionais também estão trocando com os estudantes.

Quantas pessoas fazem parte do projeto?

Rafael Nasser: São 24 estudantes com dedicação de 20 horas semanais, um horário fixo das 14h às 18h, todos recebendo bolsa pesquisa/estágio. É um trabalho remunerado, o vínculo funcional é com a PUC-Rio, que tem um acordo de cooperação com a Globo para financiar as bolsas, os equipamentos e o custeio da operação do programa com um todo. O programa é presencial, e nós temos um espaço físico moderno para esse laboratório — que é onde os estudantes ficam. Todos os participantes têm acesso a um computador e aos recursos tecnológicos oferecidos pela universidade. São mais de dez mentores da PUC-Rio envolvidos no Programas de Inovação Tecnológica (PIT) do ECOA PUC-Rio. Usamos esse termo para passar a visão de que o professor é muito mais um facilitador da jornada desses participantes. Cada grupo tem um padrinho, então são sete a oito padrinhos da Globo.

Eliseu Barreira: Na rotina do dia a dia do programa, são três pessoas da Globo envolvidas na coordenação. Eu faço a orientação durante o programa e já vou derrubando as ideias que não fazem sentido e redirecionando o que precisa redirecionar. O número de executivos da Globo na banca para cada *Pitch Day* e *Demo Day* varia de seis a sete pessoas.

Qual o maior exemplo de sucesso do laboratório? Poderiam contar sobre um caso de que vocês se orgulham?

Eliseu Barreira: No terceiro ciclo, tentamos implementar um projeto do programa na Globo. Chegamos à conclusão de que só conseguiríamos fazer isso se tirássemos os estudantes de dentro da rotina do programa e colocássemos dentro de uma rotina da Globo, com padrinhos e pessoas que os apoiariam na execução do projeto. Criamos assim uma fase para depois do *Demo Day*.

Victor Dueire: Dos 24 estudantes, a gente destacou três. São três ciclos, e os estudantes desenvolveram suas soluções com base no tema, que à época era dados do consumidor. Eles apresentaram o *Pitch* e o *Demo*, e um dos oito projetos chamou mais atenção, e nós quisemos implementar a ideia e sinalizamos isso pra PUC-Rio. Escolhemos dois estudantes desenvolvedores e um estudante com um olhar mais orientado ao design. Os estudantes que apresentaram o projeto no *Demo* não foram os mesmos inseridos na Globo para desenvolver o projeto. Foi uma dinâmica em que tivemos que controlar um pouco a expectativa, no sentido de que o estudante não está sendo contratado pela Globo. Ele está vindo como um participante do programa para implementar essa solução no dia a dia. A gente precisou não apenas mobilizar o time que receberia os estudantes, mas também mostrar os produtos. O objetivo era o de que pudéssemos testar um produto que fosse diretamente para o consumidor.

Houve um exercício de conversar com as áreas da Globo que talvez quisessem que o produto fosse implementado em suas áreas, que queriam reservar um espaço de implementação dentro dos trimestres. O projeto foi super bem recebido. Ao final do ano, eles praticamente já saíram "estagiários seniores". Em seguida, eles foram absorvidos como colaboradores. Esse foi um primeiro aprendizado de conseguir tirar o projeto do papel e implementar isso com os times. Outras inúmeras contribuições ocorreram ao longo do tempo como insights, em produtos existentes, onde a absorção e implantação das ideias ocorre pelo próprio time do produto.

A inovação é um termo já um tanto desgastado pelo uso recorrente e, algumas vezes, um tanto fora de contexto. Na opinião e na visão do *lab*, o que é inovação?

Eliseu Barreira: Inovação acabou se tornando uma palavra bastante usada nesse processo de transformação digital, até eventualmente banalizada. Quando eu olho para esse programa, penso que não vamos fazer inovação disruptiva, não é isso que estamos perseguindo, queremos novos olhares.

Rafael Nasser: A questão é que talvez a inovação disruptiva não seja para agora; mas só o fato de você trazer ao radar esse tipo de visão é algo muito rico. Eu percebo que as ideias ajudam a pensar o futuro da empresa em diferentes ações. É muito legal ver que a empresa está em constante evolução e que estamos gerando valor. O IdeiaGlobo é parte de um movimento enorme dentro da empresa, não é o todo. Ele colabora para o todo. Acredito que a Globo encontrou um caminho de estar o tempo todo pensando em coisas novas.

Vocês identificaram essa questão geracional desde o início ou foi algo que veio como valor, depois de um ou dois ciclos?

Eliseu Barreira: A gente tinha uma ideia vaga disso, mas você vai percebendo ao longo do percurso, porque depois que você já viu todo um ciclo e todas as ideias que vieram e conheceu todas as pessoas, você se pergunta: "Qual é o DNA desta turma?" É um processo mesmo.

Victor Dueire: Não apenas os estudantes vêm de cursos diferentes, têm diferentes faixas etárias, mas são de universidades e regiões diferentes. Os grupos mais legais são os mais discrepantes e que, surpreendentemente, são os mais complementares.

No percurso particular do *lab*, quais os principais desafios e lições aprendidas até agora?

Eliseu Barreira: Acho que seria, enquanto Globo, como provocar sem desmotivar. Como trazer a sua experiência para contribuir com a evolução do projeto deles sem que pareça que você está tentando matar a ideia? Pois você está contribuindo para que a ideia se torne melhor. Não é fácil manter a chama sempre acesa para que eles continuem perseguindo o melhor projeto. É um processo educativo também e nós da Globo fazemos isso sem ter nenhum tipo de bagagem. Para nós, é diferente de como é com os professores. Isso porque não estamos no mundo acadêmico, estamos aqui com a cabeça do mundo corporativo e temos que adaptá-la para que ela converse com o mundo da academia.

Como são definidas as temáticas do projeto?

Eliseu Barreira: Os responsáveis pela definição do tema do programa são da Globo, representados por mim e pelo Victor, nós damos a palavra final. Primeiro, definimos a tônica do programa: queremos falar de um problema do presente ou propor uma provocação mais futurológica? O segundo passo é olhar para dentro da Globo e entender as nossas questões, algo que está no nosso radar ou com o qual estamos com alguma dificuldade, ou ainda que a gente precisa dar uma atenção especial.

O terceiro passo é formatar e testar essas ideias com os professores. Eles nos ajudam a formatar a tendência que será levada para o ciclo. Por fim, realizamos a materialização disso quando levamos para os estudantes. Nós geramos um documento de *Do's* e *Dont's*, em que definimos "o projeto é sobre isso e não sobre aquilo" para facilitar o processo com os estudantes e evitar "queimar a largada". No começo, era mais caótico, mas com o tempo e experiência, fomos sistematizando para que ficasse mais fácil de organizar.

O que é único no trabalho do IdeiaGlobo?

Eliseu Barreira: Os estudantes são a chave do sucesso. A gente percebe a cada ciclo, uma outra geração que vem com outras demandas, que tem outras ideias, que tem outras prioridades. Existe a possibilidade de acompanhar essas revoluções geracionais, sob a perspectiva desses estudantes.

Rafael Nasser: A palavra mais interessante para descrever este programa é a cocriação, e dentro dela, a multidisciplinaridade.

Como você definiria seu *lab* em uma frase?

Eliseu Barreira: Um grupo plural de estudantes que estão dispostos a se desafiar e a criar algo diferente.

Desafios & Aprendizados

» Conectar o mundo corporativo com o mundo acadêmico a partir de um processo inovador, sistemático e intencional.
» Encontrar uma metodologia que funcione e não ter receio de corrigir a rota quando necessário.
» Trazer o incentivo e a orientação para alcançar a melhor ideia sem desmotivar os estudantes.

Sobre o IdeiaGlobo

Número de colaboradores: 40 a 50

Parceiros: Rede Globo, PUC-RIO

Website: http://ideiaglobo.les.inf.puc-rio.br

MEDIA LABS CANVAS

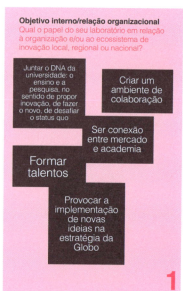

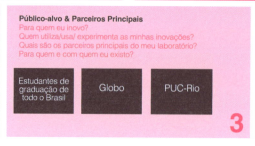

CAPÍTULO 18

DW media lab

Entendendo as necessidades das audiências e explorando novas formas narrativas

Alina Fichter lidera os departamentos de Formato Digital, Desenvolvimento de Produto e o Laboratório de Inovação da *Deutsche Welle*, na Alemanha. É apaixonada por desenvolver novas formas de jornalismo centrado no usuário, tendo passado um ano na Universidade de Stanford como John S. Knight Fellow. Anteriormente, foi editora-chefe do Zeit Online, a plataforma digital do tradicional jornal semanal alemão *Die Zeit*, sendo a responsável pela equipe de podcast e vídeo. Ainda, foi consultora da Bayerischer Rundfunk (emissora pública de rádio e televisão da Baviera com sede em Munique), e editora de mídia do grupo ZEIT. Formada pela Deutsche Journalistenschule, a primeira escola de jornalismo da Alemanha, iniciou sua carreira no departamento de negócios do *Süddeutsche Zeitung*, um dos maiores jornais diários do país.

"Acho muito importante pensar fora da caixa e ser capaz de fazê-lo. Então, acho muito bom ter uma mistura de pessoas que vêm de dentro e de fora da empresa."

Você poderia contar brevemente a história do *media lab*? Quando ele foi fundado, quais eram os objetivos iniciais? Eles ainda permanecem? E a trajetória até aqui, há algum detalhe que diferencie seu laboratório?

O *lab* foi fundado em 2017. Em 2022, a equipe se juntou à de desenvolvimento de formatos digitais que eu lidero. O objetivo do *lab* é olhar para as novas tecnologias e para como elas impactam o jornalismo e como podem impactar nossos públicos-alvo, especialmente o público mais jovem, olhando para o futuro. Então, o principal objetivo era experimentar novas tecnologias. Há um desejo da DW, um desejo estratégico nesse sentido. Também há a necessidade de envolver novos usuários. A partir de outubro de 2021, o laboratório e a antiga equipe de desenvolvimento, que eu havia formado, foram integrados. Então, agora estou liderando a equipe de desenvolvimento de formatos e o laboratório de inovação. Acho que faz muito sentido, porque temos muitas coisas em comum. Por exemplo, o TikTok. Isso é realmente novo? Isso é uma coisa do *lab* ou é uma tarefa da equipe de desenvolvimento de formato? Os processos de ambas as equipes são semelhantes, mas os objetivos são diferentes. Estamos sempre procurando as necessidades da plataforma e dos usuários, e essa é realmente a base de tudo o que fazemos.

E o que essa equipe de formato costuma fazer? Qual é o papel deles?

Essa equipe é parte do departamento de Programas da DW, e, junto com os outros departamentos, desenvolvemos novos formatos para todos os tipos de plataformas, como YouYube, Instagram, Facebook ou plataformas OTT,[1] tanto conteúdos curtos quanto *longform*[2] e documentários *digital first*.[3] Isso não significa que não pode ser transmitido na TV. Trabalhamos dados informados e baseados nas necessidades da plataforma e nas necessidades centrais do usuário — sempre em conjunto com os editores de cada departamento. Muitas vezes, mas nem sempre, os KPIs para a equipe de formato digital são também de alcance. Quando se trata da equipe de inovação, é muito menos sobre alcance. Porque, quando você experimenta VR ou qualquer coisa nova que seja interessante no metaverso, você não necessariamente terá alcance imediato. Portanto, trata-se mais de reunir conhecimento e trazê-lo de volta para a organização.

Quantas pessoas fazem parte das duas equipes? Você poderia explicar como vocês estão organizados atualmente?

A equipe de desenvolvimento de formato tem seis pessoas, e o laboratório de inovação, três integrantes. Temos reuniões semanais conjuntas, e eu faço conversas individuais (reuniões *one-on-one*) com todos eles. Também fazemos retiros. Na próxima semana, teremos um retiro de dois dias, por exemplo, todos juntos. Há uma enorme necessidade dentro da empresa em torno do desenvolvimento de formatos. Nós temos um espaço de trabalho comum, e acho muito importante podermos trocar conhecimento. No final, todos queremos inovar e transformar a DW digitalmente.

Quais são as formações desses profissionais?

Temos muitos jornalistas. Além disso, temos um designer que é um gerente de projeto muito bom e outra profissional que vem da *D-School*[4] — *Hasso-Plattner-Institut*. Ela também não é jornalista, e é uma ótima gerente de projetos, muito focada em design centrado no usuário. Ainda, acabamos de contratar um ótimo gerente de projetos. Então, esses são os conhecimentos/formações que eles têm.

Quais são as fontes de inspiração para o seu *media lab*? De onde vêm os *inputs* para os projetos?

Temos um olhar para as tendências tecnológicas e fazemos isso dentro da empresa. Temos reuniões regulares em torno dessas questões. Além disso, todo mundo lê e assiste muito conteúdo sobre esse assunto. Uma coisa que sempre fazemos quando começamos a desenvolver um novo produto ou formato é observar o que a concorrência faz. Além disso, eu tento levar meus colegas para conferências, por exemplo, pois acho que isso também ajuda.

Você poderia escolher três características essenciais que o qualificam como um *media lab*? Por quê?

Acho muito importante pensar fora da caixa e ser capaz de fazê-lo. Então, acho muito bom ter uma mistura de pessoas que vêm de dentro e de fora da empresa — como contratar especialistas de outras startups ou grandes empresas. Se você não pensar fora da caixa, estará sempre em um modo simplificado. Além disso, acho muito importante ter excelentes habilidades de gerenciamento de projetos, porque, caso contrário, você não será capaz de transferir o que tem em mente para a realidade. Ter habilidades diplomáticas e um bom tom de comunicação também é muito útil. É porque nós [pessoas do desenvolvimento de formatos digital e do *media lab*] simbolizamos a mudança, e as pessoas têm medo da transformação. E assim, para tranquilizá-las, é preciso se comunicar de maneira gentil e amigável.

Na sua opinião e na visão do seu *lab*, o que é inovação?

Para o *media lab*, seria realmente um novo produto que ainda não existe dessa maneira específica. E isso envolve novas tecnologias e como elas impactam nossos públicos-alvo.

Portanto, é uma definição muito clássica de inovação. E para a equipe de desenvolvimento de formatos, seria mais em torno da originalidade dos novos formatos. É mais um formato do YouTube, mas queremos que seja original e reconhecível.

Trabalhar com temas que mudam o tempo todo, como a conhecida metáfora do alvo móvel, certamente é um grande desafio. Em sua jornada particular no laboratório, quais são os principais desafios e lições aprendidas até agora?

Eu acho que é muito importante estar aberto a pivotar.[5] Ao trabalhar em um novo produto, nós pivotamos a partir da hipótese inicial, por exemplo. A premissa de que pessoas do sudeste asiático querem saber mais sobre temas ambientais foi uma hipótese inicial nossa. Então, com a pesquisa de usuários, percebemos que eles estão realmente muito mais interessados em outros tópicos. Assim, tentamos reformular a forma como contamos histórias sobre o meio ambiente. Na verdade, agora contamos histórias sobre saúde e como a saúde pode ser impactada por questões ambientais. Então, nós realmente reformulamos isso. O que eu quero dizer é: comece com uma hipótese e, então, com cada dado que você coletar, tente redefinir e refinar a hipótese. Acho que isso é muito importante. Outra

questão urgente quando você deseja construir um laboratório é engajar pessoas que trabalham muito bem em gerenciamento de projetos e que realmente têm a mentalidade de obter uma compreensão profunda dos usuários e das plataformas.

Qual é o maior exemplo de sucesso do seu laboratório? Conte-nos sobre um projeto do qual você se orgulha.

Acho que há um grande sucesso no que fizemos nesses cinco meses, período em que estou à frente do laboratório. Fizemos experiências com os espaços do Twitter (*Twitter Spaces*) na China e percebemos que as pessoas falam muito abertamente lá. Isso porque a censura e o "ser muito cauteloso com o que se diz" é um pouco menos necessário quando se trata desse ambiente. Isso é muito interessante, né? Experimentar algo que é muito emergente e ver "ei, realmente há espaço para troca aqui". E acho que esse é um dos objetivos da DW: informação gratuita. Também fizemos um grande projeto no Twitch.

Vocês estão focados apenas na Alemanha ou trabalham para o mundo todo?

Nós não fornecemos conteúdo para a Alemanha. O objetivo realmente é chegar a países onde a liberdade de imprensa está ameaçada. Então a China é um bom exemplo, a Índia e outros países. Como *media lab*, analisamos seus hábitos de consumo de mídia. Queremos experimentar vídeos 360 ou realidade aumentada (RA), isso é algo que potencialmente experimentaremos na Ásia, porque na Índia, muitos jovens se adaptam rápido às novas tecnologias. Podcasts, por exemplo, são um grande tema na Colômbia. Então isso é algo que obviamente faremos lá. É algo que estamos planejando. Então, analisamos o consumo de mídia, analisamos os parceiros em potencial.

Como você definiria seu laboratório de mídia em uma frase?

O laboratório de inovação experimenta novas tecnologias que provavelmente impactarão nossos grupos-alvo no futuro, para toda a organização; e o que quer que nós aprendamos, esse novo conhecimento será devolvido à organização.

Desafios & Aprendizados

» Começar os projetos com uma hipótese e estar aberto para redefinir e refinar a hipótese a cada novo dado coletado.
» Motivar as pessoas a se desenvolverem em gerenciamento de projetos e realizar encontros frequentes entre a equipe.
» Entender profundamente os usuários e as plataformas.

Sobre o DW media lab:

Fundação: 2017

Número de colaboradores: 3

Website: https://innovation.dw.com

MEDIA LABS CANVAS

Este quadro organiza os eixos mais importantes a serem considerados ao criar ou repensar a estratégia do seu laboratório, tanto no contexto externo quanto interno a laboratório.

Nome do Lab: DW lab   **Data:** 27.05.2022

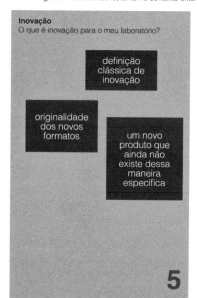
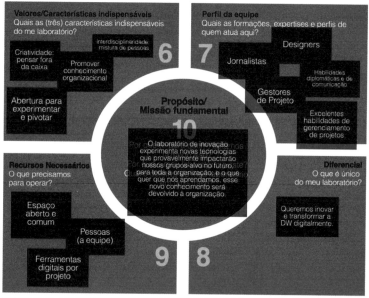

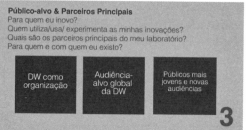
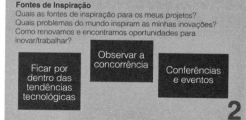

CAPÍTULO 19
Ubilab
Metodologias próprias em pesquisa aplicada para resultados inovadores

Eduardo Pellanda é professor Titular da Pontifícia Universidade Católica do Rio Grande do Sul (PUCRS) e membro do programa de pós-graduação em comunicação da mesma instituição. É graduado em publicidade e propaganda, mestre e doutor em comunicação social pela PUCRS. Além disso, realizou dois pós-doutoramentos pelo Massachusetts Institute of Technology (MIT). É um dos fundadores e coordenador do Laboratório de pesquisa em mobilidade e convergência midiática (Ubilab), um *media lab* fundado em 2011 inserido no Parque Tecnológico TecnoPUC, da PUCRS. Pellanda conta um pouco da história e inspiração do *lab*, além de pensar o conceito de inovação para além do óbvio.

"O Ubilab é um espaço que procura antecipar e criar metodologias próprias para tentar achar resultados diferentes. Não conseguimos usar metodologias tradicionais e pensamento tradicional para encontrar resultados novos."

Eduardo Pellanda

Você poderia contar resumidamente a história do *media lab*? Quando foi fundado, os objetivos iniciais e se ainda se mantêm, a sua trajetória aqui, algum detalhe que diferencie o seu lab?

A história do laboratório se confunde com a minha história. Na minha trajetória acadêmica, eu tentei fazer pesquisas

203

aplicadas, juntar a parte acadêmica das pesquisas com algum tipo de saída para a sociedade. Acho que era mais do meu perfil. Então acho que tudo aconteceu meio junto, a minha carreira com a minha vontade de dedicar toda a minha pesquisa para a questão da internet, de entender, estudar, pesquisar e atuar nesse novo meio e, então, a criação do laboratório. Fiz o mestrado investigando a convergência de mídias, ainda na década de 1990. No doutorado, em 2005, busquei entender qual seria a próxima etapa de escalada da internet.

Em 2007, houve o lançamento do iPhone, em 2008, o Android, e então começou a explodir esse meio. Nesse período, fui fazer o primeiro pós-doc no MIT e comecei a entender um pouquinho mais os desdobramentos, porque eu estava ali *in loco*, vendo a revolução móvel. Fiz um segundo pós-doc, em 2014, para investigar qual seria o próximo passo, que viria a ser exatamente essa questão dos *wearables*, a internet que a gente veste e a internet das coisas.

Tudo isso em um ambiente de internet em todos os lugares, a ubiquidade. Então comecei a trabalhar mais com esse termo de ubiquidade midiática, e acabamos apelidando nosso laboratório de Ubilab. Aqui em Porto Alegre, há um parque tecnológico com quase 20 anos. Esse parque atraiu, no começo, toda a parte de pesquisa da HP, da Dell e depois várias outras empresas. Hoje em dia somos quase 7 mil pessoas trabalhando no parque tecnológico — é o maior parque tecnológico do Brasil.

Tivemos uma primeira pesquisa com a HP sobre personalização ainda antes de formalizar o laboratório, e uma outra com o Grupo RBS. Em 2011, como já estávamos com investigações em andamento, formalizamos o nome (Ubilab) e criamos o espaço físico do laboratório — já são mais de 11 anos de Ubilab e, depois disso, trabalhamos com várias outras empresas, sempre circulando a questão da ubiquidade, da comunicação e tudo que tange esses assuntos.

Quais as fontes de inspiração para o Ubilab?

Sem dúvida, o MIT foi uma inspiração muito grande. Eu estive no MIT em dois pós-docs diferentes no laboratório de *mobile experience*, e, depois, fizemos várias pesquisas em parceria. O professor André Pase, que coordena o *lab* junto comigo, fez um pós-doc no laboratório de games, também parte do Comparative Media Studies, grupo fundado por Henry Jenkins e outros professores que criaram a área de mídia na pós-graduação em mídia no MIT. O que queríamos aprender era justamente sobre as relações com pesquisas aplicadas, relações de financiamento de pesquisas, como lidar com propriedade intelectual, com a criatividade e a inovação. Todos esses aspectos que o Ubilab têm foram muito inspirados no Media Lab do MIT.

Você comenta sobre essa questão da ubiquidade como sendo um tema central do laboratório. Esse objetivo ainda se mantém nos dias de hoje? Houve algum redirecionamento durante esse período?

Cada vez mais, temos trabalhado a internet fora dos computadores, pois hoje estamos vendo a internet em vários outros espaços. A gente trabalhou realidade aumentada com a Globo durante dois anos, sobre como pensar novos produtos com realidade aumentada, fizemos uma sala específica só para simular isso, importamos um dos primeiros óculos de realidade aumentada que existem. Estamos trabalhando muito nessas extensões de visualizações. Com isso, acabamos aprendendo muito sobre o fluxo de inovação e processos de inovação, um tema que está conectado com o que estamos fazendo, com as metodologias que estamos trabalhando aqui.

Temos um *case* muito bacana com empresa de software do parque que tem quinhentas pessoas trabalhando. Ela nos procurou para tentar fazer algum tipo de laboratório de inovação dentro dessa empresa. A partir do que aprendemos do nosso laboratório, criamos um *lab* para essa empresa, com todos os fluxos de trabalho de inovação, e ajudamos a contratar novos profissionais. Várias possibilidades de novos negócios

se abriram a partir desse laboratório, e de novos produtos que saem desse *lab*. Vimos que poderíamos começar a espalhar isso! A nossa união com a WAN-IFRA (Associação Mundial de Jornais) também é muito importante junto a outros profissionais, professores de laboratórios privados e laboratórios de universidades. Acabamos pensando muito juntos, justamente porque talvez sejamos um dos pioneiros, sobre essa questão de como inovar em mídia.

Você poderia explicar como está atualmente organizada a lógica do *lab*? Como o laboratório se mantém financeiramente?

Desde o começo, tentamos gerar algum tipo de receita, de parcerias com empresas, pois sabíamos que cada vez mais as verbas públicas no Brasil seriam difíceis e seria mais complicado conseguir manter no longo prazo o laboratório. Nesses mais de dez anos, 90% da nossa receita foi de verba privada, e 10%, de parcerias públicas. Hoje temos três projetos públicos, dois CNPq e um FAPERGS (Fundação do Rio Grande do Sul), o restante é privado.

Em um dos primeiros projetos que fizemos, há quinze anos, com a HP, aprendemos muito sobre como trabalhar com as empresas e tentar achar um denominador comum entre o que elas querem e o que a gente quer fazer. Fazemos um contrato dizendo que queremos divulgar a ciência, queremos gerar artigos acadêmicos, conhecimento para a gente, para bolsistas de todos os níveis, desde iniciação científica até pós-doutorado. Queríamos ter esse tipo de conhecimento gerado e, ao mesmo tempo, conhecimentos que podem gerar valor para a empresa.

Com cada empresa, temos um contrato diferente. Algumas pedem sigilo durante o desenvolvimento do projeto. Aqui no parque, há um escritório de transferência de tecnologia e um escritório de gestão de projetos, que fazem toda a parte burocrática para nós, desde a combinação de pagamentos até a gestão dos contratos de propriedade intelectual. Isso nos ajuda muito. Além dos projetos específicos, existe uma verba que a gente pode usar como quiser. A gente acaba investindo em equipamentos, em coisas que a gente pode usar para estudar o futuro, como vamos desdobrar esses usos, comprar óculos novos, impressora 3D, equipamentos que a gente possa explorar e sirva para ampliar o laboratório.

Quantas pessoas trabalham no *lab* atualmente?

Nós temos três grupos de estudos vinculados, sendo doze pessoas no total. O nosso pico chegou a quase vinte pessoas. Temos contratos por projetos, nunca tivemos pessoas "fixas".

O projeto que fizemos com a Globo, por exemplo, nós contratamos dois doutores. Esses foram os primeiros contratos que não eram bolsistas. Todos os orçamentos são feitos projeto a projeto.

Como vocês se organizam internamente?

Temos uma reunião semanal em que juntamos todos os colaboradores, para dividir tudo que está acontecendo com todo mundo. Temos as equipes específicas dos dois projetos. Eu e o André Pase somos os professores que estão com um pé em cada um dos projetos.

De que *inputs* partem os seus projetos? Vocês pautam as empresas ou as empresas pautam vocês?

Tem os dois caminhos. Nós queríamos fazer mais pesquisas independentes das empresas, e depois poder oferecer para elas. Isso é um modelo lá do MIT: fazer pesquisas a fundo, ideias malucas, que a gente vai transformando, e aí depois mostramos para as empresas. Em alguns casos, pode interessar ou não. Mas, na maioria dos casos, é o contrário. As empresas chegam com um problema para nós.

Temos um *case* bem bacana. A gente está fazendo uma roda de conversa com a direção da Globo e estávamos estudando, em 2017, os *smart speakers* (Alexa, Google Home). Já estávamos produzindo alguns tópicos, começando a entender caminhos interessantes e potencialidades interessantes. O CEO da Globo nos desafiou a mostrar um protótipo em seis meses. A gente conseguiu montar uma equipe com colegas da informática e de outras áreas para poder ajudar e colaborar nos projetos. Em seis meses, estávamos em São Paulo, na redação do G1, mostrando esse produto pronto.

Essa é uma vantagem do parque tecnológico, o trabalho em conjunto com outros professores, outras áreas. Nesse projeto de realidade aumentada, trabalhamos com um professor da informática, que é uma expert nessa questão de visualizações. A gente tem essa possibilidade muito rápida de poder chamar outros colegas de outras áreas e fazer grupos multidisciplinares, que eu acho que é fundamental.

Quantos projetos simultâneos o laboratório é capaz de absorver?

Tudo depende da equipe, mas podemos ter vários projetos simultâneos. Como trabalhamos por projeto e por equipe, podemos escalonar chamando pessoas de outras áreas. O maior número de projetos simultâneos foi cinco.

Se você tivesse de escolher três características essenciais ou indispensáveis que definem um *media lab*, quais seriam? E por quê?

A curiosidade, que deve ser inerente a qualquer pesquisador. A desconfiança, desconfiar das coisas, desconfiar se isso vai continuar sempre assim. E tem uma perspectiva de progressão das coisas, o histórico das coisas, ter um pouco de faro de para onde as coisas podem ir, como é que a gente pode desenvolver e transformar aquilo em algum tipo de possibilidade, de produto no mercado. Uma característica empreendedora.

As inovações no campo da comunicação sempre foram muito focadas em projetos pré-prontos. Sempre que se precisava mudar a redação, por exemplo, se comprava um software novo, um sistema novo, computador novo, câmeras ou ilhas de edições. Mas isso acabou. Se a gente quer ser realmente inovador, precisa dar um passo à frente, precisa achar questões únicas que podem ajudar aquela determinada empresa, a área, ou uma startup. Para se diferenciar, é preciso achar a própria identidade. Isso não está pronto no mercado, nas prateleiras. É isso que os pesquisadores de *media labs* têm que buscar.

Acho que ser um *early adopter* [adotar algumas tecnologias antes de elas explodirem] sempre foi o nosso mote para tentar estar à frente das discussões e poder compreender realmente as potencialidades dessas tecnologias, antes de se tornar *mainstream*, antes de estar todo mundo usando.

A inovação é um termo já um tanto desgastado pelo uso recorrente e, algumas vezes, um tanto fora de contexto. Na sua opinião e na visão do seu *lab*, o que é inovação?

Existem dois tipos de inovação: a primeira é a disruptiva, que é fazer uma coisa que nunca foi feita antes, e a outra é a inovação incremental, em que a gente pega algo que já está acontecendo e tenta de alguma maneira fazer algum tipo de modificação, adaptação ou upgrade, para que ela consiga mudar, evoluir. Temos projetos enquadrados nesses dois campos. Obviamente, a disruptiva é muito mais difícil, porque precisa investir em uma ideia muito boa. Hoje, acabamos trabalhando muito mais inovações incrementais, até por resistência das empresas, mas vamos tentando, aos poucos, mudar e influenciar quem trabalha conosco.

No seu percurso particular em *media labs*, quais os principais desafios e lições aprendidas até agora?

Foram muitos. Por um lado, tem o aprendizado sobre o mercado, de como o mundo foi se desenvolvendo, e tem também a nossa área de investigação no campo da comunicação. Na questão acadêmica, nós tentamos vincular nosso laboratório ao nosso programa de pós-graduação da PUCRS, e no começo, não tínhamos muitos resultados que pudessem ser colocados nas nossas avaliações doprograma. Com o tempo, isso mudou, e acabamos virando uma referência para avaliação do quadriênio da Capes em relação à aplicação da pesquisa. Isso nos deixou muito orgulhosos. Foi um dos maiores legados do nosso trabalho.

Apesar do viés aplicado e da "saída de produtos" para o mercado, nós tentamos casar as duas coisas: mercado e academia. Isso foi outra coisa que fomos buscar no MIT, em relação a ter uma metodologia em que a gente pudesse partir do estado da arte, de pesquisas teóricas e algumas teorias, trabalhos que a gente pudesse usar as referências e tentar aplicar [em produtos], e, só depois disso, voltar para uma saída acadêmica em formato de *paper*. A gente gerou vários livros a partir da nossa pesquisa aplicada. Acho que isso foi uma quebra, tentar mostrar que a gente pode fazer de forma similar a áreas como a química, em que eles vão para laboratório, investigam dois tipos de reagentes trabalhando juntos em uma determinada temperatura e pressão, descrevem aquilo e criam um *paper* a partir desse experimento. A gente queria muito buscar esse tipo de "fazer ciência" na nossa área, ainda estamos tentando, não tem uma fórmula pronta. Nossa área dentro da Capes sempre foi colocada como uma área social aplicada, então a gente queria tentar entender como a gente pode ser essa área, que trabalha questões teóricas, mas também é aplicada. Sempre foi um objetivo.

Observar tendências de comportamento em diferentes escalas — no âmbito local, regional, nacional e internacional, ou ainda, em setores variados, de entretenimento, serviços, educação, mercado digital etc. — é importante para o processo de trabalho do seu *lab*?

Sem dúvidas. Nós estamos sempre com as antenas ligadas para todos os relatórios e pesquisas que são publicados. Somos detectores de tendências, de "buzz" aqui no laboratório. Sempre tentando entender o que pode ser um formador de tendência. Recentemente, houve o vazamento da patente do óculos de realidade aumentada da Apple. No momento em que ela colocar esse óculos no mercado, mudará a percepção do mercado. Nós tentamos pensar os conteúdos antes do suporte [da plataforma]. Isso porque, quando chegar esse produto, precisará de conteúdos, para validar os motivos para essa tecnologia existir. Nós vamos estar prontos para esse momento.

A inovação é um processo contínuo e com várias etapas. Por isso, estamos tentando entender, conversando nessas reuniões semanais, ver o que cada um viu, o que cada um leu e observou. A gente trabalhou com uma empresa que criou uma plataforma de metaverso, já usamos metaverso em aula, estamos usando para eventos. São conteúdos que estão vindo antes do suporte.

Poderia comentar alguns exemplos?

O projeto com os *smart speakers* é um bom exemplo. A gente estava trabalhando nisso antes de nos pedirem para trabalhar com isso, porque estávamos curiosos. Ainda não estava sendo vendido no Brasil, e nós conseguimos importar vários. Então, mostramos para a Globo, que comprou a ideia, e em seis meses o protótipo estava pronto. Em 2018, houve eleição no Brasil, e a Globo criou o primeiro produto para o Google Home, o G1 nas eleições. Além do protótipo, fizemos uma grande cartilha de como poderiam ser feitos outros projetos dentro da empresa e outros projetos baseados em voz. Nós convidamos um colega da linguística para pensar questões fonéticas, convidamos um pessoal da informática para pensar algoritmos, fizemos vários cruzamentos. Foi muito bacana. Trabalhamos intensamente por seis meses para criar esse protótipo. Mas, de novo, não foram seis meses, a gente já estava trabalhando nisso antes e nos preparando para quando houvesse uma oportunidade de aplicação. Nós estávamos prontos antes. Não podemos esperar as pessoas nos pedirem alguma coisa, temos que ser curiosos. Todo pesquisador tem que ser curioso e se antecipar em algumas coisas.

Estar um passo à frente é um determinante para saber como algo pode ser utilizado?

Nós vamos ter muitas frustrações, haverá muitas coisas que não vamos usar. O bacana é o processo de descoberta, de entendimento, de construção. Eu já cruzei ideias, tecnologias e projetos que nunca imaginava que ia usar. Os cruzamentos acontecem da maneira que menos se espera.

Qual o maior exemplo de sucesso do seu laboratório? Poderia contar sobre um projeto de que você se orgulha?

Esse do *smart speaker* com a Globo foi muito bacana. Um outro, antes de começar o laboratório, em 2009, que fizemos com o

MIT também. Foi uma plataforma chamada Locast, e a gente testou em Porto Alegre. A possibilidade de fazer geolocalização de informações estava apenas começando. Colocamos vários alunos, profissionais de redação para testar a plataforma e entender como detectar notícias na cidade. Acabou sendo uma rede de pesquisa com várias outras universidades, e o projeto ficou bem grande, tornando-se um código aberto. Depois disso, acabamos não tocando mais nele e estamos tentando retomar isso agora. A informação, o jornalismo nas cidades. Como temos outras percepções de informação do que acontece à nossa volta? Ficamos sabendo com mais agilidade o que está acontecendo na Ucrânia do que aquilo que está acontecendo aqui, na nossa esquina.

O que é único do trabalho do seu laboratório?

A possibilidade de antecipar as coisas e criar metodologias próprias para tentar achar resultados diferentes. A gente não consegue usar metodologias tradicionais e pensamento tradicional para encontrar resultados novos. Algo que estamos usando bastante é fazer uma reversão de algoritmos nas redes sociais. Se a gente não tem a fórmula de uma rede social, como faz para decompor isso e tentar achar essa fórmula a partir de engenharia reversa? É tentar encontrar formas diferentes de chegar em resultados diferentes. É um dos nossos diferenciais. E também pensar sobre o "fazer" em que reproduzimos nossa experiência em outros lugares.

Esse é um caminho que queremos explorar também. Os laboratórios dentro das empresas, laboratórios dentro de outros lugares de instituições, *hubs*, é uma tendência cada vez maior, pois são os lugares em que é possível inovar. Os laboratórios são a casa da inovação, onde é possível ter um tipo de convergência de pessoas, de ideias, é aí que vão nascendo as inovações. Então, a criação de laboratórios em empresas que até então não tinha essa tradição é algo que a gente pode ajudar muito nesse sentido.

O local onde vocês estão inseridos contribui muito para isso, certo?

Sem dúvida, desde encontrar pessoas nos cafés até o fato de poder trabalhar na rua. Isso é muito importante. Foi um desafio muito grande, na pandemia, a gente fazer tudo isso virtualmente.

Qual o papel do seu laboratório em relação à organização a que ele está vinculado e em relação ao futuro da sociedade?

Colocar as pesquisas no mercado, para o mercado e para a sociedade de maneira geral. Isso é o valor da pesquisa aplicada:

a gente não fica só discutindo na nossa bolha acadêmica, mas rompemos essa bolha e entregamos para a sociedade. A outra é a própria formação de pesquisadores, acadêmicos e profissionais. Temos vários bolsistas que começaram como iniciação científica e ficaram até o doutorado e, depois, acabaram trabalhando em empresas com as quais a gente realizou projetos em conjunto. Tem o lado de devolver o conhecimento para sociedade, e o lado de formar pesquisadores e profissionais de uma outra forma. Falando especificamente do mercado da comunicação, não existia essa inovação no mercado, e nós tivemos que criar uma. É papel da universidade, e nosso, influenciar e puxar essas necessidades.

Como você definiria seu *media lab* em uma frase?

Um lugar que busca entender e cruzar tecnologias com pessoas. É bem a questão das humanidades digitais, como usar as ferramentas e metodologias digitais para entender e aplicar de forma humanística. É o que nos diferencia dos laboratórios da informática, engenharia e outros lugares que também buscam desenvolvimentos tecnológicos.

Desafios & Aprendizados

» A conexão entre mercado e investigação, sempre pulsante e desafiadora.
» Buscar associar o desenvolvimento de novas metodologias com base teórica e científica para a pesquisa aplicada, gerando produtos reais para o mercado.
» Saber que "fazer ciência" na área da comunicação não tem uma fórmula pronta.

Sobre o Ubilab

Fundação: 2011

Número de colaboradores: 12 a 20

Parceiros: Rede Globo, G1, WAN-IFRA, HP

Website: www.ubilab.com.br

Ubilab 213

MEDIA LABS CANVAS

Este quadro organiza os eixos mais importantes a serem considerados ao criar ou repensar a estratégia do seu laboratório, tanto no contexto externo quanto interno a laboratório.

Nome do Lab: UBILAB **Data:** 06.04.2022

Inovação
O que é inovação para o meu laboratório?

- Inovação disruptiva: aquela que tenta fazer uma coisa que nunca foi feita antes
- Exemplo: criação de uma interface interativa para o rádio (patenteada)
- Inovação incremental: que parte de algo já existente
- Exemplo: experimentações com assistentes virtuais ou realidade aumentada

Valores/Características indispensáveis
Quais as (três) características indispensáveis do meu laboratório?

- "Faro" de para onde as coisas podem ir
- Visão empreendedora
- Desconfiança
- curiosidade

Perfil da equipe
Quais as formações, expertises e perfis de quem atua aqui?

- Professores de Comunicação
- Doutores em Comunicação
- Estudantes de Mestrado e Doutorado em Comunicação
- Estudantes de cursos de Comunicação

Objetivo interno/relação organizacional
Qual o papel do seu laboratório em relação à organização e/ou ao ecossistema de inovação local, regional ou nacional?

- Pesquisa aplicada para o PPG
- Integração entre pesquisa e mercado (Tecnopuc)
- Colocar as pesquisas no mercado, para o mercado e para a sociedade
- Formação de pesquisadores e profissionais

Propósito/Missão fundamental
Por que (e para quem) estamos
Um lugar que busca entender e cruzar tecnologias com pessoas

Recursos Necessários
O que precisamos para operar?

- Espaço de trabalho
- Tecnologias para experimentação
- Recursos intelectuais/pessoas

Diferencial
O que é único do meu laboratório?

- Criar metodologias próprias para buscar resultados diferentes
- A possibilidade de antecipar as coisas

5 — 6 — 7 — 1

9 — 10 — 8

Fontes de Receita
Quais são as fontes de receita?

- 10% Editais públicos de pesquisa
- 90% Prestação de serviço (fundos privados) / Consultoria (fundos privados)

Público-alvo & Parceiros Principais
Para quem eu inovo?
Quem utiliza/usa/ experimenta as minhas inovações?
Quais são os parceiros principais do meu laboratório?
Para quem e com quem eu existo?

- Empresas de mídia
- Associações (WAN-IFRA)
- Outras universidades
- Tecnopuc: empresas e comunidade
- Professores da PUCRS e de outras universidades

Fontes de Inspiração
Quais as fontes de inspiração para os meus projetos?
Quais problemas do mundo inspiram as minhas inovações?
Como renovamos e encontramos oportunidades para inovar/trabalhar?

- MIT Massachusetts Institute of Technology
- MIT Mobile Experience Lab/ Design Lab
- MIT Game Lab

4 — 3 — 2

CAPÍTULO 20
Media lab EAFIT
Epicentro de criação midiática multidisciplinar, aberta e colaborativa no contexto da transformação digital

Maria Isabel Villa Montoya é doutora em conteúdos de comunicação na era digital, mestre em comunicação audiovisual e publicidade pela Universidade Autônoma de Barcelona e graduada em comunicação social e jornalismo pela Pontifícia Universidade Bolivariana. Foi pesquisadora visitante na Universidade de Antuérpia (Bélgica), na Universidade de Aarhus (Dinamarca) e na Roskilde Universitet (Dinamarca). Pertence ao Grupo de Estudos de Comunicação e Cultura da Universidade EAFIT, instituição onde atua como professora titular e é coordenadora do centro de inovação e pesquisa Media lab EAFIT.

> "O laboratório é mais que um ambiente, é mais do que uma sala de aula, é mais do que um computador. É a metodologia e os objetivos com que trabalhamos: experimentação, a troca entre os estudantes e os professores, a horizontalidade do conhecimento."

Você poderia contar resumidamente a história do *media lab*? Quando ele foi fundado, quais foram os objetivos iniciais e se ainda se mantêm, a sua trajetória até aqui e algum detalhe que diferencie o seu *lab*?

Fundamos o laboratório em 2009 como um espaço de aprendizado e intercâmbio de conhecimento sobre a cultura e a cibermídia. Nossa proposta foi a experimentação e o desenvolvimento de novos conteúdos no digital. No começo, foi difícil, porque a universidade não tinha consciência sobre a importância do espaço. Eram dois ou três computadores reciclados, alguns estudantes interessados e dois professores — e nenhum espaço físico. Começamos com a comunidade de prática, porque em nosso departamento temos uma área forte dedicada à mídia digital, e isso era um diferencial frente aos outros programas nas áreas de comunicação em nossa cidade e em nosso país. Nós fomos um dos pioneiros. Começamos com essa filosofia de "faça você mesmo", que foi e ainda é muito importante para nós. Ao mesmo tempo, foi difícil explicar para o resto da nossa comunidade por que é importante experimentar e como estamos conectados com a comunicação. Por isso, trouxemos coisas mais extravagantes, como a imersão, o metaverso. Parece algo novo, mas nós começamos esse trabalho em 2012.

Em 2011, o nosso espaço cresceu e fomos reconhecidos como um laboratório. Foi um ano muito importante, porque começamos a pensar em transmídia e em educação digital. Um produto resultante do trabalho do nosso *media lab* é o programa de pós-graduação em comunicação transmídia, do qual eu sou coordenadora. Nós conectamos o *media lab* com outros espaços da cidade, de modo a romper as fronteiras da nossa universidade e a criar uma conexão com os problemas reais do nosso país. Desenvolvemos o Plano Digital TESO — *Transformamos la Educación para crear Sueños y Oportunidades*, que é um grande projeto para resolver os problemas de literacia digital para crianças e adolescentes. Atualmente, temos três espaços em nosso laboratório de mídia. O último foi construído durante a pandemia. O laboratório é mais do que um ambiente, é mais do que uma sala de aula, é mais do que um computador. É a metodologia e os objetivos com que trabalhamos:

experimentação, a troca entre os estudantes e os professores, a horizontalidade do conhecimento.

Em 2015, inauguramos o segundo espaço físico do nosso laboratório. À época, eu estava muito interessada no uso de novas tecnologias entre crianças e jovens e nos problemas associados à segurança, ao risco e às oportunidades que essas tecnologias oferecem para esse público. Então, nós assinamos um convênio com a TIGO, empresa multinacional provedora de internet na Colômbia. Eles têm um programa dedicado a ensinar o uso responsável da tecnologia e queriam fortalecê-lo. Formulamos esse projeto como transmídia de responsabilidade social. Nós também desenvolvemos um novo programa de graduação de design interativo, resultado do trabalho do Media lab EAFIT, focado em interatividade e em fornecer respostas para uma nova sociedade mais consciente sobre qual é o lugar do novo profissional de mídia.

A estrutura de recursos (sejam humanos, sejam de materiais/equipamentos) é fixa no seu laboratório?

Nós não temos recursos fixos, nós dependemos dos projetos que podem ser financiados pelo Estado, pelo governo nacional ou pelo governo local; ou, ainda, pelas organizações que queiram trabalhar conosco. Nossa universidade tem *editais* próprios, para os quais nós podemos inscrever projetos. Também temos convênios e acordos com empresas. A EAFIT é uma universidade privada. Para nós, isso é bom, pois significa que temos recursos e que há um grande esforço para manter ótimas instalações. Nossa universidade está no topo do conhecimento, e os padrões educacionais são altos. Então, nossos laboratórios também estão nesse padrão e precisam mostrar resultados. Atualmente, o laboratório conta com quatro professores conselheiros que coordenam as linhas de pesquisa. Também temos mais um professor responsável pela logística, como os estágios que os estudantes precisam realizar para obter o diploma de graduação. Além disso, temos o apoio da universidade para fazer a gestão dos espaços, com uma equipe com secretaria e gestão técnica de equipamentos. Temos uma área para experiência virtual: TVs, óculos para realidade virtual e aumentada, computadores para desenvolver conteúdo de realidade virtual. Há um espaço para testes de experiência do usuário, espaço para *coworking*, para as aulas. É outro tipo de ar que você respira lá, não é como o resto da universidade, você pode sentir que existem diferentes concepções no nosso modo de ensinar, de pesquisar e na nossa abordagem de tecnologia.

Quais as fontes de inspiração para o seu *media lab*? De que *inputs* partem os seus projetos?

A minha tese de doutorado foi sobre produção *crossmedia*, e eu pesquisei diferentes laboratórios corporativos na Dinamarca. Então, minha inspiração foram esses laboratórios. Quando voltei para a Colômbia, a transformação digital estava começando, e eu pensei que nós precisávamos desenvolver novos conteúdos, novos produtos, nós precisávamos responder às necessidades da nossa sociedade, ou seja, criar um laboratório de produção, e não um acadêmico. A forma de produção transmídia nesses laboratórios é muito diferente da produção de um laboratório de rádio, por exemplo. Começar o *lab* foi difícil, porque minhas inspirações eram de outro país e de outro campo de pesquisa. Nós queríamos um espaço de colaboração. Agora tudo está orientado para isso, mas há doze anos, era uma inovação. Nós contribuímos com a mudança da universidade para esse modelo. Nós não apenas pensamos coisas, nós desenvolvemos coisas. Foram os primeiros passos para começar a pensar as experiências e em como nos conectamos com o usuário e a personalização.

Se você tivesse de escolher características essenciais ou indispensáveis que definem um *media lab*, qual seriam? E por quê?

Inovação, pois essa é uma característica comum dos *media labs*. Embora os laboratórios de mídia queiram fazer inovação em muitos campos, todos nós estamos interessados em inovação, inovação de conteúdo, inovação de aprendizado, desenvolvimento de novos campos ou novas maneiras de fazer o que fazemos.

Na sua opinião e na visão do seu laboratório, o que é inovação?

Somos parte de uma universidade, então a concepção de inovação da organização é uma concepção institucional, mais tradicional. Para mim, é difícil pensar em inovação com essa restrição. No espaço do laboratório, existe inovação de fato, mas não da forma convencional, porque, se fosse, não seria inovação. Nós temos muita preocupação com o que está acontecendo em torno do nosso laboratório. A produção intercultural é importante para nós, com uma concepção interdisciplinar.

Qual o maior exemplo de sucesso do seu laboratório? Poderia contar sobre um projeto de que você se orgulha?

Nosso trabalho sobre os riscos e oportunidades da tecnologia, em parceria com o Ministério, pois teve impacto em todo o país. Foi financiado pela TigoUne, uma empresa que fornece serviços de internet na Colômbia. Foi um projeto com um impacto muito importante, especialmente sobre a inteligência coletiva para comunidades de aprendizagem. Nós pesquisamos muito sobre aprendizagem virtual, sabemos que esse é um campo muito importante, mas nosso governo não realizou outras chamadas para esse tema. Para nós, é triste, pois queremos contribuir mais nesse campo. Em termos de pesquisa, temos projetos baseados em jogos, aprendizado baseado em jogos.

Qual o papel do seu laboratório em relação à organização a que ele está vinculado e em relação ao futuro da sociedade?

Construir um ecossistema criativo, inteligente e consciente que esteja em permanente renovação e cujos propósitos sejam de conhecimento. Nossa missão é a convergência e a transformação digital. Nós temos um plano estratégico aspiracional e queremos trabalhar em quatro eixos: desenvolvimento, descobrimento e criação, inovação social e aprendizagem. Há um grande departamento[na universidade] dedicado a investigar o que está acontecendo lá fora e o que pode estar acontecendo no futuro, que é uma linha prospectiva do laboratório. Outra área é desenvolver conteúdo, vinculado à área de jornalismo, onde nós produzimos *masterclasses*, *webinars*, *webseries* em uma linha de cibermídia. Há outro departamento, que é de inovação socioambiental, com laboratórios menores. Uma linha forte do *media lab* é de comunidade de prática, com aprendizagem baseada em jogos. Estamos sempre interessados em novas metodologias para aprender.

Como você definiria seu *media lab* em uma frase?

Um espaço para gostar de aprender, de pesquisar, de inovar e de se divertir.

Desafios & Aprendizados

» Romper as fronteiras da universidade e se conectar com os problemas reais da Colômbia.
» Colocar o estudante como protagonista do seu aprendizado.
» Ser um epicentro físico e digital da cultura e criação artística da região.

Sobre o Media Lab EAFIT

Fundação: 2009

Número de colaboradores: 5 professores e 160 estudantes

Parceiros: TIGO, Governo da Colômbia

Website: https://medialab.eafit.edu.co/medialab-eafit

MEDIA LABS CANVAS

Este quadro organiza os eixos mais importantes a serem considerados ao criar ou repensar a estratégia do seu laboratório, tanto no contexto externo quanto interno a laboratório.

Nome do Lab: Medialab EAFIT   **Data:** 27.04.2022

Media lab EAFIT — 219

Inovação
O que é inovação para o meu laboratório?

4 eixos
- Desenvolvimento
- Aprendizagem
- descobrimento e criação
- Inovação Social

Valores/Características indispensáveis
Quais as (três) características indispensáveis do me laboratório?

- Desenvolvimento de produtos, propostas, estratégias, modelos de negócio
- Descobrimento e criação (observação, experimentação, prospecção)
- Aprendizagem (comunidades de prática)

Perfil da equipe
Quais as formações, expertises e perfis de quem atua aqui?

- Estudantes de comunicação EAFIT
- Competências século XXI: protagonismo, perfil empreendedor, orientação por resultados, resolução de problemas complexos
- Professores

Objetivo interno/relação organizacional
Qual o papel do seu laboratório em relação à organização e/ou ao ecossistema de inovação local, regional ou nacional?

- Construir um ecossistema criativo, inteligente e consciente que esteja em permanente renovação e cujos propósitos sejam de conhecimento
- Estimular a criação, investigação e aprendizagem em novos contextos tecnológicos
- Contribuir para o posicionamento da Universidade EAFIT como epicentro físico e digital da cultura e criação artística na região.

Propósito/ Missão fundamental
Um espaço para gostar de aprender, de pesquisar, de inovar e de se divertir.

10

- Visão de inovação é diferente da tradicional
- Inovação de fato, mas não da mesma forma convencional, porque, se fosse, não seria inovação.

Recursos Necessários
O que precisamos para operar?
- Espaço físico
- Software
- Hardware
- Estudantes e professores

Diferencial
O que é único do meu laboratório?
- Diferentes concepções no nosso modo de ensinar, de pesquisar e na nossa abordagem de tecnologia.

5   6   7   9   8   1

Fontes de Receita
Quais são as fontes de receita?
- Editais
- Fundos internos da universidade
- Governo da Colômbia
- Convênios com empresas

Público-alvo & Parceiros Principais
Para quem eu inovo?
Quem utiliza/usa/ experimenta as minhas inovações?
Quais são os parceiros principais do meu laboratório?
Para quem e com quem eu existo?

- Estudantes de comunicação EAFIT
- Universidade EAFIT
- Empresas
- Governo

Fontes de Inspiração
Quais as fontes de inspiração para os meus projetos?
Quais problemas do mundo inspiram as minhas inovações?
Como renovamos e encontramos oportunidades para inovar/trabalhar?

- Laboratórios de mídia da Dinamarca
- Modelos de laboratório orientados para produção transmídia

4   3   2

CAPÍTULO 21
Media lab UFF
Jogos digitais, realidade virtual e inteligência artificial na convergência de conhecimentos

Esteban Clua é professor da Universidade Federal Fluminense (UFF) e coordenador geral do Media Lab UFF. Tem graduação em computação pela Universidade de São Paulo, mestrado e doutorado em informática pela PUC-Rio. Sua área de atuação está especialmente focada na área de videogames, realidade virtual, unidades de processamento gráfico (GPU), simulação e ciência da dados. É um dos fundadores do SBGames (Simpósio Brasileiro de Games e Entretenimento Digital), tendo sido presidente da Comissão Especial de Jogos da Sociedade Brasileira de Computação (SBC) entre 2010 e 2014. Atualmente, é o representante para o Brasil do comitê técnico de Entretenimento Digital da International Federation of Information Processing (IFIP) e membro honorário do conselho diretivo da Abragames (Associação Brasileira de Desenvolvimento de Games).

> "Nossa missão é o que a convergência nos permite fazer, o que é possível fazer com tantos conhecimentos sendo desenvolvidos ao mesmo tempo. Tem coisas que só surgem quando você mistura. Você nunca vai fazer um bolo muito gostoso só com farinha, por melhor que seja essa farinha."
>
> Esteban Clua

Você poderia contar resumidamente a história do *media lab*? Quando foi fundado, os objetivos iniciais e se ainda se mantêm, a sua trajetória até aqui?

O laboratório nasceu em 2007 para atender a uma demanda que havia na Universidade Federal Fluminense (UFF) na área de pesquisa e na área de jogos, mas aí acabamos ampliando para outras mídias digitais. Eu já trabalhava havia bastante tempo na área de jogos, e o laboratório começou a atrair estudantes empolgados em criar projetos e startups.

Os jogos ainda são um dos tópicos importantes do laboratório. Atuamos tanto com jogos lúdicos como com *serious games*.[1] Também trabalhamos com realidade virtual e estendida. Acabamos indo pela linha de visão computacional, na parte de IA [inteligência artificial] ligada ao contexto de visão e interação homem-máquina. Pouco tempo depois, começamos a ter demanda por alguns projetos da Petrobras, que envolviam áreas de visualização. Esses projetos foram muito importantes para elevar o nível do laboratório em termos de recursos e infraestrutura. Em 2012, recebemos a chancela de Centro de Pesquisa e, em 2015, recebemos da NVIDIA, empresa de tecnologia no ramo de placas de vídeo e componentes gráficos para games, o reconhecimento como Centro de Excelência. Assim, a gente começa a trazer muitos temas relacionados a GPUs (*Graphics Processing Units*, Unidades de Processamento Gráfico) e aos temas em que a NVIDIA tem interesse, pois eles sempre nos apoiaram muito.

Quantas pessoas fazem parte do projeto? Você poderia explicar como está atualmente organizada a lógica do *lab* e como o laboratório se mantém financeiramente?

Nós devemos ter sessenta ou setenta pessoas. O principal recurso é o humano, mas também precisamos de computadores, licenças de softwares mais caros (de modelagem, de simulações etc.), servidores e de uma gama de hardwares diferentes. Nós temos todos os equipamentos de realidade virtual que existem no mercado, mas isso não é o mais importante atualmente. O essencial é ter esse espaço de convergência, uma espécie de *fablab*.

Estamos desenvolvendo um projeto que será um parque de realidade virtual para a "Casa da Descoberta", um parque de ciência da universidade. Os recursos são para construir uma área de realidade virtual, com brinquedos que explorem isso. Nesse contexto, temos gente da física e da biologia, para cada um dos brinquedos. São bolsistas, estudantes de graduação, mestrado e doutorado. Outro projeto que temos com a Petrobras é predominantemente de pessoas com carteira assinada, pois as entregas são mensais, aí contratamos gerentes de projetos e precisamos oferecer um salário compatível com o mercado. São pessoas que se dedicam oito horas por dia, cinco dias por semana. Então, a lógica de organização sempre depende do projeto. Quando o projeto é mais acadêmico, não tem como contratar uma pessoa com carteira assinada, então é um estudante de doutorado que coordena, por exemplo. Para todos os projetos, fazemos reuniões semanais.

O interessante nos jogos e em todo esse contexto de realidade virtual é que é uma área muito interdisciplinar. É absolutamente necessário trabalhar em conjunto com outros perfis de profissionais. Dois anos depois de termos criado o laboratório, nós nos aproximamos do Instituto de Arte e Comunicação da UFF. Temos projetos com o pessoal de educação, de história e de letras. Há um projeto com as engenharias que é um *hub*.

Essa integração com academia e o mercado é bastante original. Qual a importância dessas parcerias para a sustentabilidade do laboratório?

É fundamental, porque a academia sozinha tem um processo criativo que não culmina em um produto, e sim em um *paper*, em uma tese, em uma dissertação. Entre uma ideia e um protótipo existe um abismo. A ponte entre esse abismo é feita por meio do mercado. O processo de transformar uma ideia em um protótipo é custoso, em termos de tempo e esforço, e é pouco remunerado academicamente. Nós criamos, dentro do *media lab*, um espaço para startups, e os estudantes podem desenvolver suas ideias no espaço. É um lugar superagradável de trabalhar.

Hoje nós temos vários projetos de visualização, processamento de imagens e visão computacional com a indústria de óleo e gás. Cerca de 70% dos nossos recursos vêm da indústria de óleo e gás. Um modelo que temos usado é o de algumas startups e empresas incubadas e associadas com projetos ligados à área usarem nosso espaço, e, em contrapartida, fornecemos bolsas para os estudantes. É um modelo interessante porque é mais ágil do que fazer um convênio com universidades. Obviamente, também aplicamos para editais e escrevemos projetos para trazer mais empresas interessadas em trabalhar com o *media lab*.

Quais as fontes de inspiração para o seu *media lab*? De que inputs partem os seus projetos?

Nós somos um centro de pesquisas, logo, não podemos nos propor a fazer o básico. Nossos projetos devem ter inovação, têm que estar na fronteira da pesquisa, têm que justificar que aquilo eventualmente gerará um mestrado ou parte de um mestrado ou doutorado. A nossa fonte de inspiração é aquilo que se está pesquisando e está na fronteira. Congressos, eventos, todas essas atividades são fontes de inspiração e ajudam a trazer ideias. Nós trabalhamos muito com a NVIDIA, Microsoft, Google, Facebook; todos eles também apontam direções que são importantes.

Estamos sempre participando de congressos, sempre antenados no que as grandes empresas estão fazendo. Um dos projetos no qual estamos mergulhados agora é fruto de aplicação de tendências. Nós estamos desenvolvendo barcos autônomos. Os veículos autônomos são uma tendência global. A NVIDIA está envolvida com esse assunto, o Google, a Apple também. Então nós estamos desenvolvendo veículos autônomos junto ao pessoal da engenharia ambiental, elétrica, mecânica e da Marinha do Brasil.

Se você tivesse de escolher três características essenciais ou indispensáveis que definem um *media lab*, qual seriam? E por quê?

Inovação, interdisciplinaridade e ecossistema junto às startups. Interdisciplinaridade porque é o conceito que está por trás de todas as mídias digitais. É só olhar para um jogo: um programador não consegue fazer sozinho, um artista também fica travado. Inovação porque a área dos jogos está no *cutting edge*, na fronteira. Se fosse um *media lab* que não estivesse dentro da universidade, talvez a inovação não fosse tão fundamental. As *startups* porque são tentáculos muito importantes nessa indústria. A universidade sozinha não consegue prototipar produtos. A academia é boa para desenvolver ideias novas, para explorar uma tecnologia que ainda está começando a existir, mas existe um *gap* para aquilo virar um produto, para ser algo que será consumido pelo mercado. Isso, é uma empresa que vai conseguir resolver.

A inovação é um termo já um tanto desgastado pelo uso recorrente e, algumas vezes, um tanto fora de contexto. Na sua opinião e na visão do seu *lab*, o que é inovação?

Primeiro, é pensar fora da caixa. Todo mundo tem agora óculos de realidade virtual, mas o que eu posso fazer de diferente que ninguém fez? Nós estamos lidando com mídias que são muito novas, e esse terreno precisa ser explorado por pessoas que, de certa forma, ainda não têm tanto compromisso. A inovação também é pensar sem compromisso. Para uma empresa, isso é muito caro, mas a universidade tem esse dever de pensar em coisas "descompromissadas".

No seu percurso particular em *media labs*, quais os principais desafios e lições aprendidas até agora?

Vou dar um exemplo bem antigo, mas que retrata bem o que nós passamos em vários momentos. Em 2011, nós recebemos um recurso do governo do estado para desenvolver um jogo para crianças com síndrome de Down. Para fazer esse jogo, precisamos trazer terapeutas, artistas, programadores, médicos e psicólogos. Quando a gente estava na fase de concepção do projeto, o grande problema foi que cada um tinha uma ideia de projeto que não se encaixava com o do outro. Tínhamos pouca experiência em trabalhar com pessoas de áreas diferentes e as conversas não convergiam. O diálogo interdisciplinar sempre foi um desafio — e nem sempre tivemos histórias bem-sucedidas.

Atualmente, estamos desenvolvendo um projeto com a prefeitura de Niterói (RJ) para fazer um jogo de realidade aumentada estilo *Pokémon Go*, com elementos históricos da cidade. São duzentos pontos históricos que estarão nessa caça ao tesouro. O projeto é em parceria com o Departamento de Letras, e nós passamos três meses tentando explicar o que era um jogo de realidade aumentada para eles. Até que um dia a gente saiu para experimentar o *Pokémon Go* e todo mundo entendeu. Um bom conselho prático é fazer protótipos funcionarem o quanto antes para esse protótipo servir de diálogo, em vez de ficar um tentando explicar para o outro — ou, se já existir um protótipo no mercado muito próximo daquilo que se quer, vamos usá-lo como ferramenta de diálogo.

Uma lição aprendida foi a de que muitos projetos acadêmicos experimentais morrem rápido por ter faltado teste com usuário, porque, uma vez que funciona, muitos desenvolvedores já se dão por satisfeitos. Uma etapa que às vezes demora tanto quanto desenvolver é fazer validações exaustivas com os usuários. É uma coisa chata, mas é necessário passar por isso para que o projeto tenha uma longa vida.

O que é único do trabalho do seu laboratório?

Um dos nossos diferenciais importantes no momento é a convergência entre inteligência artificial, realidade virtual e visão computacional. Estamos desenvolvendo um projeto de veleiro autônomo e, para treinar esse veleiro, usamos técnicas de *reinforcement learning*, muito usadas também em jogos. Basicamente, significa você pegar uma rede neural e dar pontos positivos ou negativos de acordo com erros e acertos que aquela entidade vai cometendo. Então, o carro bateu em outro é um ponto negativo. O carro chegou no objetivo é um ponto positivo. A rede neural vai aprendendo, aprendendo e começa a não errar nada, com uma perfeição que nenhum ser humano é capaz. Nós não podemos fazer isso com um carro verdadeiro. Por isso, temos trabalhado com o conceito de *digital twins*, que são clones digitais. A gente cria o clone mais perfeito possível daquela entidade, coloca no ambiente virtual e trabalha os reforços, aí podemos atropelar, afundar, bater em poste, não tem problema, pois é tudo no ambiente virtual. Depois que a rede neural está mais desenvolvida, a gente faz uma transferência de conhecimento da entidade digital para a entidade real.

Qual o papel do seu laboratório em relação à organização a que ele está vinculado e em relação ao futuro da sociedade?

Quanto à universidade, é o de ser um portal de interdisciplinaridade. Eu me orgulho de olhar para trás e ver como a gente trouxe muitas instituições para trabalhar conosco, esse é o nosso principal legado. Trazer empresas, startups, que muitas vezes olham com desdém para a universidade. E quanto à sociedade, nós estamos querendo resolver problemas reais. Todo projeto que surge é de uma demanda real da sociedade.

Como você definiria seu *media lab* em uma frase?

Nós procuramos a convergência de conhecimentos. Há coisas que só surgem quando você "mistura". Você nunca vai fazer um bolo muito gostoso só com farinha, por melhor que seja essa farinha.

Desafios & Aprendizados

» O diálogo interdisciplinar é um desafio, mas é essencial para a inovação.
» Os protótipos são uma ótima ferramenta de diálogo entre equipes interdisciplinares.
» Para que um projeto tenha vida longa, é necessário fazer testes de usabilidade com o usuário.

Sobre o UFF Media Lab

Fundação: 2007

Número de colaboradores: 60 a 70

Parceiros: Indústria de óleo e gás, Marinha do Brasil, NVIDIA

Website: http://www2.ic.uff.br/~medialab/

MEDIA LABS CANVAS

Este quadro organiza os eixos mais importantes a serem considerados ao criar ou repensar a estratégia do seu laboratório, tanto no contexto externo quanto interno a laboratório.

Nome do Lab: UFF Media Lab   **Data:** 06.04.2022

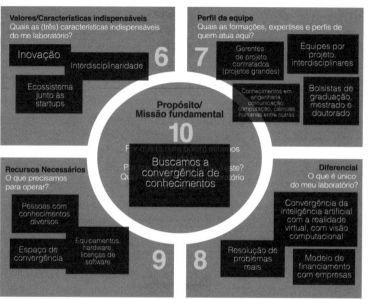
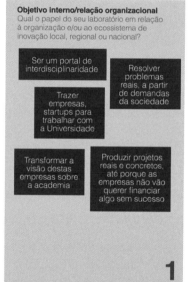

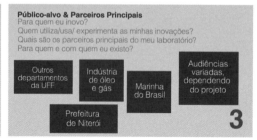
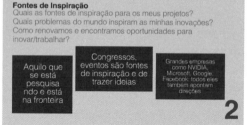

CAPÍTULO 22

OjoLab

Um programa de treinamento para inovação e promoção do jornalismo de dados independente

Sara Sáenz é gerente de projetos e de captação de recursos do OjoLab, laboratório de capacitação do *OjoPúblico*, organização de notícias líder na América Latina dedicada ao jornalismo investigativo focado em meio ambiente, poder e direitos humanos. Sara tem mais de dez anos de experiência trabalhando com ONGs, captação de recursos, marketing, comunicação corporativa, gestão de mídia, relações públicas, comunicação interna e comunicação em contexto de crise. Esteve envolvida diretamente em campanhas de advocacia pública para combater a violência contra crianças e liderou comunicações durante respostas de emergência, interagindo com os principais interessados do governo, de igrejas, de doadores, da sociedade civil e de agências de cooperação internacional.

"*Desde que compartilhemos as coisas em que somos bons, podemos envolver mais jornalistas, no nosso caso, na forma como fazemos jornalismo investigativo. Sabemos que é um ganho para todos. Não é perder algo ao compartilhar conhecimento, mas é expandir o que você trabalhou e ser capaz de alcançar um objetivo comum.*"

Sara Sáenz

Você poderia nos falar brevemente sobre a história do laboratório? Quando foi fundado, quais eram os objetivos iniciais e se eles ainda se mantêm... Como a sua história e a do *lab* se fundem?

Eu administro os projetos do *OjoPúblico*, que são projetos de captação de recursos. Estou tanto no lado jornalístico como no lado da gestão não jornalística; e o OjoLab é precisamente o braço de treinamento e inovação. Estou na organização há dois anos, e o OjoLab está entre os projetos que coordeno. Fiz jornalismo no início de minha carreira, mas depois me dediquei à gestão em comunicação, jornalismo e marketing digital. Sou um híbrido no *OjoPúblico* porque, embora entenda todo o lado jornalístico, também entendo o outro lado, não jornalístico, que tem a ver com gestão e geração de conhecimento.

O *OjoPúblico* foi fundado em 2014, e em 2016, o OjoLab nasceu como um programa de inovação e treinamento, justamente com a necessidade identificada de ser capaz de compartilhar conhecimentos e trocar ideias e soluções. O OjoLab nasceu com uma proposta de workshops e um programa de treinamento para inovação no jornalismo, realizando pela primeira vez workshops regionais no Peru. Mais uma vez, com a ideia de compartilhar o que sabíamos e aprender com a troca.

Também nos envolvemos no jornalismo digital, afastando-nos do jornalismo tradicional, porque os três editores fundadores vieram da mídia impressa. Eles não começaram no digital e começaram a aprender mais, porque não se trata apenas de escrever, trata-se de questões tecnológicas de programação e de todas as novidades que vêm com o envolvimento no mundo digital. Foi nesse momento que demos "match" com os desenvolvedores e programadores e essa nova forma de fazer jornalismo, que é o jornalismo de dados. Identificamos que havia um nicho: O *OjoPúblico* estava crescendo na área de jornalismo de dados, e era um tema que precisava ser reforçado

para outros jornalistas, porque também acreditamos no jornalismo colaborativo. Portanto, sabemos o trabalho do *OjoPúblico* não é apenas fazer esse trabalho, mas também colaborar com a mídia regional e local. E obviamente, se queremos fortalecer esse jornalismo, devemos ter jornalistas capacitados. Em 2016, começamos a levar nossas pesquisas e técnicas de jornalismo de dados para outras regiões do Peru e depois começamos a fazer workshops em outros países. De fato, foram 57 oficinas realizadas desde o início, já que, antes da pandemia, a maioria delas eram presenciais. Durante os dois anos da pandemia, tivemos que levá-los para a plataforma online, mas continuamos a treinar jornalistas nessa modalidade híbrida.

Quantas pessoas estão envolvidas no projeto, como está organizada atualmente a lógica do laboratório e como o laboratório é apoiado financeiramente?

Dependendo do programa, envolvemos jornalistas do *OjoPúblico*, assim como convidados e especialistas nacionais e internacionais. Por exemplo, se organizamos um workshop sobre crimes ambientais na Amazônia, obviamente teremos jornalistas especializados ou que cobrem questões amazônicas. Há também a equipe administrativa, que consiste, além de mim, de mais duas ou três pessoas, variando de acordo com o evento. Há também os instrutores, que, dependendo do escopo do workshop, podem ser dois ou três jornalistas do *OjoPúblico* e jornalistas de outros veículos de comunicação peruanos ou internacionais. Sempre tentamos dar o melhor em cada treinamento, portanto, dependendo do tópico, mapeamos quem da nossa equipe pode participar ou quem podemos convidar. Em 2021, tivemos um workshop de oito dias sobre vacinas, portanto, não foram apenas jornalistas. Na verdade, convidamos epidemiologistas e médicos da América Latina, porque o que nos interessava era informar não só os jornalistas, mas também o público em geral, que ainda tinha dúvidas ou não entendia a importância das vacinas. Houve dez sessões, em cada sessão havia cerca de três ou quatro convidados. Portanto, pode-se dizer que a parte de gestão pode ser entre duas ou três pessoas, mas a parte de implementação depende muito do tipo de oficina que é realizada.

Os workshops são gratuitos ou é preciso pagar para participar?

As oficinas são gratuitas. Por exemplo, se temos vinte lugares para esse workshop, você tem de se inscrever, e normalmente fazemos algumas perguntas, como: qual é o projeto que você estaria interessado em pesquisar? Na verdade, na última oficina, tivemos cerca de cem candidatos e selecionamos pessoas de acordo com o perfil. Quanto ao financiamento, temos feito várias oficinas com recursos próprios. Por exemplo, esse

treinamento sobre as vacinas. No entanto, na maioria das vezes, temos parceria com outras organizações que também estão interessadas em tornar visíveis certos assuntos ou em reforçar as capacidades dos jornalistas. A pessoa que recebe o treinamento não paga.

Quais são as fontes de inspiração para seu laboratório de mídia e quais são as inspirações para seus projetos?

Toda a equipe do *OjoPúblico*, desde os editores até a gerência, está observando o contexto em que estamos e as tendências. Em outras palavras, é parte de nosso trabalho. Estamos sempre atentos ao que está acontecendo; há sempre coisas novas. Por exemplo, a questão do jornalismo não se trata apenas da leitura de dados, mas também da leitura de mapas. Portanto, incluímos módulos sobre esse tópico. A última coisa que incluímos nas oficinas foi a gestão do estresse para os jornalistas. Foi algo que nunca havíamos feito antes e também não estava em outros programas, mas decidimos incluir um módulo sobre gestão do estresse em uma oficina que tinha a ver com a investigação do poder corporativo. Muitas vezes, os jornalistas que estão envolvidos na exposição das máfias com muito dinheiro sofrem intimidação por meio de denúncias. Havia um componente que podíamos ajudar a fortalecer, e que era a questão da gestão do estresse. Diariamente, estamos monitorando a situação, observando tendências e adicionando programas que podemos implementar futuramente.

Se você tivesse que escolher três características essenciais ou indispensáveis que definem um laboratório de mídia, quais seriam elas? Por quê?

Penso que o trabalho em equipe é muito, muito importante, e também a experiência, o conhecimento desenvolvido, seja pelos editores, que são os jornalistas fundadores, e também como esse conhecimento é transmitido aos jornalistas. Os jornalistas do *OjoPúblico* são jovens, que foram treinados quando estavam na sala de aula no estilo de jornalismo do *OjoPúblico*: desde novas formas narrativas a novos conteúdos, até os processos de edição e verificação de dados. Em outras palavras, foi gerada uma lógica de conteúdo, um fluxo de temáticas, que não fica com uma só pessoa. Tudo passa por um duplo processo de edição e verificação de dados, que faz parte do estilo de jornalismo do *OjoPúblico*.

Além da inovação e do trabalho em equipe, outra característica fundamental é o rigor, porque não se trata apenas de fazer workshops, mas de produzir um produto atraente, um produto que é realmente informativo e útil para as pessoas que participarão. Outra coisa que eu poderia mencionar são os temas que fazem parte da linha editorial do *OjoPúblico*, que têm a ver com a investigação do abuso do poder econômico corporativo e a violação dos direitos de diferentes populações vulneráveis.

Inovação é um termo que já está um pouco desgastado pelo uso recorrente e, às vezes, um pouco fora do contexto. Na sua opinião e na visão de seu laboratório, o que é inovação?

É um processo. A inovação está sempre atenta às coisas novas, reinventando-as e compartilhando-as. Trabalhamos para isso. Entre as coisas que estamos programando para este ano estão oficinas de inovação específicas com a equipe *OjoPúblico*. Sabemos que isso é algo que precisa ser treinado e fortalecido e que está em constante evolução.

Qual é a relação entre essas oficinas com a inovação?

A inovação do *OjoPúblico* está em termos de temas e formatos, pois normalmente os meios de comunicação lidam com questões do dia a dia em formatos tradicionais. Estamos comprometidos com novos formatos, novas narrativas e tocando em tópicos que normalmente não são cobertos. A inovação vai desde os tópicos, os formatos narrativos, os tipos de produtos nos quais ela é entregue e, obviamente, até o compartilhamento de conhecimento com outros jornalistas e estudantes de jornalismo. Realizamos oficinas sobre como se comunicar, sobre a questão do tráfico de pessoas, sobre os defensores do meio ambiente... Isso serve como um laboratório para que possamos identificar jornalistas que possam, então, se juntar à nossa organização e se tornar parte da equipe. Isso é algo importante que sempre acontece, identificamos colaboradores em potencial nas oficinas que realizamos. Quando possível, oferecemos bolsas de estudo para que os vencedores das oficinas possam desenvolver suas pesquisas e que essas pesquisas possam ser publicadas em uma mídia local.

Quais são os principais desafios e lições aprendidas até agora?

Obviamente, o principal desafio tem sido a pandemia da covid-19. Tivemos que sair do corpo a corpo e passar ao digital. Em termos de lições aprendidas, o principal é a importância de compartilhar conhecimentos. Estamos comprometidos com o jornalismo colaborativo e o compartilhamento de conhecimento. Desde que compartilhemos as coisas em que somos bons e possamos envolver mais jornalistas, no nosso caso, na forma como fazemos jornalismo, sabemos que é um ganho para todos. Não é perder algo ao compartilhar conhecimento,

mas é expandir o que você trabalhou e ser capaz de alcançar um objetivo comum. Todos os jornalistas investigativos querem tornar visíveis e expor os abusos de poder. Ao compartilhar esse conhecimento, garantimos que mais jovens jornalistas tenham as ferramentas e o conhecimento para poder continuar tornando as coisas visíveis. O jornalismo que fazemos a partir do OjoLab é poder continuar fortalecendo as capacidades, poder continuar criando conhecimento e ter mais jornalismo de qualidade. Seria também uma recomendação para a mídia: que eles procurem compartilhar mais.

Você pode nos falar sobre um projeto do qual se orgulha?

Além de ter programas de treinamento, o OjoLab está envolvido na geração de conhecimento por meio de publicações. Não só temos workshops, mas também temos publicações que estão, obviamente, alinhadas com a nossa linha editorial. Por exemplo, o exemplo do treinamento sobre vacinas: o curso de dez dias que tivemos sobre o assunto, e depois tivemos também uma publicação impressa — *Vacunagate* —, um livro que descreve toda a corrupção e abuso de poder que ocorreu no Peru quando as primeiras vacinas começaram a chegar.

Em termos de programas de treinamento, desenvolvemos um curso sobre como investigar crimes ambientais na Amazônia, para jornalistas e comunicadores indígenas, no qual foram concedidas duas bolsas de pesquisa. Foi ótimo ler as propostas de pesquisa. Também está sendo preparada uma publicação com o trabalho das oficinas dos jornalistas e comunicadores envolvidos.

Para mim, é um ecossistema, ou seja, OjoLab e *OjoPúblico* compartilham seus conhecimentos e as coisas boas que estão sendo feitas. Portanto, os sucessos do OjoLab são os sucessos do *OjoPúblico*, e os sucessos do *OjoPúblico* são os sucessos do OjoLab. Não é possível separá-los.

O que há de especial em seu laboratório?

Nosso grande diferencial é que sempre envolvemos especialistas que não têm necessariamente que ser da equipe *OjoPúblico*. Sim, existem nossos jornalistas, mas também convidamos jornalistas regionais e internacionais. Ainda, estamos sempre atualizados com as tendências do jornalismo, novas narrativas e novos formatos. Agora estamos realizando *hackathons* para envolver a comunidade de programação, já que as próximas eleições regionais estão se aproximando. No Peru e em outros países latino-americanos, as pessoas que querem chegar ao poder, muitas vezes, não querem chegar ao poder com o propósito de servir, mas para tirar proveito da administração pública. Por meio do jornalismo de dados, podemos tornar visíveis as conexões dos candidatos e seus potenciais conflitos de interesse. Vamos convidar as comunidades de

programadores e jornalistas para começar a analisar o banco de dados de candidatos e começar a identificar tendências e conexões, que tenho certeza que encontraremos.

Qual é o papel de seu laboratório em relação à organização à qual você está vinculada e em relação ao futuro da sociedade?

OjoPúblico é um meio de comunicação, e, embora não realizemos um trabalho de defensoria, definitivamente sabemos que indiretamente, por meio das atividades que realizamos, estamos contribuindo para ter jornalistas treinados e qualificados que podem tornar visíveis e denunciar casos de corrupção. Desenvolvemos o jornalismo a serviço dos cidadãos.

Somos uma organização de mídia, não somos uma ONG, mas sabemos que esse tipo de ação tem um impacto indireto. Por exemplo, costumávamos trabalhar apenas com jornalistas e estudantes de jornalismo, mas no próximo ano, estamos nos concentrando cada vez mais nos jovens interessados em se envolver nas questões em que o *OjoPúblico* atua.

Recentemente, por exemplo, fizemos um festival para os jovens, com TikTok e concursos de ilustração. Foi difícil no início, mas com a equipe envolvida, convidamos mais pessoas do design e da comunidade do TikTok e atingimos nosso objetivo. E o fizemos precisamente porque queríamos alcançar um público jovem, que não necessariamente tem acesso ao nosso conteúdo. Temos um parceiro que gostou do que viu no festival e nas competições, e no próximo ano estamos programando festivais e oficinas destinadas aos jovens a fim de criar espaços cidadãos para promover a democracia a partir de uma perspectiva juvenil.

Como você acompanha as pessoas que participam das oficinas? Você tem contato com elas posteriormente?

Depende. Quando temos uma bolsa de estudos, o acompanhamento editorial é incluído, não a todos, mas ao grupo que teve um projeto escolhido. Mas também, ultimamente, temos administrado grupos de WhatsApp. É bom, porque não apenas criamos o conteúdo, mas eles mesmos compartilham conhecimento de outras oficinas ou do tema que os reuniu.

Quais são as métricas de sucesso do laboratório?

Acompanhamos a quantidade de pessoas que se candidatam, porque normalmente são chamadas abertas, a quantidade de pessoas que se candidatam e são selecionadas e se todas essas pessoas selecionadas terminam o treinamento. Quando temos tutoria, medimos as pesquisas publicadas. Isso das oficinas, mas quando temos festivais, medimos o número de submissões a competições, de votos... Outra métrica que também temos é a equipe envolvida. Geralmente, internamente, são três, mas quando incluímos os instrutores, dependendo do número, pode ser mais.

Como você definiria seu laboratório de mídia em uma frase?

Somos um programa de treinamento e inovação para fortalecer o jornalismo investigativo.

Desafios & Aprendizados

» Saber compartilhar é a chave do sucesso, não apenas no jornalismo, mas em outras profissões. O OjoLab está comprometido com o jornalismo colaborativo e o compartilhamento de conhecimento. Dica: compartilhe, colabore e crie uma rede de parceiros fora de sua organização (inovação aberta).
» *Hackathons* e eventos de inovação são formas de fomentar a inovação aberta e catalisar a inovação. Embora não desenvolva inovação *per se* em seu próprio laboratório, o OjoLab encoraja inovação no jornalismo independente.
» Pensar no envolvimento futuro do público: assumir um papel de treinamento para que os jovens jornalistas tenham as ferramentas e os conhecimentos necessários para continuar reportando questões importantes e ter um jornalismo de maior qualidade gera sustentabilidade e credibilidade.
» Jornalismo não se trata apenas de escrever, mas de aprender sobre tecnologias e manter-se a par do que é novo e que se desenvolverá no mundo.

Sobre o OjoLab

Fundação: 2016

Número de colaboradores: 3 a 10

Parceiros: OjoPúblico

Website: https://ojo-publico.com/tag/ojo-lab

MEDIA LABS CANVAS

Este quadro organiza os eixos mais importantes a serem considerados ao criar ou repensar a estratégia do seu laboratório, tanto no contexto externo quanto interno a laboratório.

Nome do Lab: OjoLab   **Data:** 30.05.2022

Inovação
O que é inovação para o meu laboratório?

- A inovação é um processo
- É estar sempre alerta às coisas novas, pegando-as e reinventando-as e podendo compartilhá-las.

Valores/Características indispensáveis
Quais as (três) características indispensáveis do meu laboratório?

- Rigor, para ter um produto atrativo e utilitário
- As temáticas e a difusão de conhecimento
- Trabalho em Equipe

6

Perfil da equipe
Quais as formações, expertises e perfis de quem atua aqui?

- Especialistas
- Jornalistas investigativos

7

Objetivo interno/relação organizacional
Qual o papel do seu laboratório em relação à organização e/ou ao ecossistema de inovação local, regional ou nacional?

- É um ecossistema, ou seja, OjoLab e OjoPúblico compartilham seus conhecimentos e as coisas boas fazem. Os sucessos do OjoPúblico são os sucessos do OjoLab e vice-versa.
- Criar espaços de cidadania para promover a democracia.
- Ter jornalistas capacitados e treinados que possam tornar visíveis e denunciar casos de corrupção

Propósito/Missão fundamental

Por que (e para quem) estamos fazendo isso?
Por que o meu laboratório existe?
Qual a diferença que o laboratório faz?

Somos um programa de treinamento e inovação para fortalecer o jornalismo investigativo

10

Recursos Necessários
O que precisamos para operar?

- Jornalistas
- Workshops/oficinas

5

9

Diferencial
O que é único do meu laboratório?

- Envolvemos especialistas que não necessariamente precisam ser do Ojo Público.
- A inovação está em compartilhar conhecimento com outros jornalistas e estudantes de jornalismo
- Bolsas: para que os vencedores das oficinas possam desenvolver suas pesquisas e serem publicados em um meio local.
- "hackathons" para gerar inovação e envolver a comunidade e programadores
- Temas: novos formatos, novas narrativas e temas que normalmente não são debatidos

8

1

Fontes de Receita
Quais são as fontes de receita?

- Fundos internos / OjoPúblico

4

Público-alvo & Parceiros Principais
Para quem eu inovo?
Quem utiliza/usa/ experimenta as minhas inovações?
Quais são os parceiros principais do meu laboratório?
Para quem e com quem eu existo?

- Jornalistas
- A comunidade
- Programadores (Hackathons)
- Estudantes de jornalismo
- Jovens que tenham interesse em se envolver nas questões que o OjoPúblico está discutindo.

3

Fontes de Inspiração
Quais as fontes de inspiração para os meus projetos?
Quais problemas do mundo inspiram as minhas inovações?
Como renovamos e encontramos oportunidades para inovar/trabalhar?

- Diariamente estamos monitorando a situação, observando tendências e adicionando programas que podemos implementar futuramente.

2

CAPÍTULO 23

Media City Bergen
Um grupo de mídia que ajuda as empresas a darem um salto para o futuro digital

Odd Gurvin é CEO interino e gerente de projetos do Media City Bergen. O grupo norueguês de mídia é líder mundial em realidade aumentada, inteligência artificial (IA), estúdios virtuais, transmissão e vídeo baseado em IP,[1] robótica e ferramentas para fluxo de trabalho e *storytelling* visual. Além disso, a iniciativa inclui o Norwegian Cognitive Center, um projeto liderado pelo Media City Bergen e de propriedade de cinco clusters industriais diferentes, que visam a ajudar as organizações a criar valor a partir de suas competências de construção de dados para IA em todas as indústrias e setor público.

> "A colaboração é nosso modelo de negócios, cooperação entre academia, empresas públicas e privadas. Cooperamos onde podemos e competimos onde é necessário."
>
> Odd Gurvin

Você poderia contar brevemente a história do seu *media lab*? Quando foi fundado, quais foram os objetivos iniciais, se ainda permanecem... E quanto à sua trajetória até aqui?

O governo norueguês decidiu que deveria licenciar nossa emissora comercial fora da capital da Noruega e deu a licença para a TV2. Assim, eles [TV2] contrataram pessoas de diferentes tipos de indústrias e fundaram a organização. Quando a TV2 começou esse processo, eles contrataram pessoas com experiência dos jornais para a TV e de outros tipos de indústria. Para construir uma organização de mídia, era preciso ferramentas para a organização de trabalho, então eles compraram ferramentas de fornecedores de todo o mundo. Entretanto, quando começaram a trabalhar, eles viram que as ferramentas não eram boas o suficiente e que podiam melhorá-las. Eles começaram com algumas ferramentas gráficas e viram que as soluções que eles mesmos construíam eram muito melhores do que o que estava disponível no mercado. Aí fundaram uma *spinoff* chamada VIZRT. Mais adiante, desenvolveram uma empresa chamada Vimond, que disponibiliza o serviço *Over the Top* (OTT),[2] e a Storm GEO, que fornece previsões meteorológicas; a Electric Friends, que fornece câmeras, e a Wolftech, que fornece diferentes tipos de ferramentas de planejamento para a equipe editorial. E várias dessas empresas foram vendidas, mas elas viram que, se eles cooperassem com outros tipos de empresas do setor de mídia, poderiam aumentar a inovação. Então, eles tomaram a iniciativa de iniciar um *cluster* [um grupo] de mídia junto com outros meios de comunicação locais e empresas de tecnologia.

O cluster tem agora treze anos, e temos nosso *media lab* lá. Promovemos *hackathons*, workshops e organizamos palestras técnicas e apresentações dentro do laboratório. Também temos um centro cognitivo que é de propriedade de cinco *clusters* industriais que tentam inspirar as empresas norueguesas a começar a usar a IA dentro de seu processo de inovação. Temos um laboratório de jornalismo para ensinar jornalistas sobre dados e como usar *big data* em pesquisa e jornalismo investigativo. Temos um consórcio nórdico 5G, onde a emissora escandinava coopera sobre como a conexão 5G pode nos ajudar a melhorar a produção e o fluxo de trabalho.

Empreendedorismo, pesquisa, ferramentas e metodologia são cruciais para nós e para toda a organização; atualmente, somos 110 membros dedicados majoritariamente à parte de tecnologia, mas temos também empresas editoriais, como jornais e emissoras de televisão e rádio. Além disso, há muitas empresas de consultoria que nos ajudam. Temos empresas de pesquisa, acadêmicas e também investidores e organizações financeiras entre nossos membros.

A sede de Bergen criou alguns nódulos tanto em Stavanger quanto em Oslo, e temos membros de norte a sul da Noruega. Também cooperamos com outros lugares, por exemplo, com um centro em Cardiff, no Reino Unido. Além disso, recebemos visitas de outros *clusters* da Europa e fora do continente.

Temos dois pilares: um chamado democracia sustentável, que engloba competência editorial e verificação de fatos; e outro que está relacionado à parte técnica, na qual a principal competência é jornalismo, fluxos de trabalho de narrativa visual de histórias, insight e análise de dados, realidade aumentada, realidade virtual, IA, *Machine Learning*, estúdios virtuais, distribuição de vídeo sobre IP, soluções *Over the Top* (OTT) e robótica.

O que acontece especialmente com nossos membros é que eles estão integrados uns aos outros. O grupo tem um grande impacto sobre o entorno. Os membros do *media lab* somam 6,3 bilhões em valor agregado anualmente, e 80% deles apresentam inovações *hardcore* a cada ano. A colaboração é nosso modelo de negócios, cooperação entre academia, empresas públicas e privadas. Cooperamos onde podemos e competimos onde devemos.

Dispomos de diferentes tipos de locais de trabalho, onde recebemos muitas pessoas todas as semanas. Temos uma *tool-box*[3] disponível para os membros, assim como um estúdio de *chroma key* [tela verde ou azul que viabiliza um fundo sólido que depois pode ser substituído por outras imagens de fundo] e todo o equipamento técnico necessário para que eles possam testar e desenvolver novas soluções. Também vamos a eventos junto com os associados e executamos vários projetos da União Europeia como parte do programa de empreendedorismo. A cada ano, temos diferentes tipos de eventos, de sessenta a uma centena de eventos anuais. Somos uma equipe pequena, portanto, os membros estão sempre criando e participando.

Quantas pessoas fazem parte do projeto? Você poderia explicar como ele está atualmente organizado na lógica de laboratório?

No relatório anual para o governo, relatamos cinco pessoas em diferentes tipos de cargos, e isso apenas para o *media lab*.

Vamos ter um novo CEO e teremos nosso gerente de grupo em Stavanger.

Como o laboratório se sustenta financeiramente?

O *media lab* é financiado pelos patrocinadores e pelos projetos. Todo o nosso financiamento provém do sistema de associação. Assim, cada membro nos paga anualmente uma quantia baseada no seu tamanho. Temos diferentes níveis de afiliação. Os maiores membros são chamados *premium* e eles pagam cerca de 200 mil coroas norueguesas por ano. Por outro lado, também temos um nível inicial, em que se paga apenas 8.500 coroas norueguesas por ano. Além disso, temos alguns projetos, como o Democracia Sustentável, que são parcialmente financiados pela Innovation Norway[4] por meio do fundo agregador de inovação do governo. Há também patrocinadores do laboratório, e ganhamos algum dinheiro com isso, mas é uma pequena parcela. Outra fonte de receita é quando empresas de fora do *cluster* querem alugar o espaço do laboratório. Há, ainda, taxas em ingressos para eventos e conferências. Portanto, esse é o modelo de negócios. Algumas das conferências também são financiadas por nossos patrocinadores, e vendemos patrocínios para eventos especiais.

Quais são as fontes de inspiração para o seu laboratório de mídia? De quais *inputs* surgem os seus projetos no *media lab*?

A inspiração vem dos membros, dos projetos de pesquisa ou de outras fontes. As motivações de nossos membros para participar vêm principalmente do desejo de ser ajudado e receber nosso apoio em internacionalização, em inovação, criando um ponto de encontro entre fornecedores e compradores, e eles também contam conosco para desenvolver sua própria competência interna. Seja metodologia, seja ferramenta, seja inovação, seja tecnologia, dê o nome que quiser, o que vemos é que os membros precisam é de um ecossistema que promova o sucesso internacional de sua empresa. Esse é o motor básico do cliente para fazer parte do *cluster*. Portanto, precisamos desenvolver soluções e programas, encontros, competências e inovação. Para isso, contratamos pessoas que são reconhecidas internacionalmente, como palestrantes ou especialistas em metodologia de inovação em diferentes aspectos.

Qual é o maior exemplo de sucesso em seu laboratório? Conte-nos sobre um projeto do qual você pode se orgulhar.

Há uma empresa de IA chamada Bergen Robotics: se eles não tivessem feito parte do *cluster*, nunca teriam visto as diferentes oportunidades que poderiam desfrutar. Nosso modelo de negócios é a colaboração, como já mencionei. Portanto, quando a BBC recebe um novo estúdio e novas câmeras, isso é desenvolvido por vários membros do *cluster*. A IA dentro dessa câmera é entregue por uma empresa, e a câmera do robô é entregue por outra. Como facilitadores, nós não produzimos inovação, nós ajudamos nossos membros a inovar, ensinando métodos e metodologias. Nós conectamos e inspiramos os membros a cooperar e criar inovações, muitas vezes, juntos.

Você poderia escolher três características essenciais para um *media lab*? Por quê?

Abertura, colaboração e rede. Nós apenas conectamos diferentes pontos, sendo muito otimista. Reunimos um grupo de pessoas que conhece a indústria, conhece a tecnologia, conhece a empresa e estamos tentando criar projetos com os quais eles queiram se envolver.

Na sua opinião e na visão de seu laboratório, o que é inovação?

Há diferentes níveis de inovação. Se você faz um produto melhor, esse é um nível de inovação. Se você faz um novo produto, isso é outra coisa. E se você realmente mudar a organização, isso é um patamar totalmente diferente de inovação. Estamos tentando ensinar todo tipo de inovação e motivá-los a aprender. É isso que basicamente fazemos: damos a eles as ferramentas de que precisam e a inspiração para criar coisas novas. Se você está matriculado na academia, não fica em forma se não frequentar e fizer exercícios. E conosco é o mesmo. Tudo depende da organização, mas nós somos a academia para que eles fiquem em forma. Nós somos os treinadores que tentam ajudá-los, e fazemos isso também por meio da contratação de palestrantes internacionais, para ensiná-los a criar. Há alguns anos, era tudo uma questão de pensar em design. Agora é muito sobre empreendedorismo: a própria empresa desenvolvendo novas soluções. Estamos ouvindo nossos membros e estamos tentando fazer programas que se ajustem ao maior número de pessoas e organizações possível. Não podemos forçá-los a aprender, mas vamos encorajá-los a fazê-lo.

Trabalhar com temas que mudam o tempo todo, como a conhecida metáfora do alvo móvel, é certamente um grande desafio. Em sua jornada particular nos laboratórios de mídia, quais são os principais desafios e lições aprendidas até agora?

O principal desafio é engajar as pessoas nas organizações. Outro desafio é que somos muito abrangentes. As pessoas estão começando a olhar para nós como uma organização de eventos, porque o que elas ficam conhecendo na maioria das vezes são nossos membros por meio dos diferentes eventos que promovemos. Isso não é uma coisa ruim, mas deveríamos ser mais diretos: "Isso não é tudo o que somos." Nós damos poder às histórias, e para criar uma história, é preciso uma identidade, uma estratégia de narrativa e de tecnologia. Essa é a *promessa do cliente*.[5]

Acompanhar as tendências é significativo para seu laboratório? Você poderia comentar alguns exemplos?

Sim, isso é o resultado de perguntar aos membros do que eles precisam ou identificar suas necessidades. Nós criamos diferentes tipos de programas com base nessas informações, e isso significa entender o que são tendências. Não publicamos relatórios, mas já discutimos se isso poderia ser outra fonte de receita que poderíamos criar — por meio da escrita e comercialização de relatórios de tendências. No entanto, é um trabalho muito exigente em termos de tempo, e provavelmente precisaríamos da assinatura de relatórios diferentes. Além disso, consultorias como a McKinsey, Gartner e Deloitte já estão entregando esse tipo de relatório.

Qual é o papel de seu laboratório em relação à organização a que ele está conectado? E em relação ao futuro da sociedade?

Somos um ponto de encontro, onde tentamos fazer com que as pessoas se comprometam, contribuam e cooperem. O *media lab* é o centro do *cluster*, onde tudo acontece, mesmo que utilizemos toda a área comum do edifício. O *media lab* é o lugar que está sempre aberto às pessoas.

Como você definiria seu *media lab* em uma frase?

O Media City Bergen é a casa da colaboração, da inovação e da participação. Em 2017, a manifestação dessa colaboração entre indústria, academia, pesquisa e interesse público e comercial foi realizada, e nos mudamos para este prédio, trabalhando com pessoas dentro de toda a cadeia de valor da indústria de mídia.

Desafios & Aprendizados

» Engajar os colaboradores das empresas parceiras, pois o stakeholder provavelmente tem dezenas de pessoas trabalhando para ele. Ter a conexão com o primeiro stakeholder é simples, mas não com segundo ou terceiro.

» Saber inspirar as pessoas sem dar uma resposta para todos os problemas. Para isso, oferecemos locais de encontro para ouvir palestrantes. Depois de "inspirados", os stakeholders voltam para trabalhar em seus desafios nas suas organizações.

» Ter a colaboração como modelo de negócio significa entender que cooperamos onde podemos e competimos onde devemos.

Sobre o Media City Bergen

Fundação: 2009

Número de colaboradores: 5

Parceiros: + 110 membros, entre empresas de mídia, universidades e outros

Website: https://mediacitybergen.no/

Media City Bergen 243

MEDIA LABS CANVAS
Este quadro organiza os eixos mais importantes a serem considerados ao criar ou repensar a estratégia do seu laboratório, tanto no contexto externo quanto interno ao laboratório.

Nome do Lab: Media City Bergen   **Data:** 15.06.2022

Inovação
O que é inovação para o meu laboratório?

- Existem diferentes níveis de inovação
- Mudar a organização
- Desenvolver um novo produto
- Melhorar um produto

Valores/Características indispensáveis
Quais as (três) características indispensáveis do me laboratório?

Perfil da equipe
Quais as formações, expertises e perfis de quem atua aqui?

- Abertura
- Colaboração
- Rede (network)
- Gerente de Projeto
- Profissional técnico
- Profissional de storytelling
- Consultores e palestrantes convidados

Propósito/Missão fundamental
O Media City Bergen é a casa da colaboração, da inovação e da participação

Recursos Necessários
O que precisamos para operar?

- Espaço físico (hub)
- Tecnologias e metodologias de inovação
- Membros / associados

Diferencial
O que é único do meu laboratório?

- Cooperamos onde podemos e competimos onde devemos
- Ser um complexo, com todas as empresas relevantes do setor, porque é assim que podemos iniciar uma conexão/um relacionamento.

Objetivo interno/relação organizacional
Qual o papel do seu laboratório em relação à organização e/ou ao ecossistema de inovação local, regional ou nacional?

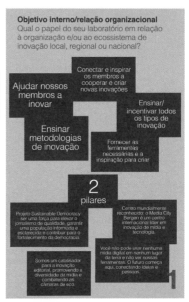

- Conectar e inspirar os membros a cooperar e criar novas inovações
- Ajudar nossos membros a inovar
- Ensinar/incentivar todos os tipos de inovação
- Ensinar metodologias de inovação
- Fornecer as ferramentas necessárias e a inspiração para criar

2 pilares
- Projeto Sustainable Democracy: ser uma força para elevar o jornalismo de qualidade, garantir uma população informada e esclarecida e contribuir para o fortalecimento da democracia.
- Centro mundialmente reconhecido: o Media City Bergen é um centro internacional líder em inovação de mídia e tecnologia.
- Somos um catalisador para a inovação editorial, promovendo a diversidade de mídia e combatendo as câmaras de eco.
- Você não pode usar nenhuma mídia digital em nenhum lugar da terra e não ver nossas ferramentas. O futuro começa aqui, conectando ideias e pessoas.

Fontes de Receita
Quais são as fontes de receita?

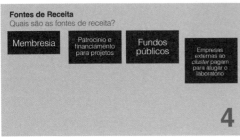

- Membresia
- Patrocínio e financiamento para projetos
- Fundos públicos
- Empresas externas ao *cluster* pagam para alugar o laboratório

Público-alvo & Parceiros Principais
Para quem eu inovo?
Quem utiliza/usa/ experimenta as minhas inovações?
Quais são os parceiros principais do meu laboratório?
Para quem e com quem eu existo?

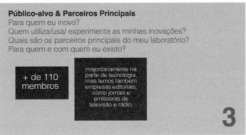

- + de 110 membros
- majoritariamente na parte de tecnologia, mas temos também empresas editoriais, como jornais e emissoras de televisão e rádio.

Fontes de Inspiração
Quais as fontes de inspiração para os meus projetos?
Quais problemas do mundo inspiram as minhas inovações?
Como renovamos e encontramos oportunidades para inovar/trabalhar?

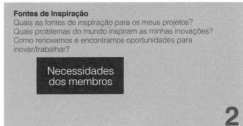

- Necessidades dos membros

PARTE IV
Extras

CAPÍTULO 24

Inteligência artificial na redação

Jornalismo sem jornalistas?

João Canavilhas
Universidade da Beira Interior

As tecnologias associadas à inteligência artificial (IA) estão cada vez mais presentes no dia a dia dos cidadãos, tanto nos produtos que adquirem como nos serviços a que recorrem. Muitos desses produtos e serviços são vendidos por empresas que entraram na era da Indústria 4.0 graças à criação de redes inteligentes que otimizam o processo de desenvolvimento, produção e distribuição. Essa nova era industrial envolve abundância de informação (*big data*), técnicas de tratamento de dados para previsão e apoio à tomada de decisão (*advanced analytics*), alojamento/processamento remoto (*cloud computing*) e interligação entre dispositivos e máquinas naquilo a que se chamou a internet das coisas (*Internet of Things*).

Nas últimas duas décadas, o jornalismo vive um processo semelhante, por isso é legítimo falar em Jornalismo 4.0 para nos referirmos à crescente adoção de tecnologias inovadoras que alteram os modelos de produção e de negócio no jornalismo. A abundância de dados online, a crescente oferta de alojamento e processamento remotos, associados à necessidade de automatizar processos anteriormente desenvolvidos por profissionais dispensados no auge da crise, **conduziram o jornalismo para uma revolução idêntica à que aconteceu na indústria.** A grande diferença verifica-se ao nível da matéria--prima, que neste caso são dados para alimentar os algoritmos que produzem o produto típico dessa atividade: informação jornalística.

Assim, de que forma a inteligência artificial está alterando o processo de produção de notícias? E até que ponto poderemos chegar a um momento em que o jornalismo será produzido sem jornalistas?

Inteligência artificial: do imaginário futurístico à vida cotidiana

Falar em inteligência artificial (IA) ainda soa como ficção científica. Provavelmente, você se recorda de filmes como *Metropólis* (1927), *Blade Runner* (1982) ou *Matrix* (1999), só para referir alguns exemplos. Filmes como esses nos levaram a fazer uma associação automática entre inteligência artificial, robôs e/ou dispositivos tecnologicamente muito avançados e inacessíveis às pessoas comuns. Mas a realidade não é essa: atualmente, a IA está presente nas rotinas diárias da maioria dos cidadãos por intermédio de vários tipos de tecnologias. Desde as mais evidentes, como alguns programas informáticos que usamos nos computadores pessoais, até os robôs aspiradores, as TVs inteligentes e os assistentes pessoais, como a Alexa (Amazon). Talvez este último nome não lhe recorde nada, mas se falarmos no Assistente Google ou na Siri, a coisa muda de figura. Isso porque o primeiro vem instalado nos smartphones com o sistema Android, e o segundo é o assistente dos dispositivos da Apple. Se considerarmos que o mundo tem 7,9 bilhões de pessoas e que 83,7%[1] da população têm um smartphone, é muito provável que você esteja entre os cerca de 6,6 bilhões de pessoas que usa diariamente inteligência artificial no smartphone que tem no seu bolso.

Sim, o smartphone está cheio de sensores que usam a inteligência artificial para o ajudar, mas também para o conhecer e, dessa forma, vender-lhe produtos e serviços. O seu smartphone sabe em que local você está a todo momento, sabe se está parado ou em movimento, sabe a que velocidade se desloca e sabe também que tipo de aplicativos (apps) tem instalado, a que horas são usados e que tipo de compras costuma fazer online. Na remota hipótese de que o leitor não tenha um smartphone, certamente terá o cartão de cliente de um supermercado, e também nesse caso é usada a IA para analisar o seu consumo e sugerir determinados produtos. Na ainda mais remota hipótese de você não ter smartphone, nem cartão de cliente, nem cartão bancário, certamente acessa a internet. E nesse caso, já verificou que, após uma pesquisa, nos sites seguintes surgem publicidades de um fornecedor de produtos ou serviços relacionados com essa pesquisa. Esse conjunto de exemplos permite verificar que a IA é muito mais comum do que o esperado, e a sua presença vai muito além dos robôs eternizados pelo cinema.

Apesar dessa importante presença na sociedade, a definição do conceito não é consensual e continua a ser discutida desde os anos 1940 e 1950. Um clássico dessa discussão é o teste de Turing (1950), que procura responder a uma pergunta simples: uma máquina pode pensar? Caso as respostas do computador não se diferenciem das que são dadas por um ser humano, a resposta é "sim, uma máquina pode pensar". Simples, mas algo redutor para definir o que é inteligência artificial, embora toque no ponto fundamental que separa as várias abordagens do conceito.

Uma das linhas de pensamento mais importantes define a inteligência artificial enquanto sistema de automatização de atividades relacionadas com o pensamento humano. No outro extremo estão aqueles que defendem uma IA fundamentada no cálculo matemático visando entender a razão das coisas e escolher as melhores opções. Ou seja, as definições variam entre os que defendem uma IA mimetizadora das ações humanas e aqueles que se afastam do modelo humano, vendo a IA na perspectiva da racionalidade que recorre à matemática para fazer as coisas certas.

Pelo meio, há posições mistas que se inclinam mais para um extremo ou mais para o outro, mas por não haver uma definição unânime ou correta, como afirma Pei Wang (2020), optou-se por uma acepção mais abrangente que permite incluir todas as áreas referidas anteriormente. É o que define o High-level Expert Group on Artificial Intelligence (HLEG): "Sistemas de inteligência artificial (IA) são sistemas de software (e possivelmente também hardware) concebidos por seres humanos que, dado um objetivo complexo, atuam na dimensão física ou digital percebendo o seu ambiente por meio da aquisição de dados, interpretando os dados estruturados ou não estruturados recolhidos, raciocinando sobre o conhecimento, ou processando a informação, derivada desses dados e decidindo a melhor ação(ões) a tomar para alcançar o objetivo dado."[2] Independentemente de um referente mais ou menos humano, a ideia que prevalece é a de que o **objetivo final de um sistema de inteligência artificial é escolher sempre a melhor opção com vista à consecução de um determinado resultado.** Ou seja, importa compreender que impacto pode ter a IA no processo de produção jornalístico, mas para isso é necessário começar por conhecer o jornalismo.

O que é jornalismo?

A resposta não é fácil, pois "é absurdo pensar que podemos responder à pergunta 'o que é jornalismo?' numa frase" (Traquina, 2002, p.9). Pondo à parte o discurso científico, é possível simplificar a definição dizendo que **jornalismo é a atividade de produzir notícias destinadas aos meios de comunicação**. Neste caso, se define a atividade a partir do produto, tal como ocorre em outras profissões, mas é claramente uma opção redutora, porque **a notícia é apenas um dos vários gêneros jornalísticos,** existindo outros, como a reportagem, a entrevista e, mais recentemente, a infografia interativa e outros conteúdos jornalísticos com recurso à realidade virtual, por exemplo.

A alternativa pode ser uma abordagem a partir do profissional que produz os conteúdos, e, neste caso, o jornalismo seria a atividade desempenhada por um jornalista. Mas essa possibilidade também não serve, porque os diretores/editores são jornalistas, mas exercem funções de coordenação e por vezes não produzem conteúdos. Existem, ainda, jornalistas especializados em recolha e seleção de informação, mas que não produzem textos, e outros que têm carteira profissional, embora exerçam atividades ligadas à comunicação fora da indústria de mídia imprensa. Conclui-se, pois, que essa abordagem também não é satisfatória.

Resta uma abordagem mista que inclua tanto o produto como o profissional que o produz. Assim, **definiremos jornalismo como a atividade profissional que relata acontecimentos atuais, novos, verdadeiros e de interesse público, incluindo, neste último caso, a antecipação de acontecimentos futuros ou a recuperação de acontecimentos antigos sobre os quais existam fatos novos.**

Neste ponto, é importante deixar uma nota relacionada com duas características não referidas e que habitualmente surgem nas definições de jornalismo: **periodicidade e interesse público.**

A periodicidade foi uma marca distintiva da informação jornalística até ao final do século passado, mas que se alterou devido à internet. É verdade que a imprensa em papel continua a ser diária (matutina/vespertina) ou semanal, que as rádios oferecem informação a todas as horas e que a televisão tem, pelos menos, dois serviços informativos (horas de almoço e de jantar), porém, a internet, os dispositivos móveis e os canais temáticos tornaram a informação um fluxo contínuo. As notícias surgem agora a qualquer momento, em direto ou em diferido, tanto nos meios tradicionais como no smartphone, que, graças aos sistemas *push*,[3] permite aos usuários receber notificações sobre os acontecimentos mais relevantes a cada momento.

A segunda nota está relacionada com a questão do "interesse público", um conceito que tem sido contestado por oposição à ideia de "interesse DO público". As referências ao interesse público estão presentes em quase todos os códigos éticos ou deontológicos dos jornalistas. No Código de Ética dos jornalistas brasileiros, por exemplo, é dito que "a produção e a divulgação da informação devem se pautar pela veracidade dos fatos e ter por finalidade o interesse público" (art. 2º), algo reforçado nos vários deveres dos jornalistas, entre os quais "divulgar os fatos e as informações de interesse público" (art. 6º).

Mas o que é, afinal, o interesse público? Na perspectiva do direito, trata-se do "somatório de interesses individuais coincidentes em torno de um bem da vida que lhes significa um valor, proveito ou utilidade de ordem moral ou material, que cada pessoa deseja adquirir, conservar ou manter em sua própria esfera de valores", conforme escreve Alice Borges (1996). A informação é justamente um desses "bens da vida", mas o seu valor depende da importância que lhe é atribuída. O que para uns tem muito valor, para outros pode não ter valor nenhum. Por isso, é importante falar em informações importantes para o dia a dia dos cidadãos, aquilo que Gentilli (2008) designa como as "informações necessárias e imprescindíveis para a vida em uma sociedade de massas, aí incluindo o exercício pleno do conjunto de direitos civis, políticos e sociais". A combinação dessas duas ideias nos permite dizer que **informação de interesse público é aquela que permite viver uma cidadania plena, isto é, que possibilita a cada cidadão exigir o pleno usufruto de direitos, liberdades e garantias de participação sociopolítica.**

Por outro lado, quando falamos em interesse do público referimo-nos ao interesse da audiência, e por isso a mídia tende a simplificar as abordagens noticiosas, a procurar temáticas mais populares, usando o ao vivo e inserindo elementos de espetacularização por meio de novas tecnologias. A informação passa a ser infoentretenimento, visando atingir a máxima audiência e, dessa forma, aumentar as receitas publicitárias. A captação de audiências com notícias de baixo valor informativo já vem do século XIX, com a chamada *yellow press*, mas atualmente está muito presente por intermédio da imprensa sensacionalista, dos *talk-shows* e da tentativa de atração de usuários online por meio de títulos enganosos (*clickbait*).

O recurso a esse tipo de estratégias é uma consequência da difícil situação econômica que afeta o jornalismo e que o conduziu a um dos períodos mais críticos da sua já longa história. O encerramento de jornais ocorre um pouco por todo o mundo, e o Brasil não é exceção, tal como se pode constatar no levantamento feito pelo projeto Atlas da Notícia.[4]

O jornalismo em crise: a era que vivemos hoje

Apesar das visões românticas que ainda perduram, **o jornalismo é um negócio**. Como tal, os donos de jornais, rádios e televisões precisam que as empresas sejam viáveis, o que só acontece com bons volumes de vendas/assinaturas e de publicidade. Por isso, à medida que os mercados se liberalizaram e a concorrência se tornou mais feroz, as empresas de mídia foram alterando a sua oferta informativa. O importante foi substituído pelo interessante, com a lógica da captação de audiências a sobrepor-se aos princípios institucionais e editoriais.[5]

Gradualmente, o jornalismo de interesse público ficou restringido aos meios que são propriedade do Estado e a um restrito grupo de privados que continuam a apostar na qualidade de sua informação, mas cuja sobrevivência tem sido difícil. Tudo porque, desde o início do século, o setor da comunicação vive uma "tempestade perfeita" devido à combinação de uma revolução tecnológica com novos modelos de negócio e uma recessão econômica global.[6]

Em termos tecnológicos, a web 2.0 trouxe os blogs, as redes sociais e os repositórios de vídeo, tornando o ecossistema midiático mais competitivo devido ao nascimento de novos concorrentes de diferentes dimensões. As pequenas empresas se dedicaram a nichos informativos, retirando uma pequena porção de usuários interessados em assuntos pouco explorados e dispostos a pagar para ter mais informação sobre o tema. No outro extremo, surgiram as grandes plataformas, como a Meta (dona do Facebook, do Instagram e do WhatsApp) ou a Google, que, detendo uma posição dominante, foram ganhando o mercado de massas até o ponto de ficarem com quase todas as receitas globais do online (85% em 2021). A essa revolução no mercado juntou-se uma recessão econômica global, que já se dissipava quando aconteceu a pandemia da covid-19 e ganhou novo ímpeto com a guerra na Ucrânia.

Perante um cenário dessa natureza, os meios de comunicação social optaram por reduzir custos, nomeadamente ao nível dos recursos humanos, com impacto imediato na qualidade do produto noticioso oferecido aos usuários. Fazer informação de qualidade é caro, por isso a alternativa para manter o padrão foi procurar nas tecnologias a resposta para a substituição dos recursos humanos dispensados. Se é verdade que as tecnologias contribuíram para a crise atual no jornalismo, nomeadamente a internet, por trazer novos concorrentes, são também elas que podem agora ajudar na recuperação. Falamos, neste caso, da inteligência artificial.

O encontro do jornalismo com a inteligência artificial

Neste contexto socioeconômico, a procura de soluções tecnológicas que pudessem ajudar os meios de comunicação social a serem mais eficientes se tornou uma necessidade absoluta. Com mais informação em circulação, e usuários na constante busca de atualizações informativas a partir do smartphone, **o jornalismo se viu obrigado a procurar formas de compensar a falta de profissionais.** A automatização de processos foi uma das opções, e com ela veio a sua forma mais avançada: a inteligência artificial.

As primeiras experiências decorreram ainda na segunda metade do século passado, sobretudo no campo da organização de informação, na tradução automática, e nos sistemas de recomendação de notícias. Porém, nessa ocasião, era ainda uma IA simples, que se confundia com meros processos de automatização. Só na última década começaram a surgir projetos mais consistentes nas três fases do processo noticioso:

recolha de informação, produção de conteúdos e, por fim, circulação de informação, incluindo aqui as relações com a audiência.[7] Algumas dessas tarefas, que eram desempenhadas por jornalistas ou por tecnoatores,[8] nomeadamente designers, programadores informáticos ou gestores de redes sociais, passaram a ser realizadas por algoritmos programados para tomar as melhores ações, visando alcançar os objetivos de uma forma mais rápida e eficaz.

Recolha de informação

Nesse campo, estão envolvidos os processos de procura, classificação e tratamento de dados, incluindo a verificação da sua veracidade. Essa fase é uma das mais desenvolvidas no campo da IA aplicada ao jornalismo, porque as mudanças legislativas que obrigaram alguns países a disponibilizar os dados de forma pública geraram uma quantidade de informação que impossibilitou o seu tratamento informativo em tempo útil. O recurso à inteligência artificial, particularmente a aprendizagem automática (*Machine Learning*), foi a solução encontrada para analisar padrões e tomar decisões. Foi o que aconteceu no caso Panamá Papers: cerca de 11,5 milhões de documentos com informação fiscal confidencial foram enviados a um jornal alemão, e o tratamento de tamanha quantidade de informação só foi possível graças à colaboração entre a IA e o Consórcio Internacional de Jornalistas de Investigação (ICIJ). Trabalhos análogos são desenvolvidos em projetos como o WikiLeaks,[9] fundado por Julian Assange, que se especializou na procura, análise e publicação de bases de dados compostas por informação oficial e confidencial relacionada com corrupção e guerra.

Mas a recolha e tratamento de dados de forma automática não se resume a projetos de grande dimensão. Atualmente, existem empresas e pequenos projetos de pesquisa universitários[10] que oferecem ferramentas online para a extração de dados da web, seja de sites ou de redes sociais, gerando matéria-prima para a produção de texto da forma tradicional ou automática. Um exemplo desse tipo de trabalho foi desenvolvido pela agência Ogilvy para a revista *Forbes*, com o apoio tecnológico do Nexo. A IA foi usada para recolher e tratar informação online, nomeadamente notícias, reportagens e entrevistas sobre as operações Mensalão e Lava Jato, tendo como objetivo definir as características físicas e de personalidade de um empresário corrupto. Com base nessa informação, o Nexo programou o robô Ricky Brasil[11] para responder a perguntas — mas essa segunda parte do desenvolvimento já está relacionada com algo de que falaremos mais adiante.

Para além da recolha de informação textual, a inteligência artificial pode, ainda, recorrer à visão computacional (*computer vision*) para recolher, tratar e interpretar informação visual, sejam imagens estáticas ou em movimento, estejam em bases de dados ou sejam captadas em direto. Um *case* dessa possibilidade foi a análise das emoções dos candidatos feita pelo *Estadão*[12] no debate das eleições presidenciais de 2018. Ainda existem muitas outras possibilidades, como o recurso a imagens de satélite para detectar notícias em potencial. Um exemplo é o projeto desenvolvido por um grupo de jornalistas no âmbito do Collab Challenge 2021 e que deu origem ao guia *From Above*,[13] que ensina como usar a IA para identificar padrões usando imagens de satélite.

Por fim, a aplicação da IA no tratamento de informação pode, ainda, ocorrer na transformação de som em texto, e vice-versa. Nesse caso, o Automatic Speech Recognition (ASR) pode ajudar o jornalista a transcrever automaticamente entrevistas previamente gravadas, situação que reduz o tempo necessário para essa atividade, libertando o jornalista para outras funções mais especializadas.

Produção de conteúdos

A produção automática de conteúdos pode ser feita em qualquer formato, mas a tipologia mais desenvolvida é a textual. As experiências relacionadas com a produção automática de texto começaram ainda nas últimas décadas do século passado, sobretudo com projetos desenvolvidos por empresas nascidas em universidades, como a Narrative Science[14] (adquirida em 2021 pela Tableu), ou por tecnológicas, como a Automated Insights,[15] que têm produzido sistemas automatizados para agências, como a *Associated Press* (AP) e a *Bloomberg*.[16] Essas agências foram pioneiras na oferta de conteúdos informativos automáticos sobre economia e desporto, duas áreas em que existe abundância de dados estruturados e, por isso, muito potencial para a produção de notícias que cumprem a função de dar a conhecer.

Essa produção automática de conteúdos, também conhecida como jornalismo algorítmico[17] ou jornalismo robô,[18] recorre ao Processamento de Linguagem Natural (PLN), uma subárea da inteligência artificial que se dedica à compreensão e geração de linguagens humanas. Por isso, tanto pode ser usada em *chatbots* que respondem a humanos como na transformação de dados em textos.

No primeiro caso, já falamos do Ricky Brasil, mas podemos também dar o exemplo das ferramentas de verificação de informação, como o AosFatos,[19] um sistema automatizado por meio do qual a robô Fátima faz a verificação de informação nas redes sociais e devolve respostas aos usuários.

Na transformação de dados em texto, destacamos as eleições municipais de 2020, ocasião em que o G1[20] produziu automaticamente textos para os 5.568 municípios em que houve votações, incluindo nesses textos informações sobre os resultados e os eleitos. Outro exemplo, este com um maior grau de complexidade, é o HeroSports,[21] um site especializado em futebol americano, onde os algoritmos analisam as tendências informativas sobre a modalidade, identificam oportunidades, geram textos e gráficos e fazem a respetiva publicação, tudo de forma automática.

Ainda dentro da produção, um destaque especial para a parte relativa à apresentação de conteúdos, os conhecidos âncoras do telejornalismo. A robótica associada à aprendizagem automática, que é uma das formas duras de inteligência artificial, tem vindo a ser usada para o desenvolvimento de âncoras virtuais com aparência humana. Em 2018, a agência de notícias chinesa *Hinhua News*, em conjunto com a empresa tecnológica Sogu, apresentou Qiu Hao,[22] um apresentador virtual desenvolvido com recurso a *Machine Learning* para copiar as expressões faciais e movimentos de modelos reais. Dois anos depois, a *Reuters*,[23] juntamente com a empresa Synthesia, automatizou todo o processo noticioso. Os conteúdos em vídeo sobre a Premier League de futebol foram integralmente produzidos por um algoritmo, que cortou as imagens e montou as notícias sem qualquer intervenção humana. A apresentação ficou a cargo de um âncora virtual totalmente programável, feito com base em imagens reais previamente gravadas e outras criadas pelo algoritmo, tendo apresentado os conteúdos usando palavras e expressões faciais produzidas automaticamente. Esse é um caso em que o jornalista apenas serviu como modelo, sendo a produção e apresentação totalmente automatizadas.

Circulação e relação com os usuários

A relação com os usuários é o último nível do processo de produção e notícias, e também aqui se registraram grandes alterações causadas pela internet. Se no passado a interação ocorria apenas ao nível das cartas do leitor e das participações telefônicas nos programas, com o online, a interação passou a ser instantânea. A comunicação com a audiência aumentou substancialmente com as caixas de comentários, e as redes sociais colocaram ainda mais pressão sobre os meios de comunicação. Sabendo que as notícias mais comentadas e mais compartilhadas alavancam os conteúdos e atraem mais usuários, a imprensa rapidamente percebeu ser necessário gerir esse fluxo crescente. Se as redações já tinham falta de profissionais, o aparecimento de novas atividades, como a gestão de comentários, veio trazer mais uma demanda, pois as empresas não podiam se dar ao luxo de ignorar esse tráfego. Mais uma vez, a resposta foi a inteligência artificial.

Para gerir a relação com os usuários, a IA pode ajudar na gestão automática de comentários e na oferta de assistentes virtuais. Por meio do PLN, é possível criar *chatbots* que respondem a questões por meio de uma interface conversacional com inputs escritos ou orais, como se viu anteriormente no caso da *Forbes* e do seu robô. Mas podem igualmente ser usados *mailbots*, que classificam e respondem a e-mails, ou *modbots*, que moderam discussões online. No caso dos *chatbots*, o uso ocorre também nas redes sociais, e é por essa via que os jornais, rádios e televisões as utilizam, abrindo canais no Telegram e no WhatsApp.

No campo da circulação de notícias, a IA pode, ainda, ser aplicada na análise do comportamento dos usuários, usando essa informação na curadoria de conteúdos para distribuição personalizada por meio de recomendações (newsletter, mail ou notificações). Usando a aprendizagem automática, a máquina analisa padrões para tomar decisões: é o que faz a UOL, no Brasil, quando analisa o seu tráfego para colocar online as notícias nas horas de maior procura para cada tema, enviando informação para grupos específicos com assuntos do seu interesse, na hora que mais lhes interessa e no local em que a pretendem receber.

No campo do consumo, deve ainda ser referido o uso do reconhecimento de voz (*computer speech*), que, para além de ser usado nas transcrições, como se viu anteriormente, permite, ainda, a leitura automática das notícias online, facilitando o consumo midiático aos invisuais.

Teremos um jornalismo sem jornalistas?

Apresentado o potencial da inteligência artificial na sua aplicação ao jornalismo, regressamos à questão que dá título a este capítulo. Poderá haver jornalismo sem jornalistas? A pergunta não é original: no início do século, o assunto já tinha sido discutido a propósito do chamado "jornalismo do cidadão".[24] Nessa altura, milhares de usuários não jornalistas, sozinhos ou em associação, lançaram edições online em que publicavam textos a que chamavam "notícias". Dois exemplos bem conhecidos são o coreano OhMyNews, que chegou a pagar aos usuários, e o projeto espanhol Soitu, dirigido por Gumersindo Lafuente, antigo diretor do *El País*. Embora ambos empregassem igualmente jornalistas, o principal da informação tinha a participação dos usuários, mas ambos acabaram por encerrar, o primeiro após 10 anos de funcionamento, e o segundo após 22 meses. Embora ainda existam algumas publicações desse gênero em funcionamento, grande parte é hiperlocal, dedicando-se a acontecimentos de um bairro ou de uma pequena localidade. Quando a escala aumenta, o processo de validação das informações se torna impossível, e foi isso que ditou o fim do projeto coreano, por exemplo.

Mas o problema desse tipo de participação não fica pela validação das informações. Vários estudos[25] mostram que os conteúdos produzidos pelos cidadãos são pouco variados em temas, referem-se majoritariamente a assuntos de proximidade familiar, a única fonte são os autores, e misturam informação com opinião, entre outras situações que contrariam as regras do jornalismo. É por isso que não podemos chamar de "jornalismo do cidadão" essa atividade, pois as sugestões de um curandeiro também não são "medicina do cidadão", nem as casas de uma favela resultam de "engenharia do cidadão".

É verdade que o jornalismo participativo gera um produto final que informa, mas não cumpre as regras estabelecidas nos códigos éticos e deontológicos. Tal como nos exemplos anteriores, é verdade que um remédio caseiro pode curar um problema de saúde e que uma casa construída sem projeto pode resistir por muitos anos, mas se o paciente piorar ou a casa ruir, é impossível responsabilizar os autores. Por isso, sem um código de responsabilidade profissional, formal ou informal, não podemos falar de uma profissão, e é por essa razão que o chamado "jornalismo do cidadão" não pode ser considerado jornalismo sem jornalistas. Usando a definição anteriormente proposta, podemos dizer que o produto final não é jornalismo, porque habitualmente são relatados acontecimentos atuais e novos, mas nem sempre verdadeiros e raramente de interesse público.

Não sendo original, a pergunta colocada é importante, porque o contexto e o objeto de estudo são diferentes. É possível produzir jornalismo sem jornalistas? Para responder, usaremos um exemplo em que os usuários participam como fontes informativas.

Considerando que mais de 80% da população tem um smartphone e que é muito simples desenvolver um aplicativo (app) desenhado especificamente para recolha e envio de informações, facilmente se percebe que os cidadãos são uma poderosa rede de correspondentes em movimento. Basta, para isso, que a referida app guie o cidadão no preenchimento de três campos (quem, quando e onde) e permita juntar uma foto. Ao receber esse conjunto de dados, o algoritmo pode verificar a veracidade da informação e preparar uma notícia curta à qual o jornalista junta as respostas ao "como" e ao "porquê". A essa atividade, poderemos chamar "produção semiautomática de notícias", porque existe uma colaboração entre humanos e máquinas para otimizar o processo. É evidente que o algoritmo pode ir mais longe se a informação recebida incluir outros dados que possam enriquecer a notícia, mas existirão sempre limitações, porque o jornalista acrescenta criatividade na abordagem e na forma como constrói a notícia.

É inegável que a inteligência artificial tem vantagens em duas das três fases do processo de produção de notícias. Tanto na recolha como no tratamento de informação, os algoritmos são muito mais rápidos e eficazes na organização de dados e na circulação/distribuição dos conteúdos porque são melhores na leitura de padrões de consumo e na definição de estratégias de personalização. São situações em que a IA funciona como apoio ao jornalista, libertando-o para outras funções.

Já no caso da produção de conteúdos, a IA permite elaborar um produto final com potencial para ser oferecido aos usuários, **mas terá qualidade para ser oferecido como produto jornalístico? Algumas experiências mostram que não.** Verdu e seus colegas (2022) fizeram um estudo aplicado ao jornalismo desportivo e concluíram que, embora o algoritmo produza notícias, elas carecem de qualidade analítica e interpretativa em relação ao jogo. Ainda assim, é inegável que as máquinas podem produzir autonomamente informação e que é possível aperfeiçoá-las, mas a sua produção seguirá sempre determinadas regras previamente definidas.

Além disso, o trabalho final depende muito da qualidade dos dados recolhidos e da forma como eles são indexados e organizados, o que muitas vezes requer também competências sociais. Certos dados podem parecer da mesma natureza, mas a sua interpretação à luz de uma determinada realidade cultural pode mostrar que são, afinal, muito diferentes e essa destrinça é feita mais facilmente por um ser humano.

Fazer jornalismo é relatar fatos, uma atividade rotineira que se pode desenvolver com treino adequado. O que diferencia verdadeiramente os relatos uns dos outros é a criatividade, ou seja, as mil e uma formas de contar a mesma história partindo de diferentes enquadramentos e usando os mais variados contextos socioculturais. É isso que diferencia os *media* uns dos outros. E nessa situação, **a inteligência artificial fica limitada pelos conceitos e pelas construções definidas pelo programador**, pois mesmo que a máquina aprenda com as alterações introduzidas pelos jornalistas nas revisões dos trabalhos, as variações possíveis serão sempre limitadas a um repertório finito. A elaboração dos títulos mostra essa tendência: enquanto os robôs se resumem a títulos informativos com uma estrutura simples, os jornalistas optam por títulos criativos e apelativos[26] para se diferenciarem da concorrência.

E assim chegamos à resposta: pode haver jornalismo sem jornalistas? **Sim, pode haver. Mas será sempre um jornalismo pouco criativo, porque, contrariamente à imaginação humana, os algoritmos têm limitações.** Os algoritmos produzem conteúdos pobres em emoções porque as máquinas não percebem a ironia nem interpretam corretamente a diversidade cultural, o que é, desde logo, muito limitador para a diversidade característica do jornalismo. Por isso, mesmo que em breve a produção algorítmica de notícias se espalhe pelas redações, os jornalistas devem manter a confiança, porque a criatividade e as competências socioculturais humanas são inimitáveis.

Referências

Borges, A. G. (1996). Interesse público: um conceito a determinar. *Revista de Direito Administrativo*, v. 205, pp. 109–116.

Brants, L., Hermes, J. & van Zoonen, L. (1997) *The Media in Question: Popular Cultures and Public Interests*. Londres: Sage.

Canavilhas, J. e Rodrigues, C. (2013). The Citizen as Producer of Information: A Case Study in the Portuguese Online Newspapers. *Observatório* (Obs*), vol. 7, 1, pp. 205–218. ISSN: 1646-5954 DOI: https://doi.org/10.15847/obsOBS712013635.

Canavilhas,J., Satuf, I. Luna, D. & Torres, V. (2015). Jornalistas e tecnoatores: dois mundos, duas culturas, um objetivo. *Revista Esferas*, 5, pp. 85–95. ISBN: 2316-7122. DOI: http://dx.doi.org/10.19174/esf.v0i5.5690.

Clerwall, C. (2014). Enter the Robot Journalist: Users' Perceptions of Automated Content. *Journalism practice*, 8(5), pp. 519–531. https://doi.org/10.1080/17512786.2014.883116.

Domingo, D. (2011). Managing Audience Participation. Practices, Workflows and Strategies. In Singer, Jane B. *et al. Participatory Journalism: Guarding Open Gates at Online Newspapers*, pp. 76–95. New York: Wiley-Blackwell.

Dörr, K. N. (2016). Mapping the Field of Algorithmic Journalism. *Digital Journalism*, 4(6), pp. 700–722. DOI: https://doi.org/10.1080/21670811.2015.1096748.

Fidalgo, A. & Canavilhas, J. (2009). Todos os jornais no bolso: Pensando o jornalismo na era do celular. In: Rodrigues, Carla (Org.). *Jornalismo on-Line: modos de fazer*. Porto Alegre: Editora Sulina, pp. 96–146. ISN: 978 8520505397.

Gentilli, V. (2008). O conceito de cidadania, origens históricas e bases conceituais: os vínculos com a Comunicação. *Revista FAMECOS*, 9(19), pp. 36–48. https://doi.org/10.15448/1980-3729.2002.19.3184.

Gillmor, D. (2004). We the Media. *Grassroots Journalism by the People, for the People.*

HLEG — High-Level Expert Group on Artificial Intelligence (2018). A Definition of AI: Main Capabilities and Scientific Disciplines. Disponível em https://ec.europa.eu/futurium/en/system/files/ged/ai_hleg_definition_of_ai_18_december_1.pdf.

Jukes, S. (2013). A Perfect Storm. In: Fowler-Watt, K. & Allan, S. (Eds.). *Journalism: New Challenges,* pp. 1–18. Centre for Journalism & Communication Research, Bournemouth University

Lemelshtrich L. (2017). Can Robot Journalists replace Human Journalists in the Coverage of Wars? In: Saleh, I. & Knieper, T. (Ed.). Visual Politics of Wars, pp. 171–195 Cambridge Scholars Publishing.

Murcia Verdú, F. J., Ramos Antón, R. & Calvo Rubio, L. M. (2022). Análisis comparado de lacalidad de crónicas deportivas elaboradas por inteligencia artificial y periodistas. *Revista Latina de*

Comunicación Social, 80, pp. 91–111. https://doi.org/10.4185/RLCS-2022-1553.

Prodigioso Volcán (2020). *IA para periodistas. Una herramienta por explotar.* Disponível em https://www.prodigiosovolcan.com/sismogramas/ia-periodistas/.

Samoili, S., López Cobo, M., Gómez, E., De Prato, G., Martínez-Plumed, F. & Delipetrev, B. (2020). AI Watch. Defining Artificial Intelligence. Towards an Operational Definition and Taxonomy of Artificial Intelligence. *JRC Technical Reports*, Publications Office of the European Union. DOI:10.2760/382730, JRC118163.

Túñez-López, M., Toural-Bran, C. & Valdifiezo-Abad, C. (2019). Automatización, bots y algoritmos en la redacción de noticias. Impacto y calidad del periodismo artificial. *Revista Latina de Comunicación Social*, 74, pp. 1411–1433. https://doi.org/10.4185/RLCS-2019-1391.

Turing, A. M. (1950). Computing Machinery and Intelligence. *Mind*, vol. LIX, 236, pp. 433–460.

Wang, P. (2019). On Defining Artificial Intelligence. *Journal of Artificial General Intelligence*, 10(2), pp. 1–37. DOI: 10.2478/jagi-2019-0002.

Van der Kaa, H. A. J. & Krahmer, E. J. (2014). Journalist versus News Consumer: The Perceived Credibility of Machine Written News. In: Proceedings of the Computation+Journalism conference.

CAPÍTULO 25

Sensores e internet das coisas

Inovação aberta, colaboração e
experimentação no projeto SenseMaker[27]

John Mills
University of Lancashire

Paul Gallagher
Diretor de inovação de conteúdo, Reach PLC

Ben Watkinson
Pesquisador associado da School of Engineering,
University of Central Lancashire

Kirsty Styles
Docente de jornalismo na Universidade de Huddersfield

Como as organizações podem gerar mais do que inovações incrementais, ir além do imediatismo e explorar oportunidades disruptivas que podem apoiar a sua missão principal?

Este capítulo explora um projeto específico, o SenseMaker, que foi desenvolvido de 2018 a 2020, no contexto de cooperação, colaboração e inovação experimental do novo ecossistema de mídia. Descrevemos aqui o processo de inovação, resultados e aprendizados-chave a partir de uma abordagem colaborativa centrada no ser humano. Abordamos o processo de prototipagem, resultados e como essa etapa experimental de inovação gerou benefícios a seus parceiros. Sediado no Media Innovation Studio da University of Central Lancashire (UCLan), no Reino Unido, e tendo como parceiros a *Reach Regionals* (grupo regional de mídia do país) e o Laboratório de Sistemas Autônomos da UCLan, o SenseMaker foi um projeto que explorou novas oportunidades para jornalistas e comunidades adotarem um modelo de "hélice" entrelaçada de inovação — unindo indústria, academia e comunidades para inovar em torno de objetivos comuns. Ao adotar uma abordagem "aberta", novas ideias, tecnologias e oportunidades puderam entrar na consciência organizacional do projeto, a partir do trabalho com acadêmicos de jornalismo e inovação, especialistas em engenharia, pesquisadores de interação homem-computador. Além disso, o projeto deu base a outras questões. Os *media labs* podem ajudar a evitar a "dependência de trajetórias" (Ruttan, 1997), quando decisões passadas bloqueiam inovações logo no início do processo de desenvolvimento. Esses laboratórios podem fornecer um espaço seguro para a exploração de abordagens, ideias, tecnologias e parcerias alternativas sem a pressão dos ambientes comerciais (Mills e Wagemans, 2021). O SenseMaker também buscou expandir suas estratégias por meio de outro "espaço" de inovação.

Um de seus focos específicos foi mergulhar no jornalismo guiado por sensores. A premissa fundamental, oriunda de uma perspectiva de jornalismo construtivo e baseado em dados, foi questionar: quais notícias poderiam ser contadas se o poder de criação de bancos de dados fosse colocado nas mãos de comunidades e jornalistas, em vez de as redações somente coletarem dados de terceiros (governos e outras organizações)? O SenseMaker buscou criar ferramentas de sensoriamento para promover histórias baseadas em dados e impactar a comunidade. Para isso, começou entendendo quais notícias ou reportagens poderiam ter sido apoiadas ou iniciadas por uma mistura eclética de sensores, que poderiam revelar uma ampla gama de dados em potencial, como poluição e qualidade do ar, reconhecimento de imagem e detecção de emoções.

O projeto SenseMaker gerou uma série de lições que podem ser úteis para outros inovadores que desejam seguir esse modelo aberto e interdisciplinar.

Alavancando redes de inovação abertas

A necessidade de uma variedade de conhecimentos, experiências e habilidades é frequentemente reforçada por meio de abordagens centradas no ser humano, como no *Design Thinking*, que encoraja a variedade e multiplicidade das equipes dos mais diversos setores das organizações. Essas abordagens têm sido adotadas para ajudar a combater alguns dos desafios enfrentados pela indústria — criar produtos relevantes, úteis e sustentáveis para usuários, oferecer novos processos de inovação dentro das organizações e, por vezes, mudar um "registro" cultural — promovendo uma "mentalidade" ou tom inovadores.

Equipes internas de inovação podem fornecer uma gama de opções em produtos, receitas e aprendizados, introduzir um novo pensamento em uma organização e ajudar a mudar suas perspectivas culturais sobre inovação. Entretanto, perspectivas interorganizacionais sugerem que a colaboração e a transferência de conhecimento podem criar inovações relevantes, úteis e impactantes para produtos, serviços e comunicações. Essas redes mais amplas permitem que programas de inovação atraiam uma gama maior de conhecimentos, criando uma base diversificada, apoiada por várias organizações, para que os colaboradores trabalhem melhor em busca do seu objetivo. O conceito central que explora essa noção é o de "inovação aberta" de Chesbrough (2003) — em que uma organização se torna permeável, permitindo que tecnologias e conhecimentos transcendam barreiras para apoiar a organização e potencializar seu ativo para inovar. Isso aumenta o potencial de sucesso (em comparação a seus pares e concorrentes). Chesbrough afirma que essas noções podem existir dentro dos limites do negócio e criam entidades inteiramente novas dentro da estrutura original quando os ultrapassam. Ainda, sugere que empresas e inovadores devem ter ciência de que há talento fora de sua organização e de que precisam que seus processos internos ajudem a maximizar o potencial que a empresa absorve. Assim, aquela que for mais eficaz nesse processo será a mais bem-sucedida.

Outros enquadramentos relevantes também nos permitem visualizar e compreender essa inovação interorganizacional. Ao delinear a importância das redes de inovação externas, Tidd e Bessant[28] destacam uma série de papéis que indivíduos e organizações podem assumir para ajudar a atrair e explorar esse conhecimento. Atividades para atingir esse objetivo incluem trabalhar com usuários, estudá-los para entender exatamente o que fazem e engajar intermediários para

buscar novas ideias, ultrapassando os limites da indústria e estimulando inovação interna e empreendedorismo.

Mas como essas noções se relacionam com a nova indústria da mídia?

Além de editores nacionais e/ou grandes (como a BBC, que tem múltiplos mecanismos de inovação, pesquisa e desenvolvimento), a mídia jornalística tende a concentrar conhecimento e habilidades no seu ofício imediato: reportar, produzir, publicar notícias e engajar seu público.

Inovação aberta, múltiplas habilidades e equipes de inovação distribuídas têm o potencial de permitir que os editores se envolvam com oportunidades localizadas além dos limites de sua estrutura organizacional, buscando inovações além das incrementais, mas ainda inicialmente focados na missão central de sua organização.

SenseMaker e o potencial do jornalismo guiado por dados

Imagine jornalistas munidos com uma ampla gama de sensores conectados e projetados para gerar todo um conjunto de dados. Esses dados permitiram às redações detectar níveis de poluição do ar, fornecendo às comunidades a possibilidade de enviar esses dados de qualidade da atmosfera diretamente para os editores, a partir de ferramentas abertas e de um sistema em rede. Imagine equipes editoriais com acesso a ferramentas de IA de reconhecimento de imagem e novas formas de compreender as emoções das audiências. Imagine as redações usando esses recursos para se conectar de maneiras novas e construtivas com seus públicos — criando notícias e gerando impacto ao combinar dados, jornalistas, comunidades e tecnologias emergentes.

O jornalismo de dados, como prática e resultado, foi um foco-chave do SenseMaker. Tanto a indústria quanto a academia estão cada vez mais interessadas nele. Embora possamos traçar a história de reportagens assistidas por computador desde os anos 1980, "jornalismo de dados" é usado como um termo desde o final dos anos 2000, figurando no discurso jornalístico há algum tempo.[29] Aitamurto *et al.* (2011, p. 2) identificaram que o jornalismo de dados se tornou uma parte "integral" do trabalho de notícias (e especialmente de suas operações digitais), permitindo que seus usuários tivessem novas interações e "encontrassem notícias ocultas — notícias que de outra forma não seriam contadas. Redações jornalísticas esperam atender melhor ao interesse público com o jornalismo de dados e, assim, impactar a sociedade positivamente",[30] considerando maiores benefícios ao aumentarem

sua transparência e confiança, com jornalistas ampliando seu trabalho como provedores de dados. No entanto, a abrangência do jornalismo de dados ainda é pequena e limitada. Em um estudo de 112 jornais nacionais, Knight (2015) argumenta que o jornalismo de dados se dá frequentemente em visualizações de dados (mapas, infográficos), mas apenas 7% das notícias pesquisadas eram de conjuntos de dados gerados pelas organizações (por pesquisas, por exemplo) e que o jornalismo de dados dependia principalmente de fontes governamentais, constituindo uma pequena fração do conteúdo global da organização. Apesar dos desafios, Borges-Ray sugere que os jornalistas enxergam o potencial de combinar dados e narrativas para criar conhecimento.

SenseMaker

O SenseMaker foi criado para encontrar novas maneiras de gerar dados, mas também para levar o poder e a capacidade de coletá-los para as mãos das comunidades e dos jornalistas. O projeto também foi guiado por uma série de questões editoriais. Reportagens criadas incluíram uma notícia de que Londres tinha excedido a meta anual de poluição do ar apenas alguns dias após o Ano-Novo, provocando o aumento das preocupações sobre a qualidade do ar nas regiões urbanas. De uma perspectiva do jornalismo de dados, vários projetos desse tipo e de sensores para o jornalismo inspiraram nosso trabalho, incluindo o do *Stuttgarter Zeitung*, com sua rede de sensores de poeira e poluição espalhados pela cidade. Diariamente, eles alimentam seu site com esses dados sobre a qualidade do ar.[31] O projeto Smart Citizen[32,] de Barcelona também nos inspirou, com seus sensores de baixa qualidade do ar distribuídos internacionalmente. Os dispositivos criados pelo projeto permitem que seus usuários registrem a qualidade do ar, os níveis de dióxido de nitrogênio (NO_2) e outras partículas que entram na atmosfera quando queimamos combustível. Os dados gerados vão para um portal online que permite seu mapeamento e compartilhamento global. Sentimos que havia um potencial incrível para transpor ou reimaginar essas abordagens junto ao jornalismo e às narrativas, construindo relacionamentos com as comunidades locais e cocriando sensores com elas.

Queríamos desenvolver essa abordagem. Além de cocriar uma variedade de protótipos e gerar conteúdo e impacto, a equipe procurou examinar potenciais modelos de receita que poderiam vir desses sensores emergentes e dimensionar e comercializar nossos sensores além dos limites do projeto. Estávamos cientes de que as narrativas a partir de dados sobre as questões ambientais são apenas um meio de provocar mudanças. Aspirávamos trabalhar localmente para estabelecer o que poderia ser feito para mudar alguns dos achados

possivelmente negativos que descobrimos. Assim, o SenseMaker procurou se alinhar ao jornalismo orientado por dados e à cocriação da comunidade e causar um impacto tangível com base nos dados coletados.

Como já discutido, uma série de projetos jornalísticos que surgiram no mundo na última década inspiraram o SenseMaker. Agora revisamos algumas áreas centrais de interesse que abrangem o desenvolvimento de sensores, cocriação e jornalismo. Esta seção pretende ser um breve apanhado dos projetos que nos serviram de exemplo, incluindo aqueles que estimulam as operações e aspirações do SenseMaker.

Ciência cidadã, jornalismo e ação política

A noção de conceder o poder dos dados para as comunidades e utilizar tecnologias acessíveis, assim como alinhar isso à cobertura de notícias, é demonstrada no Cicada Tracker.[33] Produzido nos Estados Unidos pela National Science Foundation, em parceria com a rádio *WNYC* de Nova York, o projeto focou no surgimento de cigarras, que ocorre a cada dezessete anos nos Estados Unidos. Elas aparecem quando a temperatura do solo atinge 64 graus Fahrenheit (cerca de 17,8 graus Celsius). O projeto incentivou as pessoas a fazerem seus próprios sensores e mapeou os dados para traçar o surgimento desses milhares de insetos.

Outros projetos também combinam a cocriação de dados, histórias e ações. O Harlem Heat Project, da *WNYC News*, implantou sensores de temperatura e umidade para avaliar o estresse térmico causado pela construção e ambiente urbano do Harlem. Em parceria com o serviço de notícias *AdaptNY* e o projeto meteorológico iSeeChange, um de seus objetivos foi compartilhar esses dados e disponibilizá-los à comunidade para que ela pudesse pressionar seus representantes.[34] Outro exemplo de ciência cidadã e projetos dignos de menção e com um foco ambiental é o We Count.[35] Financiado pelo programa Horizon 2020 da Europa, o We Count equipa cidadãos com sensores de tráfego e poluição do ar para que criem conjuntos de dados para estimular a ação política. O projeto X-Snow, do Columbia's Earth Institute, também adotou uma abordagem de impacto ao buscar entender como as mudanças climáticas estavam alterando o formato dos flocos de neve ao fornecer às pessoas um kit de imagens (Diaz, 2019).

De uma perspectiva de pesquisa mais ampla, o Senseable City Lab,[36] do Instituto de Tecnologia de Massachusetts (MIT), também une noções de sensoriamento, inovação e mudança em ambiente urbano. Criado em 2004, projetos recentes do *lab* incluem o City Veins, que mapeou as emissões de poluentes de automóveis em tempo real a partir da inclusão de dispositivos sensoriais em veículos e edifícios, e o Singapore Calling, que combina dados socioeconômicos com dados de smartphones para entender melhor as relações e desigualdades em contextos urbanos. Mais recentemente, laboratórios como o do Der Tagesspiegel, na Alemanha, buscaram cidadãos para monitorar a segurança de ciclistas, visualizaram dados da covid-19 e ainda planejam realizar novas investigações sobre mudanças climáticas e criar um conteúdo interativo e imersivo para a publicação.[37] Essa pequena seleção mostra o amplo potencial para se detectar fenômenos, a capacidade de combinar essa atividade com assuntos dignos de notícia, estimular novos conteúdos e avaliar como as comunidades podem moldar resultados inovadores.

Motivações dos parceiros

Nossos parceiros perceberam que sensores conectados e uma colaboração interdisciplinar entre redações e unidades de dados ofereciam oportunidades, combinando expertise em engenharia e conhecimento de jornalismo de inovação. Uma abordagem de cocriação envolveria essas habilidades e pessoas, assim como as visões e necessidades da comunidade para guiar caminhos inovadores. Essa visão surgiu a partir de experiência anterior entre o grupo de mídia Reach e o laboratório Media Innovation Studio da UCLan, que haviam trabalhado no projeto NewsThings entre 2016 e 2018.[38] Também financiado pelo Google News Initiative, o projeto buscou criar dispositivos de internet das coisas que transmitissem ou ajudassem a criar jornalismo nas redações e nas casas das pessoas, envolvendo a agência de design criativo Thomas Buchanan. Ao final do projeto, a Reach e o *Media* Innovation Studio perceberam que sensores conectados poderiam ser fontes de dados não só para a entrega de conteúdo, mas também para a sua criação. Sensores poderiam ser matérias-primas para criar conteúdo que poderia ser usado pela redação da Reach e sua unidade de dados. Ela foi a primeira editora britânica a criar uma unidade de jornalismo de dados — em grande parte sediada em Manchester, nos escritórios Manchester Evening News (MEN). Manchester também conta com uma vibrante comunidade de dados abertos, integrada também pelos jornalistas do MEN.

Em relação ao SenseMaker, a redação estava interessada em usar sensores para coletar dados que pudessem aprimorar a cobertura dos problemas enfrentados pelas comunidades locais. De uma perspectiva acadêmica, e particularmente de uma visão da equipe do Media Innovation Studio, havia interesse na agência dos dados, ou seja, em qual potencial e qual impacto os dados coletados poderiam ter (e tiveram) para todos os indivíduos e as organizações, a partir da integração desses sensores ao âmbito da internet das coisas.

A transmissão de dados em tempo real e seu impacto na narrativa e nas comunidades motivaram o envolvimento de nossos parceiros, que queriam entender como os sensores podem influenciar o conteúdo e as ações derivadas deles. Essa abordagem se baseia em projetos anteriores do Media Innovation Studio que se concentram em objetos conectados e jornalismo — englobando jornais interativos, vestíveis e dispositivos de **internet das coisas** — e em como protótipos cocriados podem agregar valor aos jornalistas e às comunidades que eles cobrem. Nossa equipe fez questão de entender se essa atividade poderia influenciar o desenvolvimento de políticas públicas, esperando que esse projeto pudesse estar dentro de uma forma de jornalismo construtivo.

A equipe de engenharia e sistemas autônomos da UCLan tem histórico em trabalhar com dispositivos com sensores, incluindo equipar drones com sensores de monitoramento de imagem térmica e qualidade do ar, que foram usados para acompanhar níveis de qualidade do ar dentro e ao redor dos eventos na China, detecção de minas no Camboja e operações de busca e resgate no Lake District, no Reino Unido. O SenseMaker ofereceu uma oportunidade para desenvolver novos sensores e sistemas autônomos e continuar a construir colaborações interdisciplinares de pesquisa dentro da universidade.

Essa abordagem só foi possível devido à gama de disciplinas e parceiros envolvidos no SenseMaker. No entanto, o processo de inovação foi outra parte essencial para concretizar o potencial do projeto.

Metodologia

Em vez de adotar uma abordagem de prototipagem rápida, o conceito inicial foi incorporar mais profundamente a pesquisa e o desenvolvimento nas comunidades ao redor de Manchester e dentro das operações editoriais do *Manchester Evening News*. Os integrantes da indústria e da academia planejaram um processo de codesign e cocriação para guiar o SenseMaker, com uma abordagem participativa. Por exemplo, as oficinas facilitariam a ideação entre os diversos grupos, mas a equipe principal realizaria uma variedade de sessões para tomada de decisão a fim de garantir que fatores como viabilidade fossem julgados da mesma maneira do que a desejabilidade, que foi verificada nos workshops de codesign. O que se segue é uma descrição das etapas pelas quais o projeto passou para concretizar ideias, protótipos e dados relacionados à implantação.

Processo

Realizamos uma série de workshops de engajamento com a redação jornalística e as comunidades, em sessões divididas em uma série de etapas. Também incorporamos *hacks* de desenvolvimento liderados por estudantes para nos ajudar a levar o projeto adiante e realizamos reuniões internas guiadas pela metodologia do *Design Thinking*. O objetivo dessa abordagem foi captar insights e inspirações dos usuários e comunidades e responder aos requisitos para a criação de variados dispositivos com sensores. Voltamos às redações e comunidades para validar conceitos e compartilhar resultados com os grupos. O projeto manteve amplamente essa abordagem. Antes de descrevermos nosso processo metodológico e nossos conceitos, devemos ressaltar que o projeto não começou com os preparativos para o primeiro workshop. O design do projeto foi articulado no texto inicial para captação de recursos, e foi um componente fundamental (junto dos sensores, dados, conteúdo e impacto que esperávamos gerar). Outro nível do trabalho foi a questão ética e jurídica. Foram necessários acordos contratuais entre todos os envolvidos, que, por sua vez, exigiram acordos de propriedade intelectual — em primeiro plano e em antecedentes. O comitê de ética da universidade também examinou e aprovou o projeto. Uma consequência, como discutiremos, foi o grande tempo gasto para garantir acordos e aprovações para que esse projeto de inovação começasse e, em várias etapas, continuasse. Embora abordagens abertas possam acelerar a inovação, elas também levantam relações mais complexas entre parcerias colaborativas que potencialmente não ocorreriam em estratégias fechadas (internas) de inovação.

Fase 1

Workshop 1

Sediado na redação do Manchester Evening News, foram envolvidos engenheiros, acadêmicos, equipe editorial e comercial, desenvolvedores e membros da unidade de dados da *Reach*. A sessão buscou gerar potenciais insights sobre sensoriamento e estratégias narrativas. Nesse momento, foram apresentados os objetivos do projeto, e depois múltiplas etapas foram realizadas:

Que notícias poderíamos sentir? A sessão começou com uma visão geral de notícias que poderiam ter o seu impacto aprimorado a partir de dados adicionais ou de sensores. Quais itens da agenda de notícias o grupo achou maduros o suficiente para sensores gerarem ou agregarem valor/benefício?

Que sensores poderíamos criar e que visões eles poderiam gerar? A sessão se transformou completamente. Perguntamos "que sensores poderíamos criar?" e "que dados poderíamos capturar?" Em vez de mapear sensores para notícias, perguntamos: "Que notícias poderiam emergir dos sensores?" A equipe apresentou uma rica lista de opções de sensores que abrangeram os de poluição e qualidade do ar, de proximidade, sensores de temperatura, de cores, de batimentos cardíacos, de toque,

de umidade, câmeras e imagens térmicas, giroscópios, ferramentas de softwares de visão e detecção de som/vibração.

Que ideias e temas subjacentes emergem? Os participantes foram convidados a votar sobre o que achavam serem os conceitos mais interessantes e viáveis a partir de todas as ideias geradas.

Unicórnios: O exercício final deu a todos os participantes um adesivo com um unicórnio brilhante. Eles foram convidados a colocá-los sob um conceito ou elemento a sua escolha, algo não necessariamente razoável ou legítimo, mas algo mágico, algo que deveria existir. Isso permitiu que a equipe entendesse as preferências do grupo.

Workshop 2

A equipe principal sentiu que era fundamental validar alguns conceitos com a ajuda de um grupo editorial e aprofundar suas ideias para poder criar visões às quais a equipe de design poderia responder. Localização: Manchester Evening News.

Participantes: Repórteres comunitários, jornalistas de dados, gerentes seniores e especialistas em visualização de dados.

Método: Uma sessão dinâmica de pouco menos de uma hora. Os conceitos foram mostrados ao grupo, que respondeu usando quatro identificadores: "Manter",

"Abandonar", "Mudar" e "O que há por trás disso?" Os participantes foram convidados a rever todas as sugestões e votar nos elementos-chave e ideias que achavam mais importantes. Também permitimos que os participantes criassem novas ideias com base nas conversas e percepções durante a sessão.

Fase 2

Workshop público

Esta fase do projeto apresentou e validou os conceitos gerados, delineando como os protótipos iniciais haviam sido formulados. Outro elemento-chave nessa etapa foi abrir as portas para que toda a comunidade ajudasse a equipe a gerar novas ideias para prototipagem. A sessão ocorreu na Federation House, no centro de Manchester, e envolveu uma ampla gama de conhecimentos da cidade, incluindo desenvolvedores de sensores, especialistas em dados abertos e visitantes locais. A sessão foi anunciada no MEN e na plataforma de eventos Eventbrite. A abordagem do workshop foi faseada.

- ▶ Apresentações: do projeto e captura de consentimento informado.
- ▶ Questões de mapeamento: os participantes foram convidados a discutir as notícias que eram importantes para eles e suas comunidades e a pensar sobre quais tipos de dados poderiam ajudar a contar essas histórias.
- ▶ *Hack* do sensor de papel: apresentamos uma variedade de sensores e pedimos aos grupos que criassem um sensor conceitual, explicando quais histórias/notícias poderiam criar a partir dos dados.

Notícias do futuro

Os participantes então escreveram uma história "do futuro", projetada para nos dizer como o futuro seria se os sensores inspirados por suas sugestões se concretizassem e tivessem um impacto tangível. Essa abordagem foi projetada para que os participantes imaginassem o futuro e entendessem o que os motivou a chegar lá.

Votação e unicórnios

Finalmente, os participantes revisaram a contribuição de todos e votaram nos elementos que consideravam chaves. Como último exercício, os participantes também receberam um adesivo de unicórnio. Assim como em momento anterior, em vez de um voto de utilidade, unicórnios foram dados a coisas que talvez fossem inviáveis, malucas e indisponíveis, mas que tivessem um pouco de magia e deveriam existir por serem incríveis. Após a sessão, uma equipe maior se reuniu para discutir novos protótipos e mudar os existentes. Novas habilidades trazidas para a conversa foram a interação homem-computador e o design de interação.

Protótipo de hack

Para levar alguns de nossos primeiros conceitos adiante, os parceiros acadêmicos realizaram um *hack* de um dia para ajudar a acelerar alguns dos conceitos em estágio inicial. Assim, estudantes e professores de engenharia e computação se uniram para criar um protótipo rápido.

Tomada de decisão

Embora a cocriação estivesse no centro do projeto SenseMaker, seguimos um caminho mais participativo, filtrando e analisando o feedback das oficinas, discussões com parceiros, notícias e fatores ecossistêmicos. Após um trabalho inicial sobre viabilidade, realizamos uma reunião de tomada de decisão entre parceiros para listar protótipos e conceitos para novos trabalhos, para garantir qualidade e noções relevantes, assim como as implicações dos recursos (desenvolvimento e implantação).

Implantações

As equipes da UCLan criaram uma gama de protótipos experimentais para testar os conceitos gerados. Esses protótipos foram implantados em vários locais de Manchester para que usuários (comunidades e jornalistas) os usassem e achassem oportunidades, notícias e possíveis limitações. Esses dados responderiam aos achados do projeto e influenciaram nosso trabalho futuro.

Finalização do projeto

O SenseMaker sofreu uma interrupção substancial devido à pandemia da covid-19.

Descobertas, conceitos e visões

Em consonância com nossa metodologia, nossos achados, conceitos e visões estão estruturados em uma ordem cronológica, permitindo a identificação de como as noções evoluíram e os temas se repetiram durante o projeto.

Figura 1: Workshop de geração de ideias (fase 1)

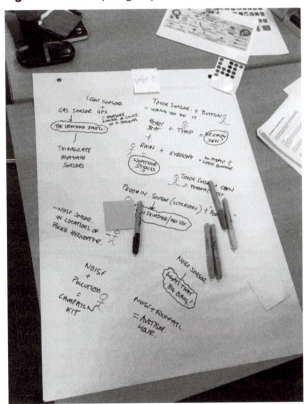

Fase 1: temas

Amplitude da agenda de notícias: As pessoas identificaram uma variedade de abordagens potenciais em que sensores poderiam gerar valor para fins noticiosos/jornalísticos, incluindo tópicos como:

- Transporte: níveis de tráfego, caos no ferroviário norte, excesso de velocidade em frente a escolas, atrasos no metrô/trens, ônibus e qualidade das viagens, cruzamentos perigosos, saúde (e tópicos relacionados, como níveis de poluição).
- Questões socioeconômicas: mapeamento de bancos de alimentos, frequência e tempo de uso.
- Esporte: medir a atmosfera de estádios, passadas, poluição durante partidas.
- Espaços verdes: medir o uso, a manutenção e a a gentrificação de espaços verdes.
- Pessoas em situação de rua: os sensores poderiam aprimorar a compreensão da falta de moradia e suas questões. Isso incluiria capturar temperaturas e compreender o número de pessoas vivendo nas ruas e outras questões ambientais.
- Saúde e bem-estar: uma área amplamente representada com diferentes noções de segurança pessoal em um espaço urbano, compreensão da

felicidade ou "alegria" e mensuração do consumo de álcool.

Também identificamos uma série de temas transversais:

- ▶ A necessidade de capturar as respostas emocionais das pessoas à cidade.
- ▶ Uma recorrência da poluição e da qualidade do ar em vários contextos.
- ▶ Uma combinação de espaço público e privado.
- ▶ A necessidade de notícias "leves", bem como de mais sérias.
- ▶ Dados "divertidos" — como capturar "qual era a cor de Manchester" (o que as pessoas vestiam na cidade).
- ▶ Dados recém-criados capturados por jornalistas ou pela comunidade que poderiam "desmascarar" dados oficiais ou dados fornecidos por outras fontes.

Uma vez que esses temas foram analisados, a equipe respondeu com uma série de conceitos relacionados a eles (a seguir). Alguns dos conceitos foram semeados, em graus variados, no workshop, e houve uma combinação de outras ideias e desenvolvimento em torno deles também.

HomeSensor: o HomeSensor fornece uma rica seleção de dados sobre ambientes domésticos. O pacote pode ser implantado para capturar dados de poluição, qualidade do ar, ruído e umidade.

Rastreamento de cores: reconhecimento de imagem para mapear as cores que as pessoas em Manchester vestem, nos permitindo ver cores e tons frequentes, raros ou ausentes.

O CitiSense combina dados sobre crimes, análise semântica do Twitter e usuários que enviam informações sobre as áreas onde sentem uma sensação palpável de risco. Um aplicativo alertará os usuários que entrarem em partes de Manchester onde as pessoas se sentem inseguras.

Manchester's Roar: microfones em locais-chave — arquibancadas para torcidas do time da casa ou visitantes e bares — poderão monitorar os decibéis durante eventos esportivos (especialmente durante partidas).

The Smell of Urmston: monitores de qualidade do ar e sensores de poluição investigariam o que realmente causa o particular "fedor de Urmston".

Taxi Stress Detector: taxistas seriam convidados a usar um dispositivo que monitora seu nível de estresse ao longo de seu turno de trabalho. Um aplicativo de relógio inteligente seria desenvolvido para que eles registrem áreas particularmente estressantes da cidade e em que horários.

Workshop de validação

Conforme discutido na metodologia, o workshop de validação fez as equipes da UCLan retornarem à redação para testar os conceitos, receber feedback e permitir uma ideação cada vez mais matizada. Os principais temas que surgiram durante essa sessão incluem:

Jornalismo cocriado: conceitos como o HomeSensor receberam feedbacks positivos ao se considerar o envolvimento do público na narrativa. Por exemplo, leitores poderiam hospedar os dispositivos, e isso garantiria uma relação entre o público, o dispositivo, o jornalista e o conteúdo produzido.

Dados para comparação: embora os dispositivos gerassem dados isoladamente, os participantes sugeriram que, repetindo testes ou combinando com outros dados, seria criada uma imagem de dados mais ampla e potencialmente mais utilizável.

Confiança: embora o objetivo central do projeto fosse colocar a criação de dados nas mãos dos jornalistas e das comunidades para tentar verificar, ampliar ou desmascarar conjuntos de dados existentes, preocupações surgiram acerca da verdade e do engano. Jornalistas se preocuparam com a possível adulteração dos dispositivos de sensoriamento. A confiança é, portanto, uma questão fundamental, especificamente acerca dos dados. Eles podem fornecer informações novas ou alternativas, mas precisam garantir sua confiabilidade. Outra preocupação é a conduta segura e confiável daqueles que hospedam os sensores.

Notícias positivas e leves: as discussões sinalizaram a necessidade de usar tais dados para notícias leves e "mais sérias". Conceitos como rastreamento de cores buscaram apresentar dados que pudessem ser utilizados nesses diferentes contextos.

Sensoriamento de emoções: ao longo das oficinas, a equipe aprendeu que entender as emoções do público e cidadãos era uma verdadeira área de interesse. Como entender como as pessoas se sentem? Isso também representou um desafio para o projeto, pois levou a discussão dos sensores e seus dados para um espaço que envolveu as pessoas em um nível mais profundo e levantou questões sobre como isso poderia realmente ser alcançado.

Agenda de notícias: no workshop de detalhamento, participantes vincularam a validação de ideias à agenda do noticiário. Esse mapeamento das prioridades editoriais continuou durante todo o projeto.

Impactos negativos na comunidade: alguns conceitos foram vistos como ramificações potencialmente negativas, particularmente acerca da percepção da comunidade.

Esses possíveis aspectos negativos foram problemáticos, e algumas sugestões sobre como ultrapassá-los foram discutidas.

Ação de empoderamento: uma série de contribuições reforçou a noção de que os dados poderiam ser usados para capacitar comunidades e promover ações. O HomeSensor foi um conceito que reforçou essa aspiração.

Fase 2: temas

Identificamos dois níveis de temas durante a segunda fase do workshop de engajamento com o público:

Transporte e deslocamento: este foi um tema central e recorrente. Conceitos de transporte e deslocamento incluíram monitoramento de ciclovias, deslocamento e atraso de viagem e de velocidade perto de escolas. Eles foram discutidos como projetos potenciais, assim como o foi a compreensão das inundações contínuas na estrada A555 (uma nova rota que tem sido atormentada por enchentes). Além dessas ideias, vários participantes dos workshops sugeriram diferentes maneiras de capturar as taxas de poluição de carros. Uma percepção fundamental dessas discussões foi a sugestão do uso de dados de veículos para extrapolar a questão da poluição ambiental.

Ambiente local: entender o tráfego de transeuntes em grandes avenidas ganhou força, mas o ambiente local também era uma área apropriada para a discussão de sensores. Compreender a poluição atmosférica, sonora e visual surgiu com frequência, ligada ao trânsito e outras questões ambientais. A segurança pública também se destacou.

Compreender emoções: vários grupos falavam sobre sentir as emoções das pessoas, perguntando: "As pessoas de Manchester estão felizes? Como descobrimos isso? Quais são as oportunidades para coletar esses dados?"

Instalações comunitárias: perguntas sobre a frequência com que parquinhos e outras instalações de lazer são utilizadas estiveram entre as ideias geradas. Isso apontou o desejo de entender a frequência com que os serviços públicos são utilizados em áreas específicas. Latas de lixo e outros dispositivos inteligentes foram um ponto de discussão.

Propriedade de dados: gerar dados sobre onde os indivíduos estavam sendo rastreados nos mundos real e digital. Isso permitiria que as pessoas entendessem sua própria pegada digital e quem mais poderia ter acesso a ela efetivamente, causando um impacto mais positivo em sua "alfabetização de dados".

Receber micro-ondas: vários conceitos giraram em torno de dados de telefones celulares em áreas urbanas. Entender sua frequência, o perigo de seu uso e o potencial para monitorá-lo hiperlocalmente foram possibilidades atraentes.

Sensoriamento de jornalismo: um grupo pensou em sensores como uma forma de monitorar a produção jornalística. "Seria possível sensoriar imprecisões factuais, imersão em uma câmara de eco ou estabelecer se informações imprecisas das mídias sociais estão transformando-se em conteúdo jornalístico?"

Temas transversais

Uma análise mais ampla do workshop permitiu que a equipe de pesquisa desenvolvesse temas mais amplos e transversais que ressoassem entre as ideias e conversas realizadas durante todo este período.

Emoção: uma visão central que surgiu foi o interesse tanto no bem-estar emocional da cidade quanto em como os sensores poderiam agregar-lhe valor. Tornou-se óbvio que percepções sobre como a cidade se sentia poderiam ter um valor fundamental dentro das demandas do público. O desafio, porém, era como criar sensores que capturassem os dados para que pudessem ser usados em um contexto editorial/jornalístico.

Ambiente: da mesma forma, as preocupações ambientais vieram à tona, variando entre transporte, poluição, qualidade do ar, compreensão de como os ativos da comunidade local foram usados e como os sinais de dados móveis — além da percepção visual — podem ser detectados. Durante a sessão, fizemos uma análise temática rápida e, em seguida, convidamos os participantes a votar nesses temas e em algumas respostas potenciais.

A contribuição destaque tratou da vida na comunidade e de como Manchester está feliz. Essas áreas geraram mais estrelas do que outras, atraindo um número significativo de unicórnios.

Conceitos

As ideias desenvolvidas nessa fase incluíram:

Cycle Aware: proporcionar uma experiência física, potencialmente dentro do carro, e digital sobre o perigo para bicicletas em e ao redor de Manchester e mapear as áreas mais seguras para motoristas e ciclistas em toda a cidade.

Rail Rater: permitir aos passageiros classificar e avaliar sua experiência com transportes públicos, combinando conjuntos de dados publicamente disponíveis e outros dados de aplicativos (como solicitações de GPS e SMS) para entender que tipo de experiência ferroviária as pessoas têm, assim como oferecer serviços como "reembolsos" para beneficiar os usuários. Essas percepções poderiam gerar possíveis notícias.

Força de sinal de celular: um dispositivo simples para medir a força do sinal de celulares e como seus proprietários usam provedores de telefonia em Manchester.

Happy Measure: um serviço de reconhecimento facial baseado em um aplicativo e webcam (ou apenas imagens que não são processadas por um algoritmo, mas permitem que o MEN narre uma notícia) que lê as emoções das pessoas.

Playful Playgrounds: um dispositivo local que monitoraria a frequência de uso de um parque local.

Car Tracker: reconhecimento de placas numéricas para capturar dados sobre tráfego, que poderia abranger a poluição, o número de carros trafegando, suas cores, o valor de estacionamentos e outros conjuntos de dados.

Hidden Cycle Lines: desenvolvimento do projeto de "Linhas do Desejo" que compreendesse as respostas das pessoas às viagens de bicicleta e desenvolvesse uma abordagem SenseMaker por meio da implantação de outros sensores para monitorar as condições das estradas e, potencialmente, a poluição.

Estresse no trabalho/deslocamento: tenta entender a felicidade das pessoas por meio de uma ferramenta rápida para avaliar a experiência de circular por Manchester.

Sensores de temperatura para pessoas em situação de rua: compreender ambientes reais para pessoas que vivem nas ruas. Os sensores criariam uma imagem ao vivo das temperaturas. Outros conjuntos de dados também poderiam ser capturados.

Tomada de decisão e implantações

Nesta fase, tornou-se um desafio tomar decisões. Operávamos sob restrições rígidas de tempo e nos perguntávamos se a equipe poderia construir os conceitos que geramos à luz dos recursos disponíveis. A equipe também elaborou uma nova matriz envolvendo conveniência, factibilidade e viabilidade. Isso nos fez escolher tecnologias-chave pela forma como poderíamos rastreá-las até a inspiração original dos workshops públicos e entender o quão impactantes elas poderiam ser dentro de outras perspectivas. Estas incluíam como as soluções poderiam apoiar ou catalisar notícias produzidas pelo *Manchester Evening News* e seu potencial para capturar dados novos. A equipe listou conceitos factíveis, valiosos e aplicáveis na escala de tempo que tínhamos. A lista incluiu os conceitos Rail Rater, Sensores de temperatura para pessoas em condição de rua, Força de sinal de celular e Car Tracker.

Implantações

O SenseMaker implantou uma série de protótipos, em diferentes graus de fidelidade, durante dois anos.

HomeSensor: desenvolvemos o *HomeSensor* com uma redação jornalística real em mente. O MEN recebe muitas ligações de inquilinos insatisfeitos com as condições de vida em seus imóveis. Esperávamos que o HomeSensor os ajudasse a coletar dados ambientais para apoiá-los. A redação do *MEN* falou com dois leitores com esse problema (que haviam contatado o MEN previamente) sobre seu interesse em usar o HomeSensor. Em ambos os casos, suas reclamações foram resolvidas antes da implantação do sensor quando os proprietários souberam que haviam contatado o MEN. Em seguida, surgiu a oportunidade de implantarmos o sensor para ajudar escolas e comunidades a fazer campanhas sobre o meio ambiente. Um repórter local do MEN viu essa publicação no Facebook e sugeriu que o projeto abordasse a Escola Primária Cringle Brook acerca de seu interesse em nossos sensores. O MEN entrou em contato com a escola para instalá-los e medir a qualidade do ar ao longo de alguns dias. O sensor também foi instalado em um escritório de advocacia próximo à entrada da escola para monitorar a qualidade do ar na rua em que ela se encontrava. O escritório também se interessou em participar do projeto para ajudar a comunidade local.

Isso resultou em um conjunto de dados que ilustra claramente picos de NO^2 quando pais levam seus filhos para a escola, como a Figura 3 mostra.

Figura 2: Gráfico de NO^2 apresentado em Cringle Brook

A escola apresentou os dados aos pais em uma reunião para incentivá-los a não levar seus filhos de carro à escola ou estacionar mais longe dos portões de entrada. O diretor disse que o experimento era valioso para a escola, mudando o

comportamento dos pais e envolvendo os alunos em questões ambientais. O MEN reportou sobre o experimento.[39] Os sensores também foram implantados:

- Em Leeds para medir os efeitos de um "Dia Livre de Carros" nos níveis de poluição em partes da cidade.
- Em um clube social em Eccles, próximo a uma autoestrada, para coletar dados sobre os efeitos de um novo limite de velocidade. O MEN espera usar dados dos sensores para determinar a eficácia do limite de velocidade.

Sensor de cores: o workshop desenvolveu um sensor de cores para responder à pergunta: "O que Manchester está vestindo?" A ideia inicial era ver se uma cor em particular estava na moda nas ruas da cidade. Com o jogo de futebol entre Manchester City e Manchester United em dezembro de 2019, os jornalistas viram uma oportunidade de usar o sensor para abordar uma pergunta diferente — "Manchester é vermelha ou azul?" Neste caso, colocamos o sensor no centro de Manchester antes da partida para ver quantas pessoas estavam vestindo o vermelho do United ou o azul do City, produzindo um conjunto de dados que permitiu ao MEN escrever um artigo que foi amplamente compartilhado entre os torcedores antes da partida.[40]

Conceitos não implantados

Detector de sinal de celular: a intenção era implantá-los em estádios de futebol para determinar quais partes do estádio têm o melhor sinal durante as partidas. A covid-19 impediu o lançamento completo desse conceito.

Car Tracker: o *hack* rápido da UCLan ajudou a pavimentar o caminho para nossa abordagem, e a equipe de engenharia desenvolveu um software de reconhecimento de imagem usando as APIs de banco de dados de veículos. No entanto, outras preocupações se materializaram antes da implantação. A equipe explorou os impactos do Regulamento Geral de Proteção de Dados (GDPR, na sigla em inglês) e outras questões de coleta de dados e o que do projeto precisaria para obter o consentimento informado dos motoristas. Ao ver o projeto por essa lente, ficou evidente que, embora profundamente enraizada na participação da comunidade, a mecânica do mundo real e os enquadramentos potenciais de "aquisição de dados" podem ser problemáticos.

Conclusões e trabalho futuro

Ampliando a noção de "sensoriamento": devido à capacidade de resposta do projeto e sua abordagem aberta, descobrimos que ampliamos a definição de sensoriamento para além dos "suspeitos de sempre" de qualidade e poluição do ar. Consideramos a detecção via imagem térmica, reconhecimento de imagem, dados biométricos, sinais de dados móveis e som, assim como ferramentas digitais para adquirir a resposta emocional das pessoas e outros estímulos. Esse trabalho inicial pode expandir as noções de jornalismo de sensores para gerar sensores e conjuntos de dados úteis.

Ao completarmos o projeto, inferimos várias percepções-chave e reflexões do projeto.

Os protótipos estavam alinhados com agendas de notícias paralelas: os projetos e dispositivos feitos e implantados foram, muitas vezes, vinculados a notícias ou campanhas em curso. Por exemplo, sensores para entender melhor a falta de moradia ou o impacto ambiental contaram com outros trabalhos editoriais conduzidos pelo MEN ou Reach. Essa "carona" foi essencial para criar ideias legítimas e úteis.

Utilização de dados para ação: o protótipo ofereceu benefícios tangíveis, mas não na escala inicialmente imaginada. O SenseMaker provou que colocar a criação de dados nas mãos das comunidades pode provocar ação e mudança. O uso do HomeSensor na Cringle Brook, as percepções sobre os níveis elevados de NO^2 e o plano de tráfego resultante mostram que as aspirações do projeto têm um potencial real. O desenvolvimento completo e lançamento mais amplo dos protótipos foi limitado pela covid-19, mas mostra o mérito da abordagem.

O potencial para uma abordagem construtiva [cocriada]: o projeto aponta para uma abordagem em que dados alimentam o jornalismo construtivo. O processo de implantação dos protótipos criou impacto e ação, ainda que em menor escala. Uma percepção central foi a de que o processo criou valor, e não uma relação intrínseca entre conteúdo e ação. A equipe acadêmica gostaria de acompanhar isso no futuro para entender melhor como a criação e implantação dos protótipos dispara mudanças, em vez das matérias potenciais que surgem deles.

A poluição é um fator-*chave*: no final do projeto, conseguimos maior impacto ao medir a qualidade do ar ou níveis de poluição e considerar novas formas de mensurá-los do que outros conceitos (embora a covid-19 tenha interrompido sua implantação). Há potencial para embarcar mais profunda e largamente no trabalho nessa área, reforçado por debates sobre a qualidade do ar e seus impactos negativos sobre a saúde e o bem-estar.

Compreender a emoção e o bem-estar: sentir estados emocionais era visto como uma área importante para Manchester se desenvolver. Mapear os altos e baixos de uma cidade e as muitas nuances entre eles foi fruto de trabalho com a indústria e representantes comunitários engajados com o projeto. O desafio é concretizá-lo.

Durante o projeto, a equipe explorou reconhecimento de imagens e faces, *chatbots*, pesquisas e redes sociais. Como coorte, decidimos que questões de viabilidade bloqueavam nosso progresso.

Conectando-se com a infraestrutura: no início do projeto, aspiramos nos conectar com redes de dados abertos em toda Manchester. O CityVerve foi um elemento-chave da infraestrutura que permitiria que sensores conectados transmitissem dados de volta aos bancos de dados centrais. Os protótipos criados e seu nível de fidelidade nos levaram a uma direção diferente. No entanto, em termos de escala e adoção, projetos futuros poderiam usar essas redes para um lançamento mais completo e eficaz.

Receitas de dados: uma área que o projeto não conseguiu abordar no seu momento provisório foi explorar a viabilidade comercial dos sensores. Uma exploração completa da receita dos modelos de sensores, o conteúdo que eles geram e fluxos de receita que suportam e/ou geram, é uma investigação importante, e a equipe do projeto pretende fazer no futuro.

Prototipagem é difícil: as coisas muitas vezes não funcionam

Ideias podem ser emocionantes, mas o longo (e às vezes difícil) processo de desenvolvimento e implantação pode ser exaustivo. O SenseMaker encontrou desafios quando as ideias passaram à fabricação. Isso se deve às dificuldades de se satisfazer as exigências do comitê de ética da universidade, que expôs as dificuldades que a pesquisa interdisciplinar (e às vezes experimental) encontra quando tenta romper limites. Também descobrimos que iterar os protótipos de forma oportuna e eficaz é desafiador.

Ao final do projeto, então, a equipe teve uma série de reflexões:

Engajar os profissionais da universidade responsáveis por *compliance* o quanto antes no processo de inovação: isso permite que uma equipe de inovação compreenda plenamente as principais questões legais, éticas e de conformidade e envolve aqueles encarregados de fiscalizar as conversas o mais cedo possível. Curiosamente, o SenseMaker tem algumas lacunas centrais de conhecimento, e o principal pesquisador da UCLan foi convidado a se juntar ao comitê de ética da universidade para aconselhar futuros projetos de prototipagem.

Recursos são fundamentais: embora o SenseMaker tivesse uma equipe multidisciplinar, a equipe percebeu em vários momentos que não tinha as habilidades ou o volume de tempo necessários para realizar algumas de suas aspirações. Esse constitui um desafio perene para projetos de cocriação, pois responder às exigências de uma comunidade só é possível dentro dos limites do projeto.

Uma visão central para o projeto é antecipar os requisitos de habilidades e criar uma estrutura que possa identificá-las rápida e precocemente para que o projeto atraia as pessoas de forma mais eficaz.

Pés no chão: para implantar os protótipos e gerenciar os prazos durante o projeto, mais recursos devem ser contabilizados de forma mais eficaz em projetos futuros para garantir que esse trabalho possa ser dimensionado conforme necessário. Lembre-se sempre do usuário final: embora possa ser fácil testar um protótipo em um laboratório em perfeitas condições, é extremamente importante se lembrar de que o usuário final (jornalistas parceiros e participantes do projeto) pode não ter as mesmas habilidades técnicas que os engenheiros.

Ideias que abandonamos: o que ficou evidente no início do processo de ideação foi a necessidade de filtrar ideias a partir de preocupações do mundo real. Especialmente na sua segunda fase do desenvolvimento, focamos factibilidade (é tecnicamente possível?), viabilidade (temos recursos e tempo suficientes — é implantável dentro dos recursos do projeto?) e desejabilidade (como podemos contrastá-lo contra as necessidades editoriais e comunitárias identificadas tanto nos workshops como nas consultas aos parceiros?). Essa estrutura nos permitiu progredir com a construção e os testes iniciais. No entanto, a natureza de um processo de cocriação resultou em múltiplas ideias que poderiam ser desenvolvidas e que se afastaram das ideias iniciais. Ao final do projeto, a equipe sentiu que, com base nas necessidades e exigências do workshop e nas oportunidades de gerar conteúdo editorial, havia espaço para desenvolver uma gama de protótipos que permitissem a criação de conteúdo e apontassem para um impacto tangível.

Potenciais benefícios e limitações da inovação aberta

Trabalhar de forma aberta foi fundamental para esse projeto, pois ofereceu tanto uma chance para o editor de notícias acessar habilidades, conhecimentos e tecnologias que estavam indisponíveis em sua organização quanto para os parceiros acadêmicos entenderem melhor as necessidades da indústria e da comunidade em muitos contextos. Esse conhecimento mais profundo (e mesmo a empatia) produziu respostas de design mais eficazes e protótipos. Esse conhecimento foi usado em outras áreas da universidade, especialmente para o ensino de graduação e pós-graduação. Para a indústria, também havia potencial para ser visto como "inovando" tanto interna quanto externamente. Igualmente, para os parceiros acadêmicos, essa colaboração e "transferência de conhecimento" garantiu que o trabalho de pesquisa fosse oportuno, relevante, potencialmente impactante e inovador. Além da equipe do projeto, essa abordagem mais experimental e inclusiva criou uma oportunidade para inovação e jornalismo mais impactantes. A colaboração com a escola Cringle Brook permitiu que o projeto fosse visto como um exemplo de jornalismo construtivo, resultando em um plano de ação ambiental que beneficiasse a escola e a comunidade local.

Algumas das limitações giraram principalmente em torno da gestão do projeto, reunindo grupos e parceiros que precisavam de recursos para serem despendidos, por exemplo, em negociações contratuais, processos internos e procedimentos e coordenação de projeto. Na ocasião, nossa abordagem interdisciplinar apresentou desafios de compreensão — os tecnólogos com preocupações industriais, e o parceiro da indústria tendo que trabalhar com protótipos não fidedignos.

Uma reflexão central, no entanto, foi que essa abordagem — que traz conexões diversas e se baseia em uma história de cooperação — apresenta uma gama de valor, catalisando invenção e a inovação potencial tanto em espaços já esperados quanto naqueles ainda não explorados.

Agradecimentos

A equipe do projeto gostaria de agradecer a todos que se envolveram ao longo de seu caminho. Participantes da Reach, funcionários e estudantes da UCLan e cidadãos de toda Manchester, que ajudaram a nos inspirar e entregar o projeto ao passo que ele progrediu. A cocriação como método de inovação pode ser uma abordagem desafiadora, mas tem sempre uma rica veia de perspectivas, percepções e motivações. Sem os envolvidos, teríamos sido incapazes de aprender, construir e implantar protótipos como fizemos. Embora a covid-19 tenha nos limitado, nossa equipe se interessa em expandir esse trabalho, aprender mais sobre as percepções e oportunidades que descobrimos e impulsionar novas áreas.

Os autores deste texto gostariam também de agradecer a uma série de membros do projeto, à indústria e à comunidade de apoio por sua ajuda no desenvolvimento, garantia e entrega deste projeto. Eles incluem Alison Gow, professor Darren Ansell, Claire Miller, professor Erik Knudsen, Dr. Mark Lochrie, Mathias Caelenberghe, Sarah Cullen, Luke Robinson, Gareth West, Andy Dickinson, Debbie Dearnley, Sarah Smith, Aisha Malik, Madalina Ciobanu, Alex Flahive, Louise Taylor, todos os participantes do workshop da Reach PLC e do nosso workshop público. Agradecemos igualmente a Sarah Hartley, da Google News Initiative, por seu apoio durante todo o projeto.

Referências

Aitamurto, T., Sirkkunen, E. & Lehtonen, P. (2011). Trends in Data Journalism. *Espoo: VTT*, 0-27.

Anderson, A. (2016), WNYC's Latest Sensor Journalism Project Zeros in on the 'Heat Island' Harlem. current.org, https://current.org/2016/07/wnycs-latest-sensor-journalism-project-zeroes-in--on-heat-island-harlem/, acessado em 8 de julho de 2022.

Appelgren, E. & Nygren, G. (2014). Data Journalism in Sweden: Introducing New Methods and Genres of Journalism into "Old" Organizations. *Digital journalism*, 2(3), pp. 394–405.

Borges-Rey, E. (2016). Unravelling Data Journalism: A Study of Data Journalism Practice in British Newsrooms. *Journalism Practice*, 10(7), pp. 833–843.

TIDD, J.; BESSANT, J. (2015). *Gestão da inovação*. 5. ed. Porto Alegre: Bookman, 2015.

Boyles, J. L. (2020). Laboratories for News? Experimenting with Journalism Hackathons. *Journalism*, 21(9), pp. 1338–1354.

Bui, L. (2016). Flags, Noise, and Tourism in Barcelona, Medium, https://medium.com/@dangerbui/flags-noise-and-tourism-in--barcelona-c249252998d5, acessado em 8 de julho de 2022.

Chesbrough, H. W. (2003). *Open Innovation: The New Imperative for Creating and Profiting from Technology*. Harvard Business Press.

Clarke, J. (2019). *Media Labs: What You Need to Know*. Twickenham: Aurora Metro Publications Ltd.

Cools, H., Van Gorp, B., & Opgenhaffen, M. (2022). New Organizations, Different Journalistic Roles, and Innovative Projects: How Second-generation Newsroom Innovation Labs are Changing the News Ecosystem. *Journalism Practice*, pp. 1–16.

Diaz, C. (2019). Climate Change Might Be Messing Up Snowflakes as We Know Them, But You Can Help, Gothamist.com, https://gothamist.com/news/climate-change-might-be-messing-up-s-nowflakes-as-we-know-them-but-you-can-help, acessado em 8 de julho de 2022.

Etzkowitz, H., Leydesdorff, L. (1995). The Triple Helix–University-Industry-Government Relations: A Laboratory for Knowledge Based Economic Development. *EASST review*, 14(1): pp. 14–19.

Etzkowitz, H., Leydesdorff, L. (2000). The Dynamics of Innovation: From National Systems and "Mode 2" to a Triple Helix of University–Industry–Government Relations. *Research Policy*, 29(2): pp. 109–123.

Halstead, O., & Mills, J. (2020). SenseMaker: Co-creating Sensors for Journalism, https://www.youtube.com/watch?v=XcWsfB-9Tx9s, acessado em 13 de julho 2022.

Hogh-Janovsky, I., & Meier, K. (2021). Journalism Innovation Labs 2.0 in Media Organisations: A Motor for Transformation and Constant Learning. *Journalism and Media*, 2(3), 361–378. DOI: 10.3390/ journalmedia2030022.

Knight, M. (2015). Data Journalism in the UK: A Preliminary Analysis of Form and Content. *Journal of Media Practice*, 16:1, pp. 55–72, DOI: 10.1080/14682753.2015.1015801.

Lochrie, M., De-Neef, R., Mills, J. & Davenport, J. W. (2018). Designing Immersive Audio Experiences for News and Information in the Internet of Things using Text-to-Speech Objects. In: *British Human Computer Interaction*, 2/6/2018–6/6/2018, Belfast.

Mills, J., Lochrie, M., Metcalfe, T. & Bennett, P. (2018). News Things: Exploring Interdisciplinary IoT News Media Opportunities via User-Centred Design. In: Twelfth International Conference on Tangible, Embedded and Embodied Interactions, 19/3/2018–21/3/2018, Stockholm.

Mills, J., Gallagher, P., Watkinson, B. & Styles, K. (2020). SenseMaker: Co-creating Sensors for Journalism, University of Central Lancashire.

Mills, J. and Wagemans, A. (2021). Media Labs: Constructing Journalism Laboratories, Innovating the Future: How Journalism Is Catalysing Its Future Processes, Products and People. *Convergence*, 27(5), pp.1462–1487.

Nunes, A.C.B., & Mills, J. (2022). JOURNALISM INNOVATION: How Media Labs Are Shaping the Future of Media and Journalism. *Brazilian Journalism Research*, 17, pp.652–679.

Rohrer, F. (2008), The Filthy Air Conundrum, BBC.co.uk, http://news.bbc.co.uk/1/hi/magazine/7532603.stm, acessado em 8 de uulho de 2022.

Ruttan, V. W. (1997). Induced Innovation, Evolutionary Theory and Path Dependence: Sources of Technical Change. *The Economic Journal*, 107(444): pp. 1520–1529.

Schmitz Weiss, A. (2016). Sensor Journalism: Pitfalls and Possibilities. *Palabra Clave*, 19(4), pp, 1048–1071. DOI: 10.5294/pacla.2016.19.4.5.

Toporoff, S. (2017), The Air You Breath in Europe's Car Capital. *Medium*, https://medium.com/editors-lab-impact/the-air-you-breathe-in-europes-car-capital-88cde48da5f9, acessado em 8 de julho de 2022.

WAN-IFRA. (2021). *Der Tagesspiegel: Interdisciplinary and Audience-engaged Innovation. World Association of News Publishers*, https://wan-ifra.org/2021/10/der-tagesspiegel-lab/, acessado em 12 de uulho de 2022.

Notas

CAPÍTULO 1

1 FLORES, A. M. M. *Jornalismo de inovação: os estudos de tendências como ferramenta de pesquisa.* Tese (doutorado) — Universidade Federal de Santa Catarina, Centro de Comunicação e Expressão, Programa de Pós-Graduação em Jornalismo, Florianópolis, 2019.

2 Henrik Vejlgaard, 2008; William Higham, 2009; Martin Raymond, 2010; Nelson Gomes, 2016; Nelson Gomes, Suzana Cohen, Ana Marta M. Flores, 2018; Nelson Gomes, Suzana Cohen, Clarissa Alves, William Cantú, 2021.

3 Gouveia Júnior, 1999; Domínguez Riezu, 2011; Silva, 2015; Campos, 2017.

4 DRAGT, Els. How to Research Trends — Move Beyond Trend Watching to Kickstart Innovation. BIS Publishers: Amsterdam, 2017.

5 O estudo dos tópicos do zeitgeist foi baseado em sessões exploratórias reunindo mais de trezentas pessoas de nacionalidades diferentes. O perfil dos participantes varia majoritariamente entre estudantes de graduação e pós-graduação nas áreas de artes, comunicação e ciências sociais e humanas, com o objetivo de identificar as principais palavras-chave e os conceitos que definem o tempo em que vivemos, unindo contextos europeus e sul-americanos. Após essa etapa de coleta de temas, realizou-se um painel de especialistas, baseado e inspirado na abordagem do Método Delphi — que tem o objetivo de refinar e buscar consenso entre a opinião e conhecimento de especialistas notáveis. Com isso, foi possível posicionar os tópicos em um mapa cultural. Essa proposta é baseada em um plano projetado por Evelyn Gick e Wolfgang Gick, composto por um eixo horizontal com duas extremidades (conservadora e vanguardista) para posicionamento dos tópicos observados.

6 RECH, Sandra; GOMES, Nelson Pinheiro. Mente coletiva e Análise de Tendências: uma exploração relacional. In: Seminário nacional de pesquisa e extensão em moda: Deslocamentos. Florianópolis: UDESC, 2017.

7 Figura disponível colorida em: https://drive.google.com/file/d/1QMbIUAg2QbZcrO4v6rq_QsrpIn_GmBRn/view?usp=sharing.

8 Veikkola, 2004; Rehn & Lindkvist, 2013; Naisbitt & Aburdene, 1990.

9 REHN, Alf; LINDKVIST, Magnus. Trendspotting — The Basics. Bloomington: Booktango, 2013.

10 A ideia de cultura lenta ou *slow culture*, desenvolvida por Grant McCracken (2011), explica uma dualidade com a cultura rápida ou *fast culture*. "(...) a cultura rápida é sempre o centro das atenções. Ela é muito mais visível, vívida, óbvia e, sim, moderna" (MCCRACKEN, 2011, p. 64). A cultura lenta, por outro lado, é mais densa, menos perceptível e atua como um grande contexto que muda mais espaçadamente. Metaforicamente, o autor explica: "Pense desta forma: a cultura rápida representa todos os barcos sobre a superfície do oceano Pacífico. Podemos vê-los, contá-los, rastreá-los. A cultura lenta é tudo o que se encontra sob a

superfície: menos mapeada, muito menos visível" (MCCRACKEN, 2011, p. 64).

11 Figura disponível colorida em: https://drive.google.com/file/d/1300r-lag8UICsaT0m1HGqklbVBr_3lVB/view?usp=sharing.

CAPÍTULO 2

1 HARGIE, Colin; TOURISH, Dennis. Corporate Communication in the Management of Innovation and Change. Corporate Communications: Bradford, 1996.

2 No original: "While trend research is about detecting and understanding change, an innovation process is aimed at creating change. The output of trend research is a powerful starting point for innovation" (DRAGT, 2017, p. 138).

3 Koulopoulos, 2011; Rossetti, 2013.

4 SCHUMPETER, Joseph Alois. *Teoria do Desenvolvimento Econômico: uma investigação sobre lucros, capital, crédito, juro e o ciclo econômico*. São Paulo: Nova Cultural, 1985.

5 MANUAL DE OSLO. Guidelines for Collecting, Reporting and Using Data on Innovation, 4th Edition. Online, 2018. Disponível em: https://doi.org/10.1787/9789264304604-en. Acesso em: julho de 2022.

6 DRUCKER, Peter F. *Innovation and Entrepreneurship — Practice and Principles*. New York: Harper & Row Publishers, 2002.

7 No original: "Innovation is the process of making changes, large and small, radical and incremental, to products, processes, and services that results in the introduction of something new for the organization that adds value to customers and contributes to the knowledge store of the organization" (O'SULLIVAN & DOOLEY, 2009, p. 5).

8 FREEMAN, Christopher. Inovação e ciclos longos de desenvolvimento econômico. In: *Ensaios FEE*. Porto Alegre, 5(l), 1984.

9 PESSONI, Arquimedes. In: Enciclopédia INTERCOM de Comunicação. São Paulo: Sociedade Brasileira de Estudos Interdisciplinares da Comunicação, 2010.

10 CHRISTENSEN, Clayton M. *The Innovator's Dilemma — When New Technologies Cause Great Firms to Fail*. Boston: Harvard Business School Press, 1997.

11 CHRISTENSEN, Clayton M.; RAYNOR, Michael E.; MCDONALD, Rory. What is Disruptive Innovation. *Harvard Business Review*, pp. 44–53, 2015. Disponível em: https://hbr.org/2015/12/what-is-disruptive-innovation. Acesso em: março de 2022.

12 KOULOPOULOS, Thomas. *Inovação com resultado: o olhar além do óbvio*. São Paulo: Editora Gente/Editora Senac São Paulo, 2011.

13 MORRIS, Langdon. Permanent Innovation — The Definitive Guide to the Principles, Strategies and Methods of Successful Innovators. Innovation Academy, 2011.

14 ROTHWELL, Roy. Towards the Fifth-generation Innovation Process. In: *International Marketing Review*, Vol. 11, pp. 7-31, 1994.

15 DU PREEZ, Niek; LOUW, Louis. A Framework for Managing the Innovation Process. In: *Management of Engineering & Technology*, p. 546-558. Portland International Conference: IEEE, 2008.

16 FRANCIS, Dave; BESSANT, John. Targeting Innovation and Implications for Capability Development. In: *Technovation*, 25, p. 171–183. United Kingdom, 2005.

17 STORSUL, Tanja; KRUMSVIK, Arne H. What is Media Innovation? In: Storsul, Tanja; Krumsvik, Arne H. (eds.). *Media Innovations – A Multidisciplinary Study of Change*. Göteborg: Nordicom, 2013.

18 No original: "[...] the four Ps are not sufficient for describing all kinds of media innovation. The innovative use of media and communication services for social purposes does not necessarily imply new products or services, but could also concern using existing services or products creatively to promote social objectives. We therefore add social innovation as a fifth type of innovation in order to conceptualise media innovation. [...] Thus, media innovation includes four Ps and one S: Product innovation, Process innovation, Position innovation, Paradigmatic innovation and Social innovation" (STORSUL & KRUMSVIK, 2013, p. 17).

CAPÍTULO 3

1 Gomes & Francisco, 2013; Rech, 2016; Rech & Gomes, 2018.

2 PEREZ, Clotilde; SIQUEIRA, Raquel. Observatório de Tendências: o uso da metodologia bricolage no estudo de tendências comportamentais e de consumo. In: e-book II Encontro Brasileiro de Pesquisa e Análise de Dados Quantitativos e Qualitativos. Canoas: Sphinx Tecnologia e Software Ltda, 2009.

3 Vejlgaard, 2008; Higham, 2009, Gloor & Cooper, 2007; Raymond, 2010; entre outros.

4 Perez & Siqueira, 2009, p. 139.

5 A *Grounded Theory* é uma metodologia geral para o desenvolvimento de teorias que são baseadas em dados coletados e analisados sistematicamente. A teoria evolui durante a própria pesquisa, e isso é feito por meio de uma interação contínua entre a análise e a coleta de dados (STRAUSS & CORBIN, 1994, p. 263, tradução nossa, destaque nosso).

6 http://fplab.com.br.

7 Rech & Maciel, 2015, p. 4.

8 Rech & Campos, 2009, p. 585.

9 Dragt, 2017, p. 54.

10 Dragt, 2017, p. 89, tradução nossa.

11 MARQUES, Miguel Maria Barroso Paula. *Análise comparativa da metodologia dos estudos de tendências*. Dissertação de mestrado. Orientação: Clotilde Perez. Universidade Católica do Porto, 2014.

12 Saídas de campo com o objetivo de colher pistas sobre fenômenos, objetos, produtos, comportamentos e pessoas com características potenciais de popularização, inspiração e inovação.

CAPÍTULO 4

1 RECH, Sandra. Tendências: a efígie da sociedade materializada no estilo e consumo. Entrevista a Leslie Chaves. In: *IHU on-line*, EDIÇÃO 486, 2016. Disponível em: http://www.ihuonline.unisinos.br/artigo/6465-sandra-regina-rech. Acesso em: janeiro de 2020.

2 GOMES, Nelson Pinheiro; COHEN, Suzana; FLORES, Ana Marta M. Estudos de tendências — Contributo para um conceito transdisciplinar. *ModaPalavra e-periódico*, Vol. 11, n. 22, 2018.

3 Gomes, Cohen & Flores, 2018, p. 54.

4 SCHENATTO, Fernando José Avancini; POLACINSKI, Édio; ABREU, Aline França de; ABREU, Pedro Felipe de. Análise crítica dos estudos do futuro: uma abordagem a partir do resgate histórico e conceitual do tema. *Gestão da Produção*, São Carlos, Vol. 18, n. 4, p. 739–754, 2011.

5 Godet, 2000; Lima, 2005.

6 SKUMANICH, Marina; SILBERNAGEL, Michelle. Foresighting *Around the World: A Review of Seven Bent in Kind Programs*. Seattle: Battelle, 1997.

7 BACK, Suzana. *Pesquisa de tendências — um modelo de referência para pesquisa prospectiva*. Dissertação (mestrado). UFSC/EGC, 2008.

8 Schenatto *et al.*, 2011, p. 746.

9 HIGHAM, William. *The Next Big Thing*. London: Kogan Page, 2009.

10 GOMES, Nelson Pinheiro. Trends Management Applied to Branding and Cultural Management. *E-Revista Logo*, vol. 5, n. 1, 2016.

11 VEJLGAARD, Henrik. *Anatomy of a Trend*. New York: McGraw-Hill, 2008.

12 No original: "Diffusion is the process in which an innovation is communicated through certain channels over time among the members of a social system" (ROGERS, 2003, p. 5).

13 RAYMOND, Martin. *Tendencias: que són, como identificarlas, en qué fijarnos, como leerlas*. Londres: Promopress, 2010.

14 Figura disponível colorida em: https://drive.google.com/file/d/182zgSJJWby9_Jwng7wrPkgffgqV3sCLa/view?usp=sharing.

CAPÍTULO 5

1 No original: "(...) media innovation as a field of research beyond the question of how to manage technological change" (STORSUL & KRUMSVIK, 2013, p. 13). (2013), quando afirmam, a (STORSUL & KRUMSVIK, 2013, p. 13, tradução nossa).

2 KAUHANEN, Erkki; NOPPARI, Elina. *Innovation, Journalism and Future — Final Report of the Research Project Innovation Journalism in Finland*. Helsinki: Technology review, 2007.

3 Groth, 2009; Beltrão, 1969.

4 Reuters Institute Digital News Report, 2017; Statista, 2017; Gottfried & Barthel, 2018; Palmer & Toff, 2018.

5 Lewis, 1999; Cappra, 2018.

6 "A figura desta divisão física e simbólica foi denominada de separação entre igreja (redação) e estado (comercial) pelo proprietário da revista *Time*, Henry Luce, no início do século XX. Na literatura jornalística, a característica ganha, pelo menos, outros dois nomes: Muralha da China e muro entre redação e setor comercial. (...) A construção de uma divisão física e simbólica entre redação e setor comercial é uma marca para o desenvolvimento e a profissionalização do jornalismo, assim como destaca atribuições e responsabilidades. Por um lado, a partir da divisão, o jornalismo se consolida ao estabelecer e desenvolver as características que o marcam como discurso próprio. Por outro, o muro identifica atribuições: o jornalista possui preocupações com o interesse público, enquanto o setor de marketing possui como objetivo a geração de receita. Ou seja, o muro serve como artifício de defesa da classe jornalística e garantia de que o profissional possa realizar seu trabalho sem interferências externas" (PONTES & SANTOS, 2018, p. 130–131).

7 Carbasse, 2015; Anelo, 2016; Teixeira & Marinho; 2016; Estarque, 2017; Pachi Filho Et Al, 2017; Sembra Media/Google News Initiative, 2018.

8 NEWMAN, Nic. *Journalism, Media, and Technology Trends and Predictions 2019*. Oxford: RISJ, 2019.

9 Lévy, 1999; Lemos, 2005.

10 Bittencourt, 2015; Recuero, Zago & Soares, 2017.

11 Edelman Trust Barometer, 2017; Projeto Credibilidade, 2018.

12 Shaw, 1997; Cardoso *et al.*, 2016; Brio, 2018.

13 Motta, 2002; Ianoni, 2003; Traquina, 2016.

14 Brambilla, 2011; Zago, 2011; Longhi, Flores & Weber, 2011; Sousa, 2015.

15 TRENDS OBSERVER. Trends, Macro Trends e Microtrends. Online, 2017. Disponível em: http://trendsobserver.com/trends. Acesso em: setembro de 2020.

16 Figura disponível colorida em: https://drive.google.com/file/d/1dAAvqQCR3XNNTKYDW08e2K5GoPo1SVuV/view?usp=sharing.

17 Não iremos aprofundar a discussão sobre o conceito de "notícias falsas", no sentido de que a própria expressão nos causa estranhamento. Ao admitir que uma notícia é falsa, há uma incongruência de sentidos, visto que o jornalismo tem por princípio reportar fatos em um viés possível de assertividade. Para além, academicamente, o conceito de "fake news" vem sendo classificado em diferentes categorias, por exemplo: sátira ou paródia, conteúdo fabricado ou notícia fabricada, falsa conexão, conteúdo enganoso, falso contexto, conteúdo impostor, manipulação de foto, Publicidade e Relações Públicas e propaganda política (WARDLE, 2017; TANDOC JR., WEI LIM & LING, 2018).

18 A construção de confiança deve ser possível por meio da transparência do método utilizado para apurar a notícia, como apresentam Bill Kovach e Tom Rosenstiel ao remeter ao relato de Tucídides, historiador que produziu oito volumes sobre a Guerra do Peloponeso, datada do século quinto a. C. Kovach e Rosenstiel explicam por que esse exemplo mantém sua contemporaneidade: "Ao escrever sua matéria, o correspondente grego queria convencer seu público leitor de que podia confiar nele. Não escrevia uma versão oficial da guerra e muito menos uma visão apressada da situação, e queria que seu público soubesse disso. Lutava para fazer um texto mais independente, mais confiável, mais duradouro.

Não esquecia nunca como a memória, a perspectiva e a política podiam ofuscar as lembranças do que vira. Ele checara e rechecara os fatos. Para transmitir tudo isso, decidiu explicar seus métodos de reportagem desde o começo" (KOVACH & ROSENSTIEL, 2004, p. 111).

19 KOVACH, Bill; ROSENSTIEL, Tom. *Os elementos do jornalismo — O que os jornalistas devem saber e o público exigir*. São Paulo: Geração Editorial, 2004.

20 ALSINA, Miquel Rodrigo. *A construção da notícia*. Petrópolis: Vozes, 2009.

21 KOVACH, Bill; ROSENSTIEL, Tom. *Op. cit.*

22 WEINBERGER, David. Transparency is the New Objectivity. Online, 2009. Disponível em: http://www.hyperorg.com/blogger/2009/07/19/transparency-is-the-new-objectivity. Acesso em: março de 2021.

23 IRETON, Cherilyn; POSETTI, Julie. (Eds.). Journalism, 'Fake News' & Disinformation — Handbook for Journalism Education and Training. Paris: United Nations Educational, Scientific and Cultural Organization, 2018.

24 D'ANDRÉA, Carlos. COLABORAÇÃO, EDIÇÃO, TRANSPARÊNCIA: desafios e possibilidades de uma "wikificação" do jornalismo. In: *Brazilian Journalism Research*, vol. 2, n. 10, 2009.

25 Em linhas gerais, a ideia de Platform Society discute uma análise abrangente de um mundo conectado no qual as plataformas penetraram o âmago das sociedades contemporâneas — com disrupção no mercado e relações de trabalho, transformando práticas sociais e cívicas e afetando processos democráticos. Analisa lutas intensas entre sistemas ideológicos concorrentes e contestação de atores sociais — mercado, governo e sociedade

civil — perguntando quem é ou deveria ser responsável por ancorar os valores públicos e o bem comum em uma sociedade "plataformizada". Valores públicos incluem, naturalmente, privacidade, precisão, proteção e segurança; mas também dizem respeito a efeitos sociais mais amplos, como justiça, acessibilidade, controle democrático e responsabilidade. Tais valores são o que está em jogo na luta pela plataformização das sociedades em todo o mundo. A sociedade plataformizada destaca como essas lutas se desenrolam em quatro setores privados e públicos: notícias, transporte urbano, saúde e educação. Alguns desses conflitos destacam dimensões locais, por exemplo, lutas pela regulamentação entre plataformas individuais e conselhos municipais, enquanto outras abordam o nível geopolítico onde o poder se choca entre mercados globais e governos nacionais (VAN DIJCK, POELL & DE WAAL, 2018).

26 BELL, Emily; OWEN, Taylor. The Platform Press: How Silicon Valley Reengineered Journalism. *Tow Center for Digital Journalism*. Online, 2017. Disponível em: http://towcenter.org/wpcontent/uploads/2017/04/The_Platform_Press_Tow_Report_2017.pdf. Acesso em: julho de 2022.

27 BELL, Emily. Facebook and Twitter Are Growing into the Mainstream. Online, 2019. Disponível em: https://www.theguardian.com/media/commentisfree/2019/jun/02/social-platforms-facebook-debate-regulation. Acesso em: junho de 2019.

28 ROSENSTIEL, Tom; ELIZABETH, Jane. Getting Started: Some Templates and Tools for Encouraging Organic News Fluency. Online, 2019. Disponível em: https://www.americanpressinstitute.org/publications/reports/white-papers/organic-news-fluency-templates. Acesso em: maio de 2019.

29 Keyes, 2004; Manjoo, 2008; Oxford Dictionary, 2016; Rosales, 2017; Angelis, 2017; Medrán, 2017.

30 ZARZALEJOS, José Antonio. Communication, Journalism and Fact-checking. In: *The Post-truth Era: Reality vs. Perception*. Uno Magazine, Developing Ideas, 2017.

31 IPSOS MORI. *The Perennials — The Future of Ageing*. IPSOS MORI — Social Research Institute, 2018.

32 Os pesquisadores Tom Rosenstiel e Jane Elizabeth (2018) elaboraram uma série de questionamentos a serem considerados para diferentes tipos de peças jornalísticas: Notícias padrão, Projetos não investigativos, Investigações, Fact-Checkers (verificação de fatos), Breaking News (ao vivo/não planejadas), Eventos ao vivo (planejados), Especiais e Opinião.

33 BOX 1824. Disponível em: http://www.box1824.com.br. Acesso em: janeiro de 2018.

34 Science Of The Time, 2012; Trends Observer, 2016.

35 ROSENSTIEL, Tom; ELIZABETH, Jane. Getting Started: Some Templates and Tools for Encouraging Organic News Fluency. Online, 2019.

36 Podemos pensar na busca por cursos livres em temáticas diversas: culinária para iniciantes, construção de uma horta móvel, fabricação de cerveja, oficina de costura ou marcenaria, seja presencialmente ou na internet. Um estímulo ao aprendizado ligado a um propósito ou a uma atividade extra não obrigatória. O ponto que destacamos é que não há necessidade de aprender a fazer qualquer um desses produtos (há uma cadeia industrial pronta para entregar tudo), mas há um anseio em criar, em fazer parte e em ressignificar o consumo por intermédio de um aprendizado autoimposto.

37 Figura disponível colorida em: https:// drive.google.com/ file/d/1iIA5CuIeiOYAhn3sVXjpiS56vlXzdrFZ/view?usp=sharing.

38 Ao que indica, não há um consenso. Independentemente da discussão, é inegável a importância dos dados para a economia como um todo. The world's most valuable resource is no longer oil, but data (*The Economist*); Here's Why Data Is Not The New Oil (*Forbes*); Os dados são o novo petróleo (*Istoé Dinheiro*).

39 No original: "Beyond technical specifications, however, big data can refer as much to processes surrounding data — and the resulting products of information about a great many people, places, and things — as to the scope of data itself" (LEWIS & WESTLUND, 2014, p. 2).

40 CRAWFORD, Kate. Kate Crawford: Big Data Gets Personal. *MIT Technology Review*, 2013.

41 O termo *Augmented Journalism* (Jornalismo Aumentado) pode ser definido como o jornalismo que usa inteligência artificial para capacitar os jornalistas a construir reportagens e notícias em maior escala e com mais precisão (MARCONI & SIEGMAN, 2017).

42 Gray, Bounegru & Chambers, 2012; Mancini & Vasconcellos, 2016.

43 UNDERWOOD, Corinna. Automated Journalism — AI Applications at New York Times, Reuters, and Other Media Giants. Online, 2019.

44 Por definição, blockchain é uma tecnologia que conecta nós de informação. Cada nó é chamado de bloco e é composto por informações. Qualquer alteração, por mínima que seja, afeta todos os outros blocos da cadeia. Os principais usos do blockchain são para a) armazenar pequenas quantidades de dados ("blocks"), b) acompanhar todas as modificações feitas nos dados e c) proteger os dados e suas muitas versões editadas de uma forma que vários usuários podem concordar, incluindo como os dados são armazenados, protegidos e permanecem inalterados. É aqui que entram a criptografia, prova de trabalho e consenso da comunidade (IVANCSICS, 2019).

45 A tecnologia do blockchain pode ser empregada de diferentes formas: como moeda para financiamento, jornalismo imutável, curadoria descentralizada, transparência comprovada, entre outros. (Ver mais em WEBB, 2019.)

46 Figura disponível colorida em: https://drive.google.com/file/d/1e78BS9cRNbwkpOW3cDE99eHaKfhlwzY6/view?usp=sharing.

47 NUSSENZVEIG, Herch Moysés. *Curso de física básica* — volume 1. São Paulo: Editora Blucher, 2002.

48 Dados do Censo Demográfico (IBGE, 2010) identificam que 23,9% da população brasileira têm pelo menos uma deficiência entre visual, auditiva, motora e mental ou intelectual.

49 Survey realizado entre dezembro de 2018 e janeiro de 2019 com duzentos cargos de liderança como editor-chefe, CEO, chefe de digital, chefe de desenvolvimento editorial, diretor de produtos, diretor de multimídia. Metade dos participantes era de organizações com um background de impresso (55%), cerca de um terço (29%) representava emissoras de TV privadas ou de serviço público, mais de um em cada dez vieram de mídias digitais (12%), e mais 4% de empresas B2B ou agências de notícias. Vinte e nove países foram representados na pesquisa, incluindo EUA, Canadá, Austrália, Antilhas, Quênia, México, Índia, Coreia, Hong Kong e Japão, mas a maioria (80%) veio de países europeus, como Reino Unido, Irlanda, Alemanha, Áustria, França, Espanha, Portugal, Itália, Polônia, Eslovênia, Suíça, Bélgica, Holanda, Croácia, Grécia, Finlândia, Noruega, Suécia e Dinamarca — Brasil não está

incluído. Mais em: NEWMAN, Nic. *Digital News Project — Journalism, Media, Technology Trends and Predictions 2019*. Oxford University: Reuters Institute for the Study of Journalism, 2019.

50 http://www.generonumero.media.

51 https://catarinas.info.

52 https://azmina.com.br.

53 Abraji/Gênero e Número/Google News Lab, 2018. https://www.mulheresnojornalismo.org.br.

54 A versão 2021 do perfil do jornalista atualiza o número de mulheres nas redações para 58%, ainda mantendo a maioria branca (68,4%). Como o Censo 2020 não foi realizado e seria uma comparação interessante com o novo perfil dos jornalistas, para manter as proporções, mantivemos os dados da pesquisa de 2012 com os Censos 2010.

55 GEMAA/IESP-UERJ. 2016. Disponível em: http://gemaa.iesp.uerj.br/infografico/jornalismo-brasileiro-genero-cor-raca-dos-colunistas-dos-principais-jornais. Acesso em: fevereiro de 2019.

56 Disponível em: https://issuu.com/enoisconteudo/docs/_enois_manual_de_diversidade_no_jor.

57 Disponíveis em: https://issuu.com/thinkolga.

58 THINK OLGA. *Minimanual de jornalismo humanizado — Parte 1: violência contra a mulher*. 2017. Disponível em: https://issuu.com/thinkolga/docs/minimanual_1_efe8621a394e2c.

59 Disponível em: https://sbgg.org.br/wp-content/uploads/2018/11/Guia_para_jornalistas_na_cobertura_do_envelhecimento.pdf.

60 Disponível em: http://fenaj.org.br/wp-content/uploads/2018/05/manual-comunicacao-LGBTI.pdf.

61 Fear of Missing Out (FoMO) é um comportamento que retrata o sentimento ou medo de não participar ("ficar de fora") de experiências que outras pessoas estão vivendo, comumente associado à comparação e à inveja (REAGLE, 2015). Fortemente ligado à lógica das redes sociais, afirma-se que essa angústia social é causada principalmente porque a relação dos usuários com a tecnologia ainda é muito nova e imatura.

62 (TRENDS OBSERVER, 2018).

63 (JWT INTELLIGENCE, 2019).

64 (FPBR, 2000; 2019).

65 (JWT, 2019).

66 (FPBR, 2000).

67 (FJORD, 2019).

68 Figura disponível colorida em: https://drive.google.com/file/d/1PpXfhhAeO25O84lBPRcrxdg0TzjAL9C5/view?usp=sharing.

CAPÍTULO 6

1 O modelo apresentado teve sua base concebida e testada no desenvolvimento da tese de doutorado *Jornalismo de inovação: os estudos de tendências como ferramenta de pesquisa*, defendida no Programa de Pós-Graduação em Jornalismo da Universidade Federal de Santa Catarina (UFSC), em 2019.

2 RAYMOND, Martin. *Tendencias: que són, como identificarlas, en qué fijarnos, como leerlas*. Londres: Promopress, 2010.

3 HIGHAM, William. *The Next Big Thing*. London: Kogan Page, 2009.

4   SILVA, Janiene dos Santos. Tendências socioculturais: recorrências simbólicas do espírito do tempo no sistema publicitário. Tese [Doutorado]. USP: São Paulo, 2015.

5   Sistema de escrita e impressão para deficientes visuais baseado em caracteres constituídos por pontos em relevo, para representar letras do alfabeto, números e sinais de pontuação por meio do toque. Método aperfeiçoado por Louis Braille entre 1824 a 1837.

6   POPCORN, Faith. *O relatório POPCORN*. Rio de Janeiro: Campus, 1993.

7   MASON, Henry; MATTIN, David; LUTHY, Maxwell; DUMITRESCU, Delia. *Trend Driven Innovation*. New Jersey: Wiley, 2015.

8   No mercado de pesquisa de tendências, essa atividade pode ser também referenciada como "safári urbano", uma analogia à expedição para observação da vida selvagem da natureza, em um comparativo com a investigação do cotidiano nas cidades (KEITH, 2014; BONENBERG, 2014; ALVES, 2016).

9   GLADWELL, Malcolm. *The Coolhunt: Who Decides what's Cool? Certain Kids in Certain Places — and Only the Coolhunters Know Who They Are*. New York: The New Yorker, 1997.

10 MENDES, Layla de Brito; BROEGA, Ana Cristina; SANT'ANNA, Patricia. Coolhunting: Metodologia de pesquisa de tendências de moda in loco. In: *Anais* do 5º ENPModa — Encontro Nacional da Pesquisa em Moda. Feevale: Novo Hamburgo, 2015.

11 GLOOR, Peter; COOPER, Scott. *Coolhunting: Chasing Down the Next Big Thing*. New York: Amacon, 2007.

12 O conceito de *flâneur* inserido por Charles Baudelaire (1988) e Walter Benjamin (1994) pode ser entendido como um observador das ruas, um repórter casual da vida na cidade moderna das metrópoles.

13 No original: "How you name trends can actually have an effect on how convincing they are to individuals. An evocative or arresting name enables easy recognition and recall. In the same way that trends with strong communicability are adopted more quickly by consumers, so trend names with strong communicability will be adopted more quickly by business and media contacts. (...). Names need to sum up the trend clearly and simply. They should also be easy to recall. This can be achieved by making a pun on a well-known term or by using alliteration or rhyme. You can choose to create your own names or utilize those adopted by other trend forecasters, depending on which you think an audience is likely to respond best to" (HIGHAM, 2009, p. 201).

14 No original: "Mix and match two or three words that define the trend, creating a new word that preferably hasn't been used by anyone else" (MASON *et al.*, 2015. p. 96).

15 DALKEY, Norman C. *Delphi*. Santa Monica: RAND CORPORATION, 1967.

16 Popcorn, 1993; Raymond, 2010.

17 A nomeação "Three Is" é trazida na proposta de William Higham (2009), quando o autor explica sua proposição acerca do *trend marketing* e *consumer trend*. Para Higham, a identificação das tendências é o processo inicial seguido de mais dois "Is", configurando: "Identification> Interpretation> Implementation". A nossa proposta, no entanto, tem outra abordagem, em que a resposta final de nossos estudos será mais abrangente.

18 A Fjord é uma consultoria de design e inovação que aplica abordagem de pesquisa centrada no ser humano com metodologias para tornar os sistemas complexos em simples e atraentes. Fundada em 2001, a Fjord tem uma equipe diversificada de mais de mil especialistas em design e inovação em 28 estúdios, incluindo

Atlanta, Auckland, Austin, Berlim, Chicago, Copenhague, Dubai, Dublin, Helsinque, Hong Kong, Istambul, Joanesburgo, Londres, Los Angeles, Madri, Melbourne, Milão, Nova York, Paris, São Francisco, São Paulo, Seattle, Cingapura, Estocolmo, Sydney, Toronto, Washington, D.C. e Zurique. A Fjord faz parte da Accenture Interactive, consultoria de marketing digital para alta performance. Mais em: www.fjordnet.com.

19   J. Walter Thompson Intelligence é um braço da J. Walter Thompson Company focado em pesquisa aplicada, com métodos de pesquisas desenvolvidos para áreas de inovação e análises de dados. O Innovation Group, por sua vez, é centrado na pesquisa sobre mudanças culturais com o objetivo de convertê-las em oportunidades de negócios. Mais em: https://www.jwtintelligence.com/about.

20   COX, Julie Wolfram; HASSARD, John. Triangulation in Organizational Research: a Representation. In: *Organization*, 12: 1, AB/INFORM Global, 2005.

21   GORDON, Barry; BERGER, Lisa. *Intelligent Memory: Exercise Your Mind and Make Yourself Smarter*. London: Vermilion, 2003.

22   No original: "A trend report is a way to give an in-depth description of several trends. It allows to use visuals and text and the chosen layout assists in getting the message across. You can deliver a report in a hardcopy or digital format. The latter allows you to integrate hyperlinks so readers can check original sources or videos related to the trends" (DRAGT, 2017, p. 150).

23   Arquivo disponível para download em pdf: https://drive.google.com/file/d/10vE4fpY-7XhBqvUxLer1oClYGEMNdCbk/view?usp=sharing.

CAPÍTULO 7

1   NUNES, Ana Cecília B.; MILLS, John; PELLANDA, Eduardo Campos. Media Labs: Catalyzing Experimental, Structural, Learning, and Process Innovation. In: *The Emerald Handbook of Entrepreneurship in Latin America*. Emerald Publishing Limited, 2022. p. 87–102.

2   NUNES, Ana Cecília Bisso *et al. O que é inovação em mídia e jornalismo? Uma análise de Media Labs e seus projetos*. Tese [Doutorado]. Pontifícia Universidade Católica do Rio Grande do Sul (PUCRS) e Universidade da Beira Interior (UBI), 2020.

3   ROBINSON, Ken; YAMAGAMI, Cristina. *Somos todos criativos: os desafios para desenvolver uma das principais habilidades do futuro*. Tradução de Cristina Yamagami. São Paulo: Benvirá, 2019.

4   ASHTON, Kevin. *A história secreta da criatividade*. Sextante, 2016.

5   A diferenciação dos conceitos de imaginação, criatividade e inovação vem de Ken Robinson no livro *Somos todos criativos: os desafios para desenvolver uma das principais habilidades do futuro*. Tradução de Cristina Yamagami. São Paulo: Benvirá, 2019.

6   Eric Ries, autor do livro *A startup enxuta*, defenderá que startups são organizações criadas com alto grau de incerteza, devido a seu aspecto inovador. Esse é o conceito adotado neste livro.

7   JOHNSON, Steven. *De onde vêm as boas ideias: uma história natural da inovação*. Editora Schwarcz-Companhia das Letras, 2011.

8   Os princípios e as práticas da coopetição são creditados aos professores de negócios da Universidade de Nova York e Yale, Adam M. Brandenburger e Barry J. Nalebuff. Eles introduziram os princípios e práticas da coopetição em seu livro *Co-opetition*, publicado pela primeira vez em 1996.

9 TIDD, J.; BESSANT, J. *Gestão da inovação*. 5. ed. Porto Alegre: Bookman, 2015.

10 SCHEIN, E. H. The Culture of Media as Viewed from an Organizational Culture Perspective. *International Journal on Media Management*, vol. 5, n. 3, p. 171–172, 2003.

11 TIDD, J.; BESSANT, J. *Op. cit.*

12 Os quatro primeiros itens são inspirados a partir dos meios de inovação de Baregheh, Rowley e Sambrook (2009), do artigo "Towards Multidisciplinary Definition of Innovation, publicado na revista *Management decision*, vol. 47, n. 8, em 2009. Os autores identificam cinco eixos: tecnologia, ideias, invenções, criatividade e mercado, que adaptei para um olhar que considerei mais certeiro. Além disso, os próprios *media labs* foram uma inspiração, com sua centralidade nas pessoas, que fomentou principalmente a inclusão do último item dessa lista de catalisadores de processos de inovação.

13 DIAS-TRINDADE, Sara; MOREIRA, José António Marques; JARDIM, Jacinto. ENTRECOMP. Quadro de referência das competências para o empreendedorismo (Tradução). 2020.

14 Veja mais em: https://getchorus.voxmedia.com/.

15 WILKINSON, Amy. *O código dos criadores: As seis habilidades essenciais dos grandes empreendedores*. São Paulo: HSM do Brasil, 2016.

16 Inovação aberta é uma estratégia que promove colaboração com atores externos à organização. Falaremos mais sobre isso no decorrer deste capítulo.

17 Para saber mais sobre isso, leia o texto de Joy Mayer (em inglês) discutindo as proposições de Meg Pickard: https://joymayer. com/2010/12/01/what-engagement-means-to-the-guardians-meg-pickard/.

18 BOCZKOWSKI, P. J. *Digitizing the News: Innovation in Online Newspapers*. Cambridge: Mit Press, 2005.

19 POSETTI, J. Time to Step Away from the "Bright, Shiny Things"? Towards a Sustainable Model of Journalism Innovation in an Era of Perpetual Change. *Journalism Innovation Project*, nov. 2018.

20 DAL ZOTTO, C.; VAN KRANENBURG, H. (Ed.). *Management and Innovation in the Media Industry*. Cheltenham: Edward Elgar Publishing, 2008.

21 Timeline JS, do Knight Lab, na Universidade Northwestern. Disponível em: https://timeline.knightlab.com/.

22 Fake News Debunker by InVID & WeVerify: https://chrome.google.com/webstore/detail/fake-news-debunker-by-inv/mhccpoafgdgbhnjfhkcmgknndkeenfhe?hl=en.

23 KÜNG, L. Innovation, Technology and Organisational Change: Legacy Media's Big Challenges. In: STORSUL, T.; KRUMSVIK, A. H. (Ed.). *Media Innovations: A Multidisciplinary Study of Change*. Göteborg: Nordicom, 2013.

CAPÍTULO 8

1 O pesquisador Jan Fagerberg, da Universidade de Oslo, comenta em seu artigo "Innovation: A Guide to the Literature" que é preciso uma visão interdisciplinar para se ter uma visão abrangente do papel desempenhado pela inovação na mudança social e econômica (FAGERBERG, Jan. "Innovation: A guide to the literature". 2003).

2   UNITED KINGDOM. Creative Industries Mapping Document. London: Ministerial Creative Industries Strategy Group, 2001. Disponível em: https://assets.publishing.service.gov.uk/government/uploads/system/uploads/attachment_data/file/183544/2001part1-foreword2001.pdf.

3   Caso você tenha curiosidade, a reportagem que me refiro é: "Os 'whatsapps' de uma campanha envenenada", publicada em 28 de outubro de 2018. Disponível em: https://brasil.elpais.com/especiais/2018/eleicoes-brasil/conversacoes-whatsapp.

4   STONEMAN, P. Soft Innovation: Changes in Product Aesthetics and Aesthetic Products. In: ARCHIBUGI, D.; FILIPPETTI, A. *The Handbook of Global Science, Technology, and Innovation*. Hoboken: John Wiley & Sons, 2008.

5   JAANISTE, L. Placing the Creative Sector within Innovation: The Full Gamut. *Innovation*, vol. 11, n. 2, p. 215–229, 2009.

6   STONEMAN, P. *Soft Innovation: Economics, Product Aesthetics, and the Creative Industries*. Oxônia: Oxford University Press, 2010, p. 24.

7   Conforme o Creative Industries Mapping Document do Reino Unido, já mencionado.

8   DOGRUEL, L. Opening the Black Box. The Conceptualising of Media Innovation. In: STORSUL, T.; KRUMSVIK, A. H. (Ed.). *Media Innovations: a Multidisciplinary Study of Change*. Göteborg: Nordicom, 2013.

9   Para saber mais sobre isso, veja também artigos de Leyla Dogruel, como já mencionado.

10 Isso pode ser relacionado à inovação social, mencionada por Storsul e Krumsvik (2013), como típica da mídia.

11 Retirado da descrição do verbete Wikipédia na própria Wikipédia em julho de 2022.

12 Estratificações propostas por Dogruel em: DOGRUEL, L. Opening the Black Box. The Conceptualising of Media Innovation. In: STORSUL, T.; KRUMSVIK, A. H. (Ed.). *Media Innovations: a Multidisciplinary Study of Change*. Göteborg: Nordicom, 2013.

13 PICARD, R. G. Unique Characteristics and Business Dynamics of Media Products. *Journal of Media Business Studies*, vol. 2, n. 2, p. 61–69, 2005.

14 Ver PICARD, R. G. Unique Characteristics and Business Dynamics of Media Products. *Journal of Media Business Studies*, vol. 2, n. 2, p. 61–69, 2005.

15 PICARD, 2005, p. 62, tradução nossa. Retirado de: PICARD, R. G. Unique Characteristics and Business Dynamics of Media Products. Journal of Media Business Studies, vol. 2, n. 2, p. 61–69, 2005. Disponível em: https://doi.org/10.1080/16522354.2005.11073433.

16 Ver DODGSON, M.; GANN, D. *Innovation: A Very Short Introduction*. Oxford: Oxford University Press, 2018.

17 JENKINS, H.; FORD, S.; GREEN, J. *Cultura da conexão: criando valor e significado por meio da mídia propagável*. São Paulo: Aleph, 2015.

18 NEGROPONTE, N. *Vida digital*. São Paulo: Companhia das letras, 1995.

19 LAVINE, J. M.; WACKMAN, D. B. *Managing Media Organizations: Effective Leadership of the Media*. London: Longman Pub Group, 1988.

20 Ferguson diz que há uma relação da mídia com diversos eixos da vida das audiências. FERGUSON, D. A. The Domain of Inquiry for

Media Management Researchers. In: Broadcast Education Association Annual Meeting, conference proceedings, Las Vegas, p. 1–16, 1991.

21 Isso é discutido também por Tanja Storsul e Arne H. Krumsvik, como mencionado no capítulo anterior.

22 Este ponto é discutido também pelos autores Lavine & Wackman (1988), Ferguson (1991) e Dogruel (2017), todos já mencionados anteriormente.

23 JENKINS, H.; FORD, S.; GREEN, J. *Cultura da conexão: criando valor e significado por meio da mídia propagável*. São Paulo: Aleph, 2015

24 Dogruel (2017) afirma que esse fenômeno é resultado de uma interconexão entre as fases de difusão e apropriação das inovações em mídia. DOGRUEL, L. O que há de tão especial nas inovações midiáticas? Uma caracterização do campo. *Contemporanea: Revista de Comunicação e Cultura*, vol. 15, n. 1, p. 7–29, 2017.

25 Nordfors (2004) usa o termo em inglês *Innovation Journalism* para se referir à atividade de divulgação e publicação de conteúdos jornalísticos relacionados à inovação, termo que é traduzido para o português como jornalismo sobre inovação, conforme discutido no capítulo anterior. NORDFORS, D. The concept of innovation journalism and a programme for developing it. *Innovation Journalism*, vol. 1, n. 1, p. 1–14, 2004.

26 RIES, Eric. *A startup enxuta*. Leya, 2012.

27 Sobre isso, ver também BRIGGS, M. *Entrepreneurial Journalism: How to Build what's Next for News*. Los Angeles: Sage; CQ Press, 2012.

CAPÍTULO 9

1 AULET, Bill. *Empreendedorismo disciplinado: 24 etapas para uma startup bem-sucedida*. Rio de Janeiro: Alta Books, 2018.

2 Metodologia para gerar inovações rápidas em um curto espaço de tempo. Falaremos sobre isso no decorrer deste capítulo.

3 Princípios e processos de gestão de produto popularizados pela indústria do software, mas hoje adotados por empresas das mais variadas áreas do conhecimento. Propõe ciclos de entregas periódicas, melhoria contínua e uma abordagem centrada nas pessoas, com um processo baseado na comunicação e integração dos integrantes das equipes, que são interdisciplinares.

4 Para mais, ver discussões de Nunes e Mills (2021): NUNES, Ana Cecilia Bisso; MILLS, John. JOURNALISM INNOVATION: How Media Labs Are Shaping the Future of Media and Journalism. *Brazilian Journalism Research*, vol. 17, p. 652–679, 2022.

5 O professor Kenneth Hasse escreveu um ensaio baseado em sua experiência pessoal de trabalho no Media Lab do MIT e em outros laboratórios desse tipo. HAASE, K. Why the Media Lab works: A Personal View. *IBM Systems Journal*, vol. 39, n. 3–4, p. 419–431, 2000. Disponível em: https://ieeexplore.ieee.org/abstract/document/5387005. Acesso em: setembro de 2022.

6 Os três primeiros objetivos são oriundos da pesquisa de Salaverría, que investigou *media labs* de empresas de mídia no contexto europeu. Adicionamos as atividades de pesquisa (típicas, mas não exclusivas de laboratórios universitários) e removemos um dos objetivos citados pelo autor Salaverría: a promoção de atividades de formação profissional e programas de alfabetização midiática. Isso porque o próprio autor comenta que os laboratórios dedicados à formação de profissionais e audiências são os mais

distantes do conceito de laboratório e que, nestes casos, a denominação de laboratório parece responder a fins de marketing. Como esses laboratórios se distanciam da dinâmica experimental discutida aqui, excluímos esse tópico dos objetivos/atividades dos *media labs*.

7   Investigação jornalística transnacional realizada pelo International Consortium of Investigative Journalists (ICIJ) para desvendar casos de sonegação de impostos e offshores globais.

8   Centro Norueguês de Especialização em Mídia.

9   Mapeamento realizado pela professora e pesquisadora Ana Cecília Bisso Nunes, coautora deste livro, em uma colaboração com a World Association of News Publishers (WAN-IFRA), por intermédio da Global Alliance for Media Innovation (GAMI). Entre maio de 2018 e setembro de 2019, foram identificados 123 laboratórios ativos, com predominância na América Latina, América do Norte e Europa.

10 Esses tópicos provêm de dinâmicas e entrevistas presenciais realizadas pela Dra. Ana Cecília Bisso Nunes com residentes e colaboradores do Media Lab Bayern (Alemanha) e do Media Innovation Studio (Reino Unido) em 2019, além de outras entrevistas exploratórias realizadas para este livro.

11 Características identificadas pelo pesquisador e professor Pablo Boczkowski em relação à indústria de jornais impressos. BOCZKOWSKI, P. J. *Digitizing the News: Innovation in Online Newspapers*. Cambridge: Mit Press, 2005

12 Informações apresentadas por Clemens Prerovsky, diretor-executivo de Dados (CDO) Austria Presse Agentur e líder do APA-medialab, em entrevista concedida à Andrea Wagemans e publicada no site da Global Alliance for Media Innovation, rede da World Association of News Publishers (WAN-IFRA):

Disponível em: https://media-innovation.news/media-lab/stick-method-book-least-beginning/.

13 A coautora deste livro, Ana Cecília Bisso Nunes, passou quatro dias no Media Lab Bayern, na Alemanha, em 2019, conversando e entrevistando residentes e colaboradores para entender mais sobre o trabalho do *media lab*.

14 Questionários online respondidos por líderes de laboratórios da América Latina, da América do Norte e da Europa, tanto de laboratórios universitários, independentes, consórcios ou de empresas de mídia. Investigação realizada pela autora Ana Cecília Nunes para seu doutorado. Os contatos com os laboratórios ocorreram entre dezembro de 2018 e setembro de 2019, sendo que a maioria das respostas (57%) das submissões dos questionários ocorreram entre abril e maio de 2019.

15 Movimento recente de jornalistas se envolverem mais com produto. Segundo a News Product Alliance, uma comunidade que fomenta estas discussões, o pensamento de produto no jornalismo é aquele que alinha estrategicamente os objetivos de negócios, a audiência e a tecnologia, integrado com a ética jornalística para pensar inovações e gerir produtos da área.

16 ITO, J.; HOWE, J. *Disrupção e Inovação: Como sobreviver ao nosso futuro acelerado*. Rio de Janeiro: Alta Books, 2018

17 Este dado inclui estudantes e bolsistas e é ligeiramente diferente do discutido no relatório da World Association of Newspapers and News Publishers (2019), visto que quatro laboratórios não haviam incluído o número de estudantes no total de seus colaboradores. Além disso, um laboratório respondeu à pesquisa posteriormente à finalização do relatório em questão, sendo contemplado nesta tese e não no relatório. Ainda, mesmo que as equipes

fossem rotativas, os líderes tentaram estipular a quantidade de pessoas.

18 Vinte e sete *media labs* afirmaram ter financiamento privado ou majoritariamente privado, enquanto 24, financiamento público ou majoritariamente público.

19 Informação trazida por Nicholas Negroponte, fundador do Media Lab do MIT em palestra Ted Talk intitulada "A 30-Year History of the Future", realizada no ano de 2014. Disponível em: https://www.ted.com/talks/nicholas_negroponte_a_30_year_history_of_the_future.

20 PLOHMAN, A. Introduction. In: PLOHMAN, A.; BUTCHER, C. (Ed.). *The Future of the Lab*. Eindhoven: Baltan Laboratories, 2010.

21 Esses variados tipos de laboratórios, assim como essa mudança de foco, são destacados por Tanaka (2011) em: TANAKA, A. Situating Within Society: Blueprints and Strategies for Media Labs. In: PLOHMAN, A. (Ed.). *A Blueprint for a Lab of the Future*. Eindhoven: Baltan Laboratories, 2011.

22 Isabell Hogh-Janovsky e Klaus Meier, da Catholic University Eichstaett-Ingolstad, têm um artigo justamente discutindo essas características: MEIER, Klaus. Journalism Innovation Labs 2.0 in Media Organisations: A Motor for Transformation and Constant Learning. *Journalism and Media*, vol. 2, n. 3, p. 361–378, 2021.

23 COOLS, Hannes; VAN GORP, Baldwin; OPGENHAFFEN, Michaël. New Organizations, Different Journalistic Roles, and Innovative Projects: How Second-generation Newsroom Innovation Labs are Changing the News Ecosystem. *Journalism Practice*, p. 1–16, 2022.

24 HOGH-JANOVSKY, Isabell; MEIER, Klaus. Journalism Innovation Labs 2.0 in Media Organizations: A Motor for Transformation and Constant Learning. *Journalism and Media*, vol. 2, n. 3, p. 361–378, 2021.

25 Os pesquisadores Hannes Cools, Baldwin Van Gorp e Michaël Openhaffen mostram que os *news labs* são vistos, muitas vezes, como prestadores de serviço pelos jornalistas das redações a que estão vinculados. Mais em: COOLS, Hannes; VAN GORP, Baldwin; OPGENHAFFEN, Michaël. New Organizations, Different Journalistic Roles, and Innovative Projects: How Second-generation Newsroom Innovation Labs are Changing the News Ecosystem. *Journalism Practice*, p. 1–16, 2022.

26 NUNES, Ana Cecília B.; MILLS, John; PELLANDA, Eduardo Campos. Media Labs: Catalyzing Experimental, Structural, Learning, and Process Innovation. In: *The Emerald Handbook of Entrepreneurship in Latin America*. Emerald Publishing Limited, 2022. p. 87–102.

CAPÍTULO 10

1 Trinta laboratórios (59%) discordaram da afirmação de que o laboratório partia de uma tecnologia específica para endereçar os projetos, enquanto apenas 11 (22%) concordaram parcial ou totalmente. O restante (10 laboratórios, ou 20%) optou pela opção mediana (3 de 5), em que não concorda nem discorda com a afirmação. Marcaram 1 ou 2 na escala de 1 a 5 de concordância com a afirmação, onde 1 significava "discordo totalmente". A amostragem dessa resposta contou com 51 líderes de *media labs* da Europa, América Latina e do Norte.

2 A frase descrita apresentou 76% de concordância dentre os *media labs* pesquisados Dentre os respondentes, 39 laboratórios do total de 51 escolheram a opção 4 ou 5 em grau de concordância, onde 5 era concordo totalmente. A amostragem dessa resposta contou com 51 líderes de *media labs* da Europa, América Latina e do Norte.

3   BISSO NUNES, Ana Cecilia; MILLS, John. Media Labs, Unlocking Change. *Trends in Newsrooms*, vol. 2019, n. 3, p. 1–27, 2019. Disponível em: http://clok.uclan.ac.uk/30677/3/30677%20TIN2019%233_MediaLabs_web%281%29.pdf.

4   Informações apresentadas em texto publicado no site da Global Alliance for Media Innovation, rede da World Association of News Publishers (WAN-IFRA). Disponível em: https://media-innovation.news/media-lab/sud-ouests-theophraste-in-house-acceleration-and-collaborative-enterprise/.

5   Para saber mais, veja o livro: KNAPP, Jake; ZERATSKY, John; KOWITZ, Braden. *Sprint: o método usado no Google para testar e aplicar novas ideias em apenas cinco dias*. Editora Intrínseca, 2017.

6   https://www.kickbox.org/.

7   Esta discussão provém do autor Stewart Brand no livro *The Media Lab: Inventing the Future at MIT*, publicado em 1987. Em tradução literal, a primeira expressão significará "realizar sessões de demonstração ou morrer", se referindo à cultura baseada em protótipos, típica dos laboratórios de experimentação. Esta se opõe à segunda expressão, "publicar ou perecer", em tradução literal, fazendo uma referência à demanda por publicações de artigos e pesquisas no contexto acadêmico. BRAND, S. *The Media Lab: Inventing the Future at MIT*. New York: Viking, 1987

8   Esta abordagem pode ser combinada com etapas de pesquisa aplicada — que é direcionada a um objetivo prático determinado —, assim como com uma etapa anterior de pesquisa básica, que é focada em buscar novos conhecimentos sobre um tema ou fenômeno específico, mas que se diferencia por não considerar uma aplicação ou uso particular. Essas definições provêm do Manual de Frascati 2002: Medição de atividades científicas e tecnológicas: tipo de metodologia proposta para levantamentos sobre pesquisa e desenvolvimento experimental, de autoria da Organização para a Cooperação e Desenvolvimento Econômico (OCDE), Paris, 2013. Disponível em: http://www.ipdeletron.org.br/wwwroot/pdf-publicacoes/14/Manual_de_Frascati.pdf.

9   BRAND, S. *The Media Lab: Inventing the Future at MIT*. New York: Viking, 1987, página 4, tradução nossa. No original: "The focus is engineering and science rather than scholarship, invention rather than studies, surveys, or critiques."

10 O professor Kenneth Hasse escreveu um ensaio baseado em sua experiência pessoal de trabalho no Media Lab do MIT e em outros laboratórios desse tipo. HAASE, K. Why the Media Lab Works: A Personal View. *IBM Systems Journal*, vol. 39, n. 3–4, p. 419–431, 2000. Disponível em: https://ieeexplore.ieee.org/abstract/document/5387005. Acesso em: 11 set. 2022.

11 THOMKE, S. Enlightened Experimentation: The New Imperative for Innovation. *Harvard Business Review*, vol. 79, n. 2, p. 66–75, 2001. No original: "Experimentation lies at the heart of every company's ability to innovate. In other words, the systematic testing of ideas is what enables companies to create and refine their products."

12 Página 20 em: ITO, J.; HOWE, J. *Disrupção e inovação: Como sobreviver ao nosso futuro acelerado*. Rio de Janeiro: Alta Books, 2018.

13 Esses desafios foram elaborados a partir dos pontos destacados pelos líderes ao responderem à pergunta "Qual(is) o(s) maior(es) desafios em termos de inovação no seu laboratório hoje?", em que cada líder pôde marcar quantas opções quisesse em uma lista com as seguintes opções: Cultura corporativa/empresarial da mídia; Desafios de sustentabilidade financeira do laboratório; Implementação de cultura de inovação no contexto a que o *lab* se relaciona; Equipe interdisciplinar/integração da equipe; Custos

para implementação das inovações; Dificuldade de escalabilidade das inovações; Integração da pesquisa com o mercado e vice-versa; Pressão contra o tempo; Atratividade de profissionais de diferentes áreas para trabalhar com inovação em mídia; Falta de conhecimento sobre negócios; Falta de conhecimento sobre tecnologia; Outros.

14 A pesquisadora Lucy Küng afirma que o contexto da transformação digital leva a um paradoxo em que "fazer o que é certo para os mercados e produtos existentes pode fazer com que as organizações falhem nos novos" (KÜNG, 2013, p. 11, tradução nossa). Mais em: KÜNG, L. Innovation, Technology and Organisational Change: Legacy Media's Big Challenges. In: STORSUL, T.; KRUMSVIK, A. H. (Ed.). *Media Innovations: A Multidisciplinary Study of Change*. Göteborg: Nordicom, 2013.

CAPÍTULO 11

1 Este assunto é discutido também no artigo Journalism Innovation: How Media Labs Are Shaping The Future Of Media And Journalism, em: NUNES, Ana Cecilia Bisso; MILLS, John. JOURNALISM INNOVATION: How Media Labs Are Shaping the Future of Media and Journalism. *Brazilian Journalism Research*, vol. 17, p. 652–679, 2022.

2 https://www.playablecity.com/.

3 Um *media lab* oriundo da colaboração entre Watershed, University of Bristol e University of the West of England Bristol no Reino Unido. Mais em: https://www.watershed.co.uk/studio/.

4 http://medialab.unb.br/index.php/projetos.

5 https://dataforculture.eu/en/.

6 https://curricle.berkman.harvard.edu/#/home.

7 https://timeline.knightlab.com/.

8 http://www.visualmediaproject.com/.

9 https://www.mediego.com/en/.

10 https://apa.at/blog/egon-der-fussballroboter/.

11 Este assunto é discutido também no artigo Journalism Innovation: How Media Labs Are Shaping The Future Of Media And Journalism, em: NUNES, Ana Cecilia Bisso; MILLS, John. JOURNALISM INNOVATION: How Media Labs Are Shaping the Future of Media and Journalism. *Brazilian Journalism Research*, vol. 17, p. 652–679, 2022.

12 https://frankenstein.ai/.

13 Disponível no site oficial: https://frankenstein.ai/.

14 https://laguerraporelagua.ojo-publico.com/es/.

15 https://www.stiboaccelerator.com/previouspprojects/nudging-consumers-to-shop-more-environmental-friendly.

16 https://www.surrey.ac.uk/digital-world-research-centre/funded-projects/next-generation-paper-connecting-paper-web.

17 https://medium.com/mobilenewslab/nj-mobile-news-lab-partners-with-push-app-to-bring-mobile-apps-to-local-newsrooms--841fdc7b59cd.

18 https://narratively.com/.

19 Formato de jornalismo mais extenso.

20 https://fiquemsabendo.com.br/.

21 https://localnewslab.org/2019/02/15/what-is-a-news-ecosystem/.

22 Isso porque, na análise que fizemos de trinta inovações de *media labs* relacionados à indústria da mídia, a maior parte delas foi de

inovações generativas. Essa ênfase no desenvolvimento e implementação de inovação funcional não significa a ausência de outros tipos de inovação. O segundo maior grupo, mesmo apresentando uma quantidade de projetos significativamente menor que o anterior, é o de Inovações Criativas, que está no âmago dessa indústria.

23 Esse pragmatismo da cultura organizacional dos jornais impressos é discutida por Boczkowski, 2005.

CAPÍTULO 12

1 Amostragem de 27 laboratórios/líderes que se autoidentificaram como focados na indústria da mídia, e não em uma concepção ampla de mídia.

2 ZARAGOZA FUSTER, M. T.; GARCÍA-AVILÉS, J. A. The Role of Innovation Labs in Advancing the Relevance of Public Service Media: The cases of BBC News Labs and RTVE Lab. *Communication & Society*, vol. 33(1), p. 45–61, 2020

3 NUNES, Ana Cecilia Bisso; MILLS, John. JOURNALISM INNOVATION: How Media Labs Are Shaping the Future of Media and Journalism. *Brazilian Journalism Research*, vol. 17, p. 652–679, 2022.

4 Esta conclusão vem da resposta de 51 líderes sobre o motivo de sucesso da inovação indicada por eles como a de maior sucesso. A pergunta continha as seguintes alternativas: a) Mudança de cultura: inovação propõe uma mudança de cultura na mídia e no jornalismo seja para jornalistas ou para a audiência; b) Aprendizado da equipe: inovação possibilitou que a equipe aprendesse mais sobre o problema em questão, avançando em direção a uma solução; c) Posicionamento frente à audiência, gerando prestígio: inovação permite empresa ou laboratório se posicionar em

um mercado específico ou para as audiências como inovadora; d) Diferenciação e competição: inovação ajuda a se diferenciar no contexto da mídia hoje e gera vantagem competitiva frente às outras empresas. Por exemplo: aumento da audiência e/ou maior engajamento, melhoria de processos e/ou incremento de receita; e) Outros.

CAPÍTULO 13

1 Para os tipos de recursos, utilizamos as categorias de Osterwalder e Pigneur em: OSTERWALDER, Alexander; PIGNEUR, Yves. *Business Model Generation: inovação em modelos de negócios*. Alta Books, 2020.

2 Arquivo disponível para download em: pdf: https://drive.google.com/file/d/1XJFQjQtcaY-KmCNnmxozMb9KC0SZOEgF/view?

CAPÍTULO 14

1 Stretch goals: metas/objetivos alto esforço e de alto risco.

CAPÍTULO 15

1 Termo utilizado em Portugal para se referir às empresas e veículos de comunicação e mídia. Optou-se por manter esta grafia para garantir o significado das respostas do entrevistado.

2 Período em que uma startup opera sem nenhuma receita de produtos e serviços, contando principalmente com o capital inicial investido.

CAPÍTULO 17

1 Os KPIs (em inglês *Key Performance Indicators*) são os indicadores-chave de desempenho observados por um negócio.

CAPÍTULO 18

1 *Over-the-top* é o software que as emissoras usam para hospedar seu conteúdo de vídeo online.

2 Ramo do jornalismo dedicado a artigos mais longos.

3 Estratégia que prioriza as plataformas digitais, em vez de formatos de legado (como televisão e rádio, por exemplo).

4 Escola de Design.

5 Significa mudar totalmente de direção. É um termo muito utilizado na área de tecnologia, inovação, empreendedorismo e startups.

CAPÍTULO 21

1 O termo "*serious game*", em tradução literal, "jogo sério", tem objetivos além do entretenimento, podendo tanto educar como propor uma reflexão sobre um assunto contemporâneo.

CAPÍTULO 23

1 O vídeo sobre IP transporta pacotes de dados através da internet à distância ou através de uma LAN dentro de um estúdio.

2 Um serviço de mídia *over-the-top* (OTT) é um serviço multimídia oferecido diretamente aos espectadores por meio da internet.

3 Uma *toolbox*, em tradução literal, caixa de ferramentas, é uma reunião de recursos que podem ser tanto de tecnologia como estratégias de inovação para fomentar novas iniciativas.

4 Innovation Norway é o órgão do governo norueguês mais importante para a inovação e o desenvolvimento das empresas e da indústria norueguesa. Mais em www.innovasjonnorge.no/en.

5 A promessa do cliente (*customer promise*) é uma única frase que delineia a experiência que uma marca pretende proporcionar a seus clientes e potenciais clientes. Ela deve ser clara, simples e aplicável (Ahlfeldt, 2020, online).

EXTRAS

1 https://www.bankmycell.com/blog/how-many-phones-are-in-the-world.

2 HLEG, 2018, p. 7.

3 Fidalgo & Canavilhas, 2009.

4 www.atlas.jor.br.

5 Brants *et al.*, 1997.

6 Jukes, 2013.

7 Prodigioso Vulcan, 2020.

8 Canavilhas *et al.*, 2015.

9 https://wikileaks.org/.

10 http://sncrawler.di.ubi.pt/.

11 https://www.youtube.com/watch?v=ZAdOLqxBFv4.

12 https://www.estadao.com.br/infograficos/politica,o-que-revela-uma-analise-das-emocoes-dos-candidatos-durante-o-debate,923037.

13 https://aifromabove.notion.site/aifromabove/A-Journalist-s--Guide-to-using-AI-Satellite-Imagery-for-Storytelling-c32a-310269124f069da96b73e872e574.

14 https://www.tableau.com/.

15 https://automatedinsights.com/.

16 Lemelshtrich, 2017.

17 Dörr, 2016.

18 Clerwall, 2014.

19 https://www.aosfatos.org/fatima/.

20 https://g1.globo.com/politica/eleicoes/2020/noticia/2020/11/12/em-iniciativa-inedita-g1-publica-textos-com-resultado--da-eleicao-em-cada-uma-das-5568-cidades-do-brasil-com-auxilio-de-inteligencia-artificial.ghtml.

21 https://herosports.com/.

22 https://www.youtube.com/watch?v=DRJeOrfFlh0.

23 https://www.reuters.com/article/rpb-synthesia-prototype-idUSKBN2011O3.

24 Gillmor, 2004.

25 Domingo, 2011; Canavilhas & Rodrigues, 2013.

26 Verdu *et al.*, 2022.

27 Este capítulo baseia-se no relatório interino do projeto (Mills *et al.*, 2020) e em seu vídeo (Halstead e Mills, 2020). O artigo foi escrito especialmente para este livro, em inglês, e posteriormente foi traduzido para publicação aqui.

28 TIDD, J.; BESSANT, J. *Gestão da inovação*. 5. ed. Porto Alegre: Bookman, 2015.

29 Knight, Megan (2015). Data Journalism in the UK: A Preliminary Analysis of Form and Content. Journal of *Media Practice*, 16:1, 55-72, DOI: 10.1080/14682753.2015.1015801.

30 As citações diretas deste artigo são todas traduções livres do original.

31 https://www.stuttgarter-zeitung.de/feinstaub.

32 https://docs.smartcitizen.me/Smart%20Citizen%20Station/.

33 https://project.wnyc.org/cicadas/.

34 Anderston, A., WNYC's Latest Sensor Journalism Project Zeros in on the "Heat Island" Harlem. current.org. https://current.org/2016/07/wnycs-latest-sensor-journalism-project-zeroes-in--on-heat-island-harlem. Acesso em julho de 2022.

35 https://www.we-count.net/.

36 https://senseable.mit.edu/.

37 https://wan-ifra.org/2021/10/der-tagesspiegel-lab/.

38 Mills *et al.*, 2018a; Mills *et al.*, 2018b; Lochrie 2018.

39 https://www.manchestereveningnews.co.uk/news/greater-manchester-news/environment-sensor-project-fallowfield-school-17574299.

40 https://www.manchestereveningnews.co.uk/news/greater-manchester-news/environment-sensor-project-fallowfield-school-17574299.

Índice

Símbolos

4 Ps da inovação 16–17

A

abordagem experimental 82

accountability 39

adotantes iniciais 28

alfabetização de dados 274

análise
  de descontinuidade 21
  do comportamento dos usuários 255

aprendizado organizacional 104, 121

automatização de processos 251

B

big data 45

bolhas de desinformação 33

braille cultural 57

brainJam 21

bricolage, metodologia 21

busca 74–75

Business Model Canvas 141

C

captura de valor 74

Centripetal Demands 32

choque na cultura organizacional 118

cibermídia 214

ciclo rápido de apropriação 92

clickbait 250

codificação
  aberta 22
  relacionada (axial) 22

colaboração 154
  cultura de 170

comportamento identitário 53

computer speech 255

construção de confiança 289

coolhunting 23, 24, 59–62

cool skills 12

coolture inception 23

coopetição 73

coworking 16

cultura
  corporativa 122
  de experimentação e colaboração 99
  de inovação 1, 72, 99
  organizacional 73
    da mídia ou do jornalismo 92
    inovadora 72, 73–74
    midiática 123

D

dados mínimos viáveis 49

Data Polarity 32

deepfake 42

305

Inovação nas Indústrias Criativas

design
   centrado no usuário 199
   interativo 215
   Sprint 100, 119
   Thinking 23, 118, 261
desk research 21, 23, 24, 57–58, 59
Diamond-Shaped Trend Model 27
diferenciação 144
digitalização 91
dinâmicas de consumo 9
Discomfort Innovation 32–33, 34
disrupção digital 72, 79, 130, 136
disseminação de conhecimento 171

E

early adopters 21
economia digital 73
ecossistema
   de notícias 91
   midiático 92
educação digital 215
empowering enablers 185
empowerment 12–13

empresas de legado 139
equilíbrio homeostático 172
estafa mental e emocional 27
estratégia
   de inovação
      aberta 100
      organizacional 80
      sistemática 107
   reativa 95
estudos de futuro 26–27
EVEolution 54
experiência de aprendizado diferenciada
   191

F

fake news 289
fast culture 285
Fear of Missing Out (FoMO) 53
ferramenta de motivação 153
ferramentas digitais 98
fluência orgânica de notícias 40
fontes de receita 142
forecast 26

foresight 26
fragmentação de mercado 92

G

gamificação 23
gigatendência 12
Grounded Theory 287
grupo focal 19
guerra na Ucrânia 251

H

hipermodernidade líquida 53
hipótese principal 155
horizontalidade do conhecimento 215
house surveys 23
humanidades digitais 211

I

identidade fluida e plural 53
Identities Revisited 53
implementação 74
indústria
   4.0 246

criativa 91

infoentretenimento 250

informação
armamento da 40
era da 115

inovação
aberta 118, 140, 262
catalisação da 139
disruptiva 15, 193
equipe de 155
funcional e tangível 96
guiada por pessoas 142
incremental 15–16, 208
jornalismo de 30–31
maratonas de 119
radical 15
social 171
soft 86–87, 96

inquietações 26

inspiração etnográfica 19

integração de equipes interdisciplinares 123

inteligência

artificial (AI) 42, 45, 55, 224
de mercado 16

interdisciplinaridade 72, 85, 108

internet das coisas (IoT) 136, 204, 266–267

intersecção de conhecimentos 99

intraempreendedorismo 96

J

jornalismo
algorítmico 253
de dados 263
de inovação 48
do cidadão 255
empoderado pelo público 77

K

knowledge economy 12

M

Machine Learning 45, 237, 252

macrotendência 32

maioria
inicial 28
tardia 28

medo da transformação 199

megatendência 12

mente aberta 154

metaverso 198, 209

Método Delphi , 63

metodologia T2Y 22

mídia
digital 93
propagável 92

minimalismo de dados 46

mínimo produto viável (MVP) 191

Modelo Conceitual de Prospecção de Tendências 22

N

naming, técnica 63–64

neopositivismo 12

networking 104

news product thinking 96, 107

P

pandemia da covid-19 33, 231, 251, 270

pegada digital 274

pensamento
de design 105
divergente 74
inovador 105–106
lean/enxuto 120

perfil de fronteira 170

perspectiva conceitual 65

pesquisa
e desenvolvimento (P&D) 120, 151
prospectiva 26–27
qualitativa 19

plataformas OTT 198

potencial de estabilidade 26

premissa estratégica 144

premissas de existência 141

pressão contra o tempo 123

Processamento de Linguagem Natural
(PLN) 253, 255

processo Agile 154

produtos de mídia de criação contínua 90

programas de pesquisa e desenvolvimento (P&D) 15

propagabilidade dos conteúdos 93

R

realidade
aumentada 42, 201, 205
virtual 42, 224

Reframing Masculinity 54

Regra da Transparência 39

reinovação 15

relevância social 169

renascimento digital 167

resiliência 172

resistência à tecnologia 95

resultados de inovação 105

reversão de algoritmos 210

revoluções geracionais 195

rotinas produtivas 92

S

safári urbano 293

sistemas de difusão 28

sistemas push 249

skills
hard 144
soft 144, 179

slow culture 285

sociedade "plataformizada" 290

speech-to-text 157–158, 161

startup 72, 95, 178
enxuta 124

sustentabilidade financeira 123–124

T

tecnologias
das mídias 166
emergentes 171

tendência, definição 9

tendências 154
setoriais 13

Teoria Fundamentada nos Dados 21

teste de Turing 247

The Inclusivity Paradox 54

time to market 106

transferência de conhecimento 167

Transfluency 32, 39–40, 48
transformação digital 126
  centrada no humano 174
transformações digitais
  responder às 99
transmídia 215
  de responsabilidade social 215
Trend
  Report 64, 65
  Research
    Cycle 23
    Kit 32, 56–57
triangulação 3i 64–65

U

ubiquidade midiática 204
unidades de inovação acadêmicas
    102–103

V

Vale do Silício 95
venture capital 184
viés dos algoritmos 55

visão
  compartilhada 145
  computacional 224
  holística 89
visibilidade das decisões 94

W

wishful thinking 41

Y

yellow press 250

Z

zeitgeist 9–10, 34

ROTAPLAN
GRÁFICA E EDITORA LTDA

Rua Álvaro Seixas, 165
Engenho Novo - Rio de Janeiro
Tels.: (21) 2201-2089 / 8898
E-mail: rotaplanrio@gmail.com